중국
청년감독
열전

아시아총서 22

미지의 청년감독을 찾아서

중국 청년감독 열전

강내영 지음

산지니

서론

1. 이 책의 목적

이 책의 목적은 최근 중국영화의 청년감독을 소개하는 데 있다. 인류사를 보면 '청년(青年, Young-men)'은 항상 과거의 비판자이자 현재의 개척자, 그리고 미래의 담지자였다. 자신 세대의 정체성과 주체성으로 구시대의 가치와 전통을 비판적으로 극복하고, 두려움 없는 도전정신으로 현재와 싸우며 미래를 열어가는 창조자들, 바로 그들이 청년인 것이다.

세계영화사에서도 청년영화(Young Cinemas)는 언제나 새로운 물결(New Waves)이다. '청년' 감독의 등장은 다윈(Darwin)의 자연선택론에 부합하는 사회진화론적 숙명을 보여준다. 청년감독의 자유, 저항, 도전의 영화정신이 비주류에서 주류로, 변방에서 중심으로 전환을 추동하며 세계영화사의 발전을 이끌었기 때문이다. 프랑스 영화를 선도한 누벨바그(Nouvelle Vague)는 트뤼포, 고다르 등의 악동 청년감독들에 의해 시작되었으며, 매너리즘에 빠진 미국 할리우드 메이저스튜디오 시스템을 전복하고 혁신한 것은 뉴아메리칸씨네마(New American Cinema)을 개창한 코플라(F. Coppola), 루카스(G. Lucas), 스필버그(S. Spielberg)와 같은 30대 청년감독들이었다.

중국영화사에도 '새로운 물결'은 청년감독의 몫이었다. 1980년대에 등장한 '5세대' 영화는 장이모우, 천카이꺼, 티엔주앙주앙 등 당대의 청년감독들이 전통 미학을 전복하고 재창조한 결과이며, 1990년대 중반 등장한 장위앤, 지아장커, 왕샤오솨이 등 '6세대' 청년감독들은 '5세대'를 비판하며 새로운 사실주의 미학을 주창하였다.

영화사를 감독 집단에 의한 발전으로 보려는 시도는 분명 협소한 관점이라는 점에서 문제적이다. 영화사란 영화정책과 산업구조의 변천, 시대정신과 사회가치관의 변화, 대중의 수용문제 등 영화환경의 유기적 요인들에 의해 종합적으로 구성되기 때문이다. 그럼에도 불구하고, 한 가지 분명한 사실은 중국영화사의 발전은 청년세대 영화인들의 등장과 그들의 주류질서에 대한 저항과 전복에서 비롯되어 왔다는 점이다. 이 책은 이러한 '청년영화인'의 영화정신과 시대적 역할에 주목하여 최근 중국의 청년감독을 소개하려는 데 그 목적이 있다.

2. 왜 이 책을 집필하게 되었는가?

이 책을 저술하게 된 이유는 최근 중국 영화시장에서 급부상하고 있는 청년감독에 대한 개인적 호기심에서 시작되었다. 최근 5년간 중국영화 박스오피스를 보면, 영화감독군의 세대교체 바람이 무척 거세다. 최근 중국영화를 보면 2000년대 이후 국민감독이라 호칭받으며 10여 년간 영화시장을 주도해온 장이모우, 펑샤오강, 천카이꺼 감독의 독주가 끝나고, 30, 40대 청년감독들의 영화시장 흥행과 돌풍이 거세게 시작되고 있다. 2014년 중국 최고 흥행을 기록한 〈심화로방(心花路放)〉과 〈황금대겁안〉(2012), 〈무인구〉(2013)를 연출한 닝하오(寧浩) 감독, 〈심결용(尋龍訣)〉(2015), 〈화피II〉(2012)의 우얼션(烏爾善) 감독, 〈청춘에게〉의 자오웨이(趙薇) 감독 등 새로운 청년감독들이 급부상하는 판도 변화가 일고 있다. 국제영화제에서도 2014년 베를린국제영화제 작품상과 남우주연상을 수상한 〈백일염화(白日焰火)〉의 다오이난(刁亦

男) 감독, 부산국제영화제 등에서 초청받은 〈헬로! 수선생〉의 한지에(韓杰) 감독, 도쿄국제영화제에서 수상한 〈강철 피아노〉의 장멍(張猛) 감독, 〈백학〉의 리뤼쥔 감독, 〈아름다운 누이〉의 하오지에(郝杰) 감독을 비롯한 신진 청년감독들이 연이어 수상하는 기염을 토하고 있다.

최근 3~4년간 중국영화계에 급부상하고 있는 신진 청년감독들과 그들이 주도하는 새로운 영화시장의 흐름을 흥미롭게 지켜보면서, 과연 이들의 등장과 활동을 어떻게 평가해야 할지 즐거운 공부를 시작하였다. 이들의 영화이력은 특이하게도 기존의 5세대, 6세대 감독들처럼 공통된 연령층이 아니며 베이징영화학원 같은 동일한 학교 출신도 아니고, 또한 공통적으로 묶을 수 있는 영화미학조차 보이지 않고 있다. 이들 신진 청년감독들의 급부상은 이제 더 이상 감독의 세대나 공통된 영화미학으로 묶을 수 없는 새로운 백화제방(百花齊放)을 알리는 시그널이 아닐까? 혹은, 주선율, 상업영화, 예술영화로 선명히 구분되던 다원화된 영화시장의 경계를 허무는 새로운 뉴웨이브 현상일까? 아니면, 6세대 이후 새롭게 등장한 바링허우('80後) 지우링허우('90後) 세대의 '포스트 6세대' 청년감독들에 의한 세대교체 증후일까? 이 책은 이러한 문제의식과 호기심 속에 집필되었다.

3. 중국 청년감독을 어떻게 연구할 것인가?

영화는 항상 그 시대의 물적 토대인 산업과 시대정신에 조응(照應)하는 대중문화이다. 영화는 당대 시대의 정치, 경제, 문화적 수준을 반영하는 문화유산이고, 우리는 영화를 통해 그 시대의 삶과 사회를 찾아볼 수 있다. 따라서, 중국의 청년감독을 찾아가는 길은 그 자체가 중국의 사회발전 단계와 중국인의 마음을 찾는 인문사회적 도전이기도 하다.

영화감독에 대한 다양한 연구방법이 존재하지만, 이 책에서는 사회적 물적 토대와 감독 개인의 개성과 철학을 중시하는 작가주의 방법을 유기적으로 결합하는 것이다. 나는 이미 지난번 출간한 『중국영화의 오늘』이라는 책에서 '중국 특색의 사회주의시장경제' 체제 속의 중국영화를 연구하기 위해서는 국가(정책), 영화산업(시장), 대중(관객)의 중층결정(overdetermination)에 천착한 유기적 연구방법이 필요하다고 역설한 바 있다. 세계영화사적 차원에서 중국영화는 '정부주도형 시장화 모델'이라는 독특한 형태의 특수성을 가지고 있으며, 감독연구 또한 이러한 시스템과 개인으로서의 감독이 갖는 상호조응의 관점에서 바라보는 영화사회학적 접근이 되어야 한다고 믿고 있다.

이 책을 서술하는 데 중점을 둔 것은 중국 청년감독이라는 신분을 가진 '인간'에 대한 이야기이다. 중국 청년감독들은 중국사회 속에서 자신들의 삶과 공동체를 응시하고 성찰하면서, 영화예술을 통해 표출해내고 있다. 따라서, 이 글은 중국사회의 구조와 개인 사이에서 조응하는 상호작용이라는 시각 속에서 저술되었다. 중국사회의 정치, 경제, 국가이데올로기적 층위는 중층적(overdetermination)으로 청년감독을 둘러싸고 있고, 청년감독은 자유의지로서 순응하거나 갈등하거나 조응함으로써 창작활동을 하고 있다. 그 결과, 중국 청년감독들은 상업영화, 예술영화 사이를 오가며 다양한 양상을 보이면서, 무이념형 개인주의나 실존적 자유주의로 함몰되기도 하고, 때로는 공동체를 위해 헌신하는 영웅주의의 면모를 보이기도 한다.

또한, 이 글은 과학과 감성의 결합을 지향한다. 영화란 철저히 감독의 정신과 가치관을 표현하는 개인성의 영역이면서, 동시에 영화시장의 관객과 공존해야 하는 대중성의 특징을 동시에 가지고 있다. 중국 청년감독이 가진 이러한 양면성을 입체적으로 고찰하기 위해 중국 사회가 처한 객관적 상황과 영화환경을 보기 위해 노력했고, 동시에, 감독 개인의 개성 어린 정서와 감성을 존중하며 집필하고자 했다. 따라서, 중국 청년감독 연구는 중국사회라는 객관적 구조 속에 청년감독이 영화산업, 작품, 관객 사이에서 펼치는 콘체르토(concerto)에 주목하는 종합적 연구를 지향했다. 중국의 청년감독을 논하는 길에는 언제나 정부, 영화시장, 관객들의 존재가 생태적 환경으로 가로막고 서 있었고, 먼발치에는 중국사회가 안고 있는 정치적, 경제적, 사회적 문제가 안개처럼 무겁게 내려앉아 있었다. 이 책은 이러한 객관적 구조와 개인의 상호작용, 과학과 감성의 결합이라는 방법론적 지점 속에서 집필되었다.

그 결과, 최근 청년감독들은 기존 5세대, 6세대 감독들이 보여준 감독으로서의 시대적 소명이나 책임의식에서 조금 더 벗어나 자유로운 욕망과 철학을 가진 존재라는 것을 알 수 있었다. 영화 검열제도와 싸우며 지하영화를 지향하던 선배 감독들의 자화상은 찾아보기 힘들며, 지아장커 감독이 고백한 "영화 검열제도보다 영화시장이 더 무섭다"는 표현도 이들 청년감독의 면목을 정확하게 짚어내기 어려웠다. 중국영화계에 급부상하고 있는 30, 40대 청년감독들은 자신감 넘치는 자세로 자신들의 욕망을 솔직하게 내비친다. 비록 예술이냐 시장이냐의 내적 갈등은 지속하지만, 경계 속에 스스로를 가두고 있지는 않다. 자신만의 개성과 영화철학을 바탕으로 영화시장에서 관객들과 만나고 싶어 하며, 명예와 돈을 동시에 추구하기도 한다.

중국 청년감독들의 영화에 대해 달라진 태도는 영화시장 지향형, 예술영화 지향형, 상업과 예술성의 결합 혹은 초경계형 등 다양한 영화지형도를 복합중층적으로 그리며 중국영화를 재영토화하고 있다.

첫째, 시장지향형 청년감독은 대중들을 중시하고 이들과 같이 호흡하고 공감하는 영화를 만들기를 원한다. 〈심화로방〉의 닝하오 감독, 〈수춘도(繡春刀)〉의 루양 감독이 대표적인 사례이다. 둘째, 독립영화와 예술영화를 견지하고 있는 감독으로 리뤼쥔, 양진, 펑타오, 하오지에 등의 청년감독들이 있다. 이들은 중국사회와 인생에 대한 자신들만의 비판적 시선을 개성 넘치는 스타일로 표현하는 예술정신을 보여준다. 셋째, 상업성과 예술성의 경계선상에서 새로운 제3의 창작의 길을 모색하고 있는 청년감독들로서 한지에, 장멍 감독 등을 들 수 있다.

4. 이 책의 구성

이 책은 크게 세 부분으로 나누어진다. 제1장 '중국 청년감독의 초상'은 이들의 문화적 정체성과 영화사적 의미에 대해 고찰한 글이다. 최근 청년감독을 '포스트 6세대'로 재정의하고, 이들의 문화적 정체성을 바탕으로 복잡다단해진 중국영화의 현주소를 정리해보았다. 제2장에서는 구체적인 감독들을 소개하는 글을 실었다. 청년감독을 시장지향형 상업감독, 작가주의 예술영화감독, 경계선상의 감독군 등 세 분류로 구분하고 점차 다원화되고 있는 청년감독들의 작품과 그 의미에 대해 살펴보았다. 첫째, 닝하오, 루양 등 대중영화를 지향하는 시장추구형 청년감독, 둘째, 리뤼쥔, 양진, 하오지에 등 작가주의 예술지향형 청년감독, 셋째, 한지에, 장멍 등 대중성을 지향하면서도 예술성을 결합하려는 경계선상의 청년감독을 다루었다. 특히, 마지막에는 중국영화에서 독특한 빛을 발하고 있는 소수민족 영화감독 페마 체덴과 그의 '티벳영화'를 소개하고 있다. 제3장은 이들 청년감독들의 등장과 새로운 도전의 의의를 중국영화사 차원에서 종합적으로 조망하는 내용이다. 한편, 제2장 닝하오 감독에 대해서는 필자의 학술논문 「'M(Market) 선상의 아리아' : 중국 '포스트 6세대' 청년감독의 어떤 경

향: 닝하오(寧浩) 감독론」(『중국문학연구』, 2014)을, 리뤄쥔 감독에 대해서는 「중국 청년감독의 어떤 초상: 시장화 시대의 반(反)시장적 예술영화」(『중국문화연구』, 2014)를, 페마 체덴 감독에 대해서는 「페마 체덴(Pema Tseden), 혹은 완마차이단(萬瑪才旦)」(『중국문화연구』, 2015)을 참조하여 수정 보완한 내용임을 밝혀둔다.

결론적으로 중국의 청년감독들은 정부의 검열제도와 시장시스템이라는 힘겨운 영화환경 속에서도 자신들의 이상과 열망을 강하게 실현해 나가고 있다. 여전한 검열제도와 국가이데올로기의 간섭, 영화시장에서의 생존을 위한 상업적 요소의 도입, 열악한 영화기술 수준 등은 중국 청년감독들이 직면한 공통된 질곡이다. 영화는 현실과 역사를 재현하기 때문에, 창작활동은 곧 현실에 개입하는 실천행위(praxis)일 수밖에 없다. 그들은 자신들이 살아가는 세상을 해석하는 데 그치지 않고, 끊임없이 세상을 변화시키려 시도한다. 주어진 악조건 속에서도 인류보편적 이상인 휴머니즘, 진보, 사랑, 정의를 향한 투쟁을 멈추지 않고 있다.

5. 이 책의 출간 의의

현재 우리나라에서 중국 청년감독과 작품을 쉽게 소개하고 체계적으로 정리한 연구가 거의 없어서 늘 안타까웠다. 부산국제영화제, 전주국제영화제 등을 찾는 관객과 비평가들은 해마다 높은 수준의 예술성을 선보이는 새로운 중국영화를 보고 깜짝 놀라지만, 이러한 현상이 최근 중국영화에서는 이미 만연된 현실이라는 인식은 부족해 보인다. 우리는 장이모우, 천카이꺼, 펑샤오강, 지아장커 등 저명 감독들을 중국영화와 동일시하지만, 중국영화계는 이미 닝하오, 쉬정, 장멍, 한지에, 궈징밍 등 새롭고 다양한 청년감독들의 활동을 일상적으로 받아들이고 있다. 우리의 인식과 중국영화의 현실이 갖는 이러한 비대칭적 시각에 대해 중국영화 연구자로서 안타까운 마음이 있었고, 이 책이 부족하나마 중국영화의 현재를 그대로 바라볼 수 있는 데 기여했으면 하는 바람으로 저술하게 되었다. 그런 점에서, 이 책은 루촨, 리뤼쥔, 페마 체덴 감독 등 중국 청년감독들을 우리나라에 소개한 거의 최초의 학술서적이라고 할 수 있다.

아울러, 가급적 많은 독자들이 이 책에서 소개하고 있는 중국 청년감독들의 작품을 감상하기를 바란다. 영화는 역사와 사회현실을 재현(representation)하는 예술이며, 역사와 시대를 바라볼 수 있는 거울이다. 이들의 영화에 들어 있는 주제의식, 메시지, 미학을 통해 지금 중국이 처한 정치적, 경제적, 문화적 현실을 성찰하여 중국사회를 이해하는 데 도움이 되길 바란다.

이 책을 집필하면서 알게 된 또 하나의 사실은 결국 중국 청년감독의 고민과 욕망은 우리네 청년감독의 그것과 별반 다르지 않다는 것이다. 청년으로서의 시대적 책무감, 예술정신을 인정받고 싶은 욕구, 혹은 명예와 돈을 추구하는 창작 욕망은 지금 우리나라 청년감독들이 공통적으로 직면한 고민이며, 그 사이 어디에선가 영화가 만들어지고 있기 때문이다. 중국 청년감독을 조사한 이 글은 그런 점에서 어쩌면 우리나라 청년감독의 자화상일 수 있다. 그런 점에서, 이 책은 중국영화에 관심이 많은 일반 독자들을 위한 것이지만, 특히 중국을 전문적으로 접근하려는 대학생들과 영화를 배우거나 혹은 전공하고 있는 청년세대에게 많이 읽히길 원한다.

아울러, 이 책에 등장하는 중국 청년감독들의 작품을 더 많이 찾고 그들의 분투와 열정을 느끼면서 동시대의 중국사회와 중국인을 공감하고 이해하는 데 도움이 되었으면 한다. 글로벌 상호교류 시대가 국적, 언어, 인종, 문화의 경계를 넘나드는 중국 청년감독을 고찰하면서 우리 시대의 청년세대가 처한 욕망과 고민의 '동시대의 비동시성'을 느껴보길 기원한다.

5. 감사의 글

중국연구는 이제 전 세계적으로 유행하는 뜨거운 열풍이지만, 정작 이 책의 주제인 중국 청년감독에 대한 연구는 여전히 세계영화사에서 가장 미지의 영역으로 남아 있는 달의 이면(裏面)과 같은 존재이다. 늦깎이로 향학열을 불태우고 있는 이 만학도에게 기꺼이 학술적 가치를 인정하고 지원해준 한국연구재단 측에 감사드린다. 또한, 부족한 글을 책자로 발간하여 세상에 빛을 보게 해준 산지니 출판사 측에도 감사의 마음을 전한다. 아내 쑤잉과 두 아이 리니와 유니의 응원은 언제나 큰 힘이다. 사랑한다는 말을 전한다. 영화의 길 위에서 세상의 도(道)를 구하는 나의 여정은 죽을 때까지 이어질 것이며, 그런 삶을 살아가므로 나는 얼마나 행복한가.

태평양 바람을 안고 서 있는 황령산 자락에서
2016년 4월 강내영 드림

차례

I

중국 청년감독의 초상

1

청년감독의 정의

세계영화사에서 청년영화(Young Cinemas)는 언제나 새로운 물결(New Waves)이다. 세계영화사의 혁신과 도전은 언제나 당대의 청년영화로부터 비롯되었다. 1960년대 프랑스 영화를 선도한 누벨바그(Nouvelle Vague)는 프랑스와 트뤼포, 장 뤽 고다르 감독 등의 악동 청년감독들에 의해 시작되었다. 누벨바그의 신호탄이 된 프랑스와 트뤼포 감독의 〈400번의 구타(Les Quatre cents coups)〉(1958), 장 뤽 고다르 감독의 〈네 멋대로 해라(A Bout de Souffle)〉(1960) 등은 당대 젊은 비평가그룹인 '카이에 뒤 씨네마(Cahier du Cinema)'의 자유분방한 청년들의 비판, 전복, 창조정신에서 시작되었다. 당시 트뤼포의 나이는 28살, 고다르는 30살 푸르른 청년이었다. 1960년대 후반 미국 할리우드를 혁신한 뉴할리우드(New Hollywood)를 주도한 이들은 〈대부〉(1972)의 코플라(Francis Coppola), 〈스타워즈〉(1977)의 루카스(George Lucas) 등 30대 초반의 도전적인 청년감독들이었다. 이들은 할리우드 메이저스튜디오 시스템의 매너리즘을 전복하고 미국 영화의 '새로운 물결(New

Wave)'을 일으켰다.

물론 '새로운 물결'은 청년세대 감독의 전유물은 아니다. 영화사에서 '새로운 물결'은 청년감독 요인뿐 아니라, 당대 사회의 시대정신과 가치관의 변화, 영화산업과 환경의 변화 등 다양한 구조적 요인들이 복합적으로 작용한 결과이기도 하다. 1960년대 프랑스 누벨바그만 해도 청년감독 세대의 도전뿐 아니라, 제2차 세계대전 이후 프랑스 영화산업이 쇠퇴하고 미국 할리우드 영화가 범람하자, 정부의 영화제작지원정책이 청년문화 유행과 구조적으로 맞물린 결과로 볼 수 있다.[1] 영화사의 '새로운 물결'은 영화산업, 정책, 문화변동 등 다양한 구조적 요인과 맞물려 있지만, 결국 청년문화가 갖는 도전과 저항이라는 본질적 특성으로 인해 필연적으로 청년감독의 등장으로 촉발될 수밖에 없다.

그렇다면, 도대체 '청년(青年, Young-men)'이란 누구인가? 아시아에서 '청년'이라는 단어는 'young men'의 번역어로서, '연애, 사회, 민주, 평등' 등의 근대적 번역 용어와 같이 일본을 통해 수입된 신조어이다. 기독교의 영향 속에 1880년경 일본의 기독교도인 코자키 히로미치(小崎弘道)가 YMCA(Young Men's Christian Society)를 '기독교청년회'로 번역한 것이 청년이라는 용어의 효시로 알려져 있다. 코자키는 'Young men'을 번역하면서 『당시선(唐詩選)』을 참조했는데, 이 중에서 「조경견백발(照鏡見白髮)」 속의 문장인 '숙석청운지, 차타백발년(宿昔青雲志 蹉跎白髮年)'에서 글자를 따와 '세이넨(청년, 青年)'이라는 번역어를 처음 사용한 것으로 알려져 있다. 우리나라에서는 1898년 〈대한크리스토교인회보〉와 〈독립신문〉에 '청년회'라는 용어에서 처음 등장한 것

1) 보드웰, 『세계영화사』, 지필미디어, 2012. 425-428쪽 참조.

으로 알려져 있다.

"청년이라는 말에는 미래의 희망이자 가능성의 무한지대가 담겨 있다. 청년은 어떤 이념이나 시대적 요구도 수용할 수 있는 유동적 기호이다. 과거와 결별하고 미래를 선취해야 하는 이상적 주체 모델이 바로 '청년'이다."[2] 구시대의 가치로부터 자유로우며, 전통 관습에 맞서 새로운 시대정신과 사회가치를 열어갈 담지자이며, 두려움 없는 도전 정신으로 미래를 열어가는 창조자들, 그들이 바로 청년인 것이다. 영화사에서 청년감독의 등장과 도전은 다윈(Darwin)이 주장한 자연선택론과 같은 사회진화론적 숙명을 띤다. 청년감독의 자유, 저항, 도전의 영화정신이 비주류에서 주류로, 변방에서 중심으로 전환하는 문화변동이자 세계영화사의 발전이었기 때문이다.

중국영화사에도 '새로운 물결'은 청년감독의 몫이었다. 1980년대 초반 개혁개방 이후 중국영화의 새로운 부상을 전세계에 알린 이른바 '5세대' 영화는 장이모우, 천카이꺼, 티엔주앙주앙 등 당대의 청년영화인들이 기존 전통 관습과 미학에 도전하고 전복한 결과였다. 그러나 이들 또한 1990년대 중반 '6세대'라 불리우는 장위앤, 지아장커, 왕샤오솨이 등의 새로운 사실주의 미학에 의해 비판받고 새로운 영화세계를 모색해야 했다.

개인적으로 생물학적 세대론에 입각하여 중국영화사의 발전단계를 바라보려는 관점은 총체적 시각의 결핍과 비학술적 개념의 도입이라는 점에서 동의할 수 없다. 4세대, 5세대, 6세대 등 세대론에 입각하여 중국영화사를 바라보는 관점은 여러모로 한계를 가진다. 세대론은 공통된 집단정체성과 경험을 중시한다는 점에서 중국영화사를 독해하

2) 소영현, 『부랑청년 전성시대』, 푸른역사, 2008. 42-43쪽, 275-276쪽 참조.

는 중요한 문화코드로 삼을 수 있겠지만, 각 세대의 공통된 기준을 명확히 제시하기 어려우며, 영화사를 동일한 세대의 감독집단에 의한 발전으로 보는 협소한 사관도 문제적이다. 특히, 중국영화사는 1949년 사회주의인민공화국 수립 이후 사회주의체제에서 1980년대 개혁개방의 포스트사회주의로 이어지는 시대정신과 사회가치관의 변화, 영화산업구조의 변천, 대중의 수용문제 등 다양한 영화생태계의 요인들을 유기적이고 종합적으로 바라보는 접근이 타당하다. 다만, 중층결정적인 역사구조적 요인 속에서도 청년세대 영화인들의 등장과 이들의 주류질서에 대한 끊임없는 저항과 전복정신이 결정적으로 '새로운 물결'을 촉발시킨 것은 사실이다.

2

청년감독의 부상과 세대교체의 징후

2000년대 이후 중국영화는 개방화와 시장화라는 두 개의 코드를 중심으로 괄목할 만한 발전을 해오고 있다. 중국영화는 정부가 시장시스템을 정착시키고, 또 시장시스템의 발전에 조응하며 행정체제개혁을 시행하며, 국가이데올로기 통제를 위해 엄격한 검열제도를 실시하는 등 지원과 통제를 병행해온 독특한 중국식 '정부주도형 시장화 발전모델' 속에 발전해왔다. 1994년 '부분적 시장화와 개방화' 정책을 시작한 이후, 2001년 WTO 가입을 계기로 영화산업의 '전면적 시장화' 정책이 실시됨에 따라, 중국 영화산업의 제작, 배급, 상영 전 과정은 정부통제 하에 시장시스템이 발전해나가는 '정부주도형 시장화 모델'이 정착하게 되었다. 이러한 '정부주도형 시장화 모델'은 본질적으로는 영화가 가진 사회적 영향력을 고려하여 정치적 통제를 유지하면서 영화산업의 시장화를 추진하겠다는 국가전략의 일환에서 결과된 것이라 할 수 있다.

2009년 7월 국무원은 〈문화산업진흥계획(文化產業振興規劃)〉을 발표하면서, "문화산업은 사회주의 문화의 중요한 근본으로 시장경제

〈표1〉 2013년도 중국영화 흥행 순위

순위	영화제목	감독	극장수익(억 위안)
1	서유기(西遊降魔篇)	저우싱츠	12.4
2	청춘에게(致青春)	자오웨이	7.19
3	사인정제(私人訂制)	펑사오강	7.1
4	적인걸2	쉬커	6
5	중국합화인(中國合伙人)	천커신	5.3
6	경찰고사(警察故事) 2013	딩청	5.3
7	북경우상서야도(北京遇上西雅圖)	치에사오루	5.1
8	소시대(小時代)	궈징밍	4.8
9	풍폭(風暴)	위앤진린	3.06
10	부춘산거도(富春山居圖)	순지엔쥔	3

〈표2〉 2014년도 중국영화 흥행 순위

순위	영화제목	감독	극장수익(억 위안)
1	심화로방(心花路放)	닝하오	11.6
2	서유기(西遊記)	정바오루이	10.4
3	지취위호산(智取爲虎山)	쉬커	8.7
4	아빠 어디가	린옌	6.2
5	이별대사(分手大師)	덩차오	5.1
6	후회무기(後會無期)	한한	6.3
7	총총나년(匆匆那年)	장이바이	5.8
8	마카오풍운	왕징	5.24
9	소시대3(小時代)	궈징밍	5.2
10	일보지요(一步之遙)	장원	5.13

〈표3〉 2015년도 중국영화 흥행 순위

순위	영화제목	감독	극장수익(억 위안)
1	몬스터 헌트(捉妖記)	쉬청이	23.8
2	항경(港囧)	쉬정	16.1
3	심용결(尋龍訣)	우얼샨	15.7
4	하락특번뇌(夏洛特煩惱)	옌페이	14.3
5	전병협(煎餅俠)	동청펑	11.5
6	마카오풍운2	왕징	9.7
7	서유기(大聖歸來)	티엔샤오펑	9.5
8	천장웅사(天將雄師)	리런강	7.4
9	노포아(老炮兒)	관후	7.2
10	구층요탑(九層妖塔)	루찬	6.8

*출처: 영화전문잡지 〈전영예술(電影藝術)〉, 〈당대전영(當代電影)〉 2014, 2015, 2016 참조

를 통해 번영해야 한다. 국제금융위기 상황 속에서 공공성 문화를 중시하는 동시에 문화산업을 진흥시켜서 인민의 다양하고 다층화된 요구를 만족시키고, 국민들의 내수 소비를 확대하는 한편, 경제와의 결합을 추진한다. 또한, 반드시 사회의 효용성을 최우선 위치에 두고, 경제수익과 통일해야 한다. 체제개혁과 과학기술진보를 동력으로 삼아야 하며, 중화민족 문화의 발전과 세계 문화의 발전이 결합되도록 추진해야 한다"고 언급하며, '시장경제 중심', '경제수익 중시', '중화민족주의 문화의 토대' 등의 내용으로 문화산업을 사실상 국가전략산업으로 공식 천명하고 있다.[3] 2010년 2월 후진타오 주석은 공산당 간부회의에서 더욱 빠른 문화산업 발전을 촉구한 바 있으며, 2010년 원자바

3) 林日葵, 『中國文化産業政策法規與典型案例分析』, 浙江工商大學出版社, 2011. 9-14쪽.

오 총리는 정부업무보고에서 "문화사업과 문화산업 발전이 경제발전의 중요한 방향"이라고 언급했다.[4)]

2011년 10월 중국 공산당 제17기 제6차 전체회의에서는 〈중국 공산당의 문화체제개혁 심화와 사회주의 문화발전을 위한 중대한 문제에 대한 결정(中共中央關于深化文化體制改革推動社會主義文化大發展大繁榮若干重大問題的決定)〉을 공표하며, 문화산업 발전의 중요성과 이데올로기 통제의 병행을 강조하고 있다. '결정'은 9가지 세부 테마로 구성되어 있는데, 첫째, 문화개혁의 중대성과 긴박성을 충분히 인식하고 자각하여 사회주의 문화 발전을 주동적으로 추진할 것, 둘째, 중국특색의 사회주의 문화를 견지하여, 사회주의 문화강국을 건설할 것, 셋째, 사회주의 핵심 가치관을 건설하여, 전국 각 민족의 단결과 사상도덕의 기초를 공고히 할 것, 넷째, 인민을 위한 '이위(二爲, 인민과 사회주의를 위하는 문화)' 방향과 '쌍백(百花齊放, 百花爭明)' 방침을 관철할 것, 다섯째, 인민의 문화권익을 위한 공공성 문화사업을 발전시킬 것, 여섯째, 국민경제의 지주산업으로써 문화산업을 빨리 발전시킬 것, 일곱째, 개혁개방을 심화하여 문화발전을 위한 체제기제를 만들 것, 여덟째, 사회주의 문화에 기여하는 인재양성, 아홉째, 공산당의 문화에 대한 지도력을 강화할 것 등이다.[5)] 이러한, 공산당과 지도자들의 언급 속에 영화담당부서인 국가광전총국에서는 〈영화산업발전 촉진에 대한 지도 의견(關于促進電影產業繁榮發展的指導意見)〉(2010) 등을 발표하여, 영화산업이 문화산업을 선도하는 용머리(龍頭)로서 이를 위한 구체적 시행방안을 제시하였다.

---

4) 國家廣電總局, 『2010年 中國廣播電影電視發展報告』, 新華出版社, 2011. 21-22쪽.
5) 王君 主編, 『中共中央關于深化文化體制改革推動社會主義文化大發展大繁榮若干重大問題的決定』, 中共中央黨校出版社, 2011. 1-19쪽.

개혁개방 30년간 추진된 '정부주도형 시장화' 전략은 일정한 성공을 거두었지만, 정부주도의 지원정책과 통제라는 이중적 속성으로 인해 대내외적으로 여러 가지 도전에 부딪히고 있다. 대내적으로는 시장시스템의 성장과 시장주체(영화, 대중)들의 자율적 의지가 확산되면서 정부와의 새로운 관계를 요구하고 있으며, 대외적으로는 정부주도의 규제정책에 대해 미국 등 외국의 개정요구 압력이 높아지고 있다.

1994년 중국 정부는 해외영화 배급비율을 외국과 나누는 방식인 분장제(分賬制) 수입을 허용하여, 사실상 시장개방을 시작하였다. 1994년 11월 〈도망자〉가 개봉된 이후, 매년 미국 블록버스터를 포함하여 10편의 분장제 영화수입이 추진되었고, 2001년 12월 WTO가입을 계기로 2002년 이후로는 매년 분장제 수입영화가 20편(그중에서 미국 영화는 85%)으로 증가하였다. 현재까지 중국의 영화수입은 분장제 20편, 매단제(買斷制) 30편 정도로 해서 약 50편의 영화수입이 이루어져왔다. 2012년 2월 18일 미중 간의 영화수입 합의를 계기로 분장제 영화수입은 34편으로 늘어나면서, 총 70편에 가까운 영화수입으로 확대되는 셈이다. 미국영화협회(MPAA) 회장인 크리스토프 도드는 2월 19일, "이번 합의를 계기로 미국영화의 중국시장에서의 수익은 증가할 것이다. 앞으로는 중국 영화시장의 50% 이상을 점유할 것이다"라고 공언한 바 있다. 2012년 2월 미국과 중국 간에 합의한 중미영화수입협정이 대표적인 사례이다. 2012년 2월 18일 미국 측의 강력한 시정요구에 의해 중국은 WTO 협정문에서 영화수입에 대한 조항을 개정했다. 주요 내용은, ①매년 20편씩 수입하던 영화를 3D와 IMAX 위주로 14편으로 늘여 매년 34편 이상을 수입할 것, ②분장제(分賬制) 수입에서 미국 측 수익비율을 13%에서 25%로 올릴 것, ③중국 측의 국영영화사 중심의 독점구조를 타파하고 미국 민간영화사의 진출 기회를 늘일 것 등이다.[6] 미국과 중국의 협정으로 중국 영화인들은 당혹스러워 하면서도, 생존을 위한 중국영화의 국제화 전략, 영화산업 수직통합화와 대규모 통합, 시장시스템에 적합한 대중적 상업영화 발전, 글로벌 시장에 도전할 수 있는 국제공동제작 확대 등 다양한 대응방안을 논의하고 토론 중에 있다.

이러한 배경 속에서도 중국영화는 괄목할 만한 성장세를 보이고 있다. 영화제작 수는 2002년 100편에서, 2008년 406편, 2010년 526편, 2011년 558편, 2014년 618편, 2015년 686으로 지난 10년 동안 거의 5배의 성장세를 이룩했다. 영화 스크린 수 또한 2002년 1,834개에서 2006년 3,034개, 2011년 9,200개, 2014년 23,600개, 2015년 32,487개로 4배 이상 증가세를 보이고 있으며 작년 한 해는 하루 평균 15개의 스크린이 개설되었다. 영화의 총수익 규모도, 2003년 22억 위안에서, 2005년 48억 위안, 2009년 106.6억 위안, 2010년 160억 위안, 2014년 297억 위안, 2015년 440억 위안으로 지난 10년간 10배 가까운 가파른 성장세를 보이고 있다.[7]

흥미로운 통계는 민영영화사의 성장이다. 2013년 통계에 따르면, 민영영화사가 제작한 영화수는 207편으로 전체의 70% 정도를 차지하고 있으며, 국유영화사가 제작한 영화수는 70편으로 전체의 25% 정도를 차지하고 있다. 박스오피스 기록을 보면, 민영영화사가 제작한 영화가 102억 위안으로 67%를, 국유영화사가 51억 위안으로 33% 정도를 차지하고 있다. 이를 통해, 영화산업 성장세를 정책적으로는 지

---

6) 賈磊磊, 「如何進一步作大作强國產電影」, 『當代電影』, 第194, 2012年 5月. 4-6쪽 참조.

7) 尹鴻 外, 「2015年中國電影產業備忘」,『電影藝術』, 北京, 中國電影家協會, 2016. 5-11쪽.

원하고 조절(regulation)하고 있는 중심 역할은 정부가 하고 있지만, 실제 영화시장을 주도하고 있는 영화주체는 민영영화사가 중심에 있다는 것을 알 수 있다.

이와 같이, 시장화와 개방화를 추진한지 30년이 지나면서, 중국영화는 새로운 변화와 도전에 직면해 있다. 시장시스템의 활성화와 영화시장 수익규모는 증가하였지만, 미국 등 해외영화의 수입개방이 확대되면서 치열한 영화시장 경쟁과 위기의식 속에 중국영화는 다양한 방식의 생존과 활로를 모색하지 않을 수 없게 되었다.

이러한 영화창작 인프라와 영화시장 환경변화는 중국영화 창작과 작품 경향에도 일정한 영향을 주고 있다. 영화시장의 규모확대와 개방확대라는 기회와 위기 속에 영화시장과 대중성에 부합하려는 작품 제작 경향이 증가하면서 중국영화는 새로운 지형도가 그려지고 있다. 그 대략적인 지형도는, 첫째, 〈당산대지진〉(2010), 〈난징의 13소녀〉(2011), 〈서유기〉(2014), 〈몬스터 헌트〉(2015)과 같은 중국형 블록버스터 상업영화가 시장의 대세를 이루는 현상이 나타났다. 중국형 블록버스터 상업영화는 최근 영화시장 규모확대와 할리우드 대작과의 경쟁에 대처하기 위한 전략이며, 특이한 것은 대작 상업영화의 주제의식에 정부이데올로기가 주입되는 '주선율형 대작상업영화' 경향으로 제작되고 있는 점이다. 실제, 이러한 정부와 영화계의 공모 속에 등장하고 있는 영화는 대내적으로 '조화로운 사회'와 '과학적 발전관'에 기여하기도 하고(〈당산대지진〉), 대외적으로는 소프트파워 외교전략의 일환으로 동원되기도 한다(〈공자〉). 둘째, 정부이데올로기 선전영화인 주선율(主旋律) 영화는 〈건국대업〉(2009), 〈신해혁명〉(2011)과 같이 스타시스템을 활용하거나 쉽고 재미있게 제작하여 영화시장에 부합하려는 대중화 노선을 걷고 있다. 주선율 영화란 공산당의 혁명전통과 사회주의 이데올로기를 재현한 영화로서, 국가에 의해 기획되고 지원되고 제작되는 영화이다. 주로 공산당 지도자나 간부의 영웅적 희생을 다루거나, 혁명전쟁의 당위성, 사회주의체제의 수호 등 공산당과 통치 이데올로기를 충실하게 반영하는 선전영화의 성격을 가지고 있다. 2009년 건국 60주년 기념대작 헌정영화인 〈건국대업(建國大業)〉, 2010년 공산당 건당 90주년 헌정영화인 〈건당위업〉 등이 대표적인 사례다. 셋째, 지아장커(賈樟柯)의 〈천주정〉(2014), 왕샤오솨이(王小帥)의 〈틈입자〉 등 독립영화는 지하영화에서 '체제 내' 영화로 전환하고 있으며 국제적으로도 호평받는 창작을 이어가고 있지만, 영화시장 경쟁에서 주변화되는 안타까운 현상을 보이고 있다. 넷째, 중소형 상업영화는 주요 관객층인 청년층을 겨냥하여 청년세대의 욕망을 다룬 〈두라라 승진기〉(2010), 〈황금대겁안〉(2012), 〈청춘에게〉(2013)와 같은 웰메이드 영화로 제작되어 생존해나가고 있다.

영화산업의 환경변화와 새로운 시대변화는 영화감독의 판도에도 새로운 지각변동을 예고하고 있다. 1980년대 등장하여 국제적 명성을 쌓은 5세대 감독들은 2000년대 이후 '국민감독'이라 불리는 장이모우, 펑샤오강, 천카이꺼 3인 감독의 독주가 약화되고, 30, 40대 청년감독들의 영화시장 흥행과 돌풍이 거세게 불고 있다.

1990년대와 2000년대 중국영화를 주도해온 5세대, 6세대 영화감독들은 현재 분화된 형태로 다양한 창작 활동을 지속해오고 있다. 장이모우 감독은 〈영웅〉(2002) 이후, 2008년 베이징올림픽 개막식 연출과 〈진링의 13소녀〉(2011), 〈5일의 마중〉(2014) 등 영화와 공연을 넘나드는 연출을 계속하고 있으며, 천카이꺼 또한 〈조씨고아〉(2011) 등 대작 상업영화에 몰두하는 경향을 보여왔다. 독립영화를 고수해온 6세대 감독의 왕샤오솨이 감독은 〈청홍〉(2005) 이후 〈틈입자〉(2014)를 연출했으며, 지아장커 감독은 〈스틸라이프〉(2006) 이후 〈천주정〉(2015) 등 사실주의 미학에 근거한 새로운 예술영화를 선보이고 있지만 주류 영화시장에서는 주변으로 밀려나고 있다. 반면, '포스트 6세대' 이후의 영화감독들은 자유분방한 소재와 시장친화적인 창작으로 새로운 세대교체를 주도해나가고 있다. 대중문화의 스타아이콘인 루촨 감독은 "나는 6세대가 아니다"라고 선언하며 〈난징! 난징!〉(2009), 〈왕의 성찬〉(2012), 〈구층요탑〉(2015) 등 상업성과 예술성을 혼융하거나 넘나드는 독특한 미학을 선보이고 있으며, 〈크레이지 스톤〉(2006)으로 일약 스타덤에 오른 1977년생 닝하오 감독은 〈황금대겁안〉(2012), 〈심화로방〉(2014) 등 청년세대의 욕망을 담은 상업적 대중영화를 창작해오고 있다. 이와 같이 최근 중국영화는 주선율, 상업영화, 예술영화라는 다원화된 영화창작 분위기 속에서 5세대, 6세대, 포스트 6세대가 뒤섞이고 경쟁하게 되면서, 베이징영화학원 정동티엔 감독이 표현한 대로 "세대없는 시대(無代的代)"를 형성하고 있다.

특히, 〈표1, 2, 3〉과 같이 2013~2015년까지의 박스오피스 흥행 기록을 보면 중국 영화시장의 세대교체는 이미 시작되었다는 것을 확인할 수 있다. 2013년도 흥행 상위권에는 청춘스타인 자오웨이 감독의 데뷔작 〈청춘에게〉을 비롯하여, 〈소시대(小時代)〉 시리즈로 청춘영화 신드롬을 일으키고 있는 인기소설가이자 청년감독인 궈징밍(郭敬明) 등이, 2014년도에는 최고의 흥행을 기록한 로드무비 〈심화로방〉의 청년감독 닝하오를 비롯하여, 인기소설가이자 감독인 한한 등이, 2015년에는 '로스트' 시리즈를 연출하고 있는 쉬정 감독과 1982년생 동청펑 감독 등 30대와 40대 청년감독들이 흥행 기록의 거의 절반 가까이를 차지하고 있는 것을 알 수 있다. 이에 따라, 그동안 장이모우, 천카이꺼, 펑샤오강 등 빅3 감독들이 주도해온 영화시장은 최근

30, 40대 청년감독들에 의해 조금씩 세대교체가 진행 중이라는 것을 알 수 있다.

예술영화계에서도 새로운 청년감독들이 급부상하는 판도 변화가 일고 있다. 국제영화제에서도 2014년 베를린국제영화제에서 작품상과 남우주연상을 수상한 〈백일염화(白日焰火)〉의 다오이난(刁亦男) 감독, 부산국제영화제 등에서 초청받은 〈헬로! 수선생〉의 한지에(韓杰) 감독, 도쿄국제영화제에서 수상한 〈강철 피아노〉의 장멍(張猛) 감독, 〈백학〉의 리뤼쥔 감독, 〈아름다운 누이〉의 하오지에(郝杰) 감독을 비롯한 신진 청년감독들이 연이어 국제영화제에서 호평을 받으며 새로운 주목을 받고 있다.

최근 3~4년간 중국 영화시장과 예술영화에서 급부상하고 있는 일군의 신진 청년감독들을 흥미롭게 지켜보면서, 과연 이들의 정체성과 급부상과 활동을 어떻게 평가해야 할지 많은 고민이 뒤따랐다. 이들은 세대적 연령층으로 볼 때 자신들보다 선배격인 5세대, 6세대 감독들에 비해, 공통된 연령층과 세대의식으로 묶을 수 없고, 기존의 선배들과는 달리 베이징영화학원 같은 동일한 영화학교 출신도 아니며, 공통된 영화미학 선언문이나 같이 묶을 수 있는 공통된 주제의식이나 영화스타일을 전혀 공유하고 있지 않고 있기 때문이다.

연령별로 신진 청년감독들을 살펴보면, 새로운 청춘영화 스타일로 부상한 〈실연 33일〉의 텅화타오(縢華濤) 감독과 금년 베를린국제영화제 작품상을 받은 〈백일염화〉의 다오이난 감독은 이미 40대에 접어들었으며, 연이어 박스오피스 대흥행을 기록하고 있는 〈황금대겁안〉, 〈무인구〉, 〈심화로방〉의 닝하오 감독은 30대 후반이며, 인기소설가이자 감독인 〈소시대〉의 궈징밍, 〈백학을 타고 떠났다고 전해라〉의 리뤼쥔 감독이나, 〈아름다운 누이〉의 하오지에 감독, 양진 감독 등은 이제 겨우 30대 초반에 접어든 청년감독들이다.

영화스타일 면에서도 각양각색의 특징을 선보이고 있다. 텅화타오, 궈징밍, 닝하오 감독은 20~30대 청년관객의 감성코드에 맞는 상업형 청춘영화를 연출하고 있는 반면, 리뤼쥔 감독과 하오지에 감독은 각각 사실주의 풍격과 초현실주의적 미장센을 바탕으로 자신만의 개성 넘치는 영화를 선보이고 있다.

이들의 교육배경 또한 다채롭다. 다수의 청년감독들은 여전히 베이징영화학원 출신이거나 교육받은 경력을 갖고 있기는 하지만, 상당수 감독들은 전국 곳곳의 학교에서 영화를 공부한 다양한 출신 배경을 갖고 있다. 텅화타오와 하오지에와 같은 감독은 베이징영화학원 졸업생이지만, 다오이난 감독과 장멍 감독 등은 중앙희극학원 출신이며, 닝하오 감독과 한지에 감독과 양진 감독 등은 베이징사범대학 영화학과 출신들이다.

그렇다면 이러한 다양한 신진 청년감독들의 부상과 새로운 등장을 어떻게 바라보아야 할 것인가? 과거 5세대, 6세대 청년감독의 새로운 등장에 비견할 때, 연령층, 출신학교, 영화미학 등 공통된 영화배경을 가지고 있지 않은 이들의 등장을 과연 어떻게 보아야 할 것인가? 이들 신진 청년감독들의 등장은 주선율, 대작 상업영화, 중소형 상업영화, 예술영화 등 다원화 국면에 접어든 중국 영화시장의 흐름이 반영된 단순한 뉴웨이브 현상인가? 이들 신진 청년감독들의 급부상은 이제 더 이상 감독의 세대나 공통된 영화미학으로 묶을 수 없는 새로운 백화제방(百花齊放) 시대를 알리는 시그널이 아닐까? 아니면, 6세대 이후 새롭게 등장한 바링허우('80後) 지우링허우('90後) 세대의 '포스트 6세대' 청년감독들에 의한 세대교체 증후일까?

결론부터 말하자면, 필자는 최근 3년간 중국 영화시장에서의 새로운 흥행 감독으로 급부상하고 있는 청년감독들의 등장과 예술영화계에서 새로운 작가주의적 미학으로 주목받는 청년감독들의 활약을 감히 '중국영화의 세대교체의 징후'라고 평가하고 싶다. 중국영화는 30, 40대 연령으로 구성된 청년감독들의 세대교체가 이미 시작되었으며, 2010년대 후반에는 이들이 주도하는 중국영화의 새로운 지형도가 그려질 것으로 예상한다.

중국 현지 영화비평가들은 이들 청년감독들을 5세대, 6세대와 구분하여 통칭 신생대(新生代) 감독이라 부르고 있지만, 이 글에서는 이들 청년감독들을 6세대 이후라는 의미에서 '포스트 6세대 감독'으로 명명하고자 한다.

3

'포스트 6세대', 그들은 누구인가?
-'세대 없는 세대(無代的代)'의 새로운 청년감독

중국영화를 '세대(代)'라는 말로 구분하기 시작한 것은 1980년대 초반 5세대 감독군의 등장부터이다. 현재 학계에서 통용되고 있는 중국영화의 세대 개념은 다음과 같다. 1세대는 1910년대와 1920년대까지 활동한 초기 선구자로서 정정치우(鄭正秋), 장스촨(張石川) 등이 있다. 2세대는 1930년대와 1940년대 활동한 감독들로 주로 좌익영화, 항일영화 등 사회성 강한 영화를 제작한 쑨위(孫瑜), 차이추셩(蔡楚生), 위앤무즈(遠牧之) 등을 지칭한다. 3세대는 1949년 중화인민공화국 수립 이후 영화를 만든 감독들로 정쥔리(鄭君里), 수이화(水華), 시에진(謝晉) 등이 있다. 4세대는 1950년대 말 1960년대 초 학업을 마친 감독들로 주로 문화대혁명이 끝난 1980년대 초에 활동한 감독들로, 우이궁(吳貽弓), 시에페이(謝飛) 등을 들 수 있다. 이러한 세대 구분에 근거하여, 5세대 감독은 문화대혁명이 종식된 1978년 다시 문을 연 베이징영화대학의 1982년 졸업생을 주축으로 구성된 감독들로, 문화대혁명의

상처를 겪은 세대할 할 수 있다. 천카이꺼, 장이모우, 티엔주앙주앙 감독 등이 그들이다.[8)]

세대론은 공통된 시대경험을 가진 감독들의 집단정체성을 기준으로 삼고 '이전 세대와의 단절인 동시에 계승'이라는 의미를 가지고 있다. 따라서, 중국영화와 영화사조를 세대론에 입각해 구분하는 것은 중국영화사의 발전단계를 연구하는 데 유용한 접근일 수도 있으나, 세대구분의 기준이 구체적으로 어디까지인지 확연히 구분할 수 있는 것이 아닌 임의적이고 가변적인 측면도 있어서 대(代)에 의한 영화사조 구분은 일정한 한계를 가진다고 할 수 있다. 세대론에 의한 영화사조 구분을 진행할 경우에는 이전 세대와 정확한 차별성과 공통된 새로운 정체성을 기준점으로 설정해야 무리한 명명을 피할 수 있다. 영화사조를 세대에 기초한 감독군으로 표현하기 위해서는 창작주체인 감독의 연령, 활동시기, 영화스타일, 미학과 개성, 주제의식 등에 공통된 집단정체성이 있어야 한다. 그런 점에서 5세대 감독은 일련의 공통된 특징을 가지고 있다. 1966년에 시작된 문화대혁명으로 대학이 폐쇄되었고, 문화대혁명 기간이 끝난 이후 대학이 다시 문을 열었다.

중국은 사회주의 국가의 특성상 대학 이름을 대부분 전공 영역별 명칭으로 호칭했다. 농업대학, 광업대학, 사범대학, 그리고 영화전공은 전영학원이라는 이름으로 설립되어 있었고, 당시 대표적인 영화전공 대학은 베이징영화대학(北京電影學院)이었다. 따라서, 이러한 대학전공 교육의 특성상 5세대 감독들이란 문화대혁명이 끝나고 다시 문을 연 베이징영화대학 78학번 신입생들이 주축일 수밖에 없다. 이들 78학번

8) 鄭洞天, 〈代與無代: 對中國導演傳統的一種描術〉, 『當代電影』, 中國電影藝術研究中心, 第130期, 2006. 1. 10-11쪽.

은 1982년 졸업과 동시에 전국 국영영화제작소로 발령을 받았고, 전국 각지에 있던 이들은 각자 자신들의 영화제작소를 중심으로 일련의 새로운 창작경향과 실험적 스타일로 영화를 만들기 시작했다. 1984년 5세대의 출발을 알린 천카이꺼 감독의 〈황토지(黃土地)〉는 1982년 베이징영화대학을 졸업한 천카이꺼 감독이 연출을 맡고 같은 동기인 장이모우 감독이 촬영을 맡은 영화였다.

이들은 강렬한 원색의 색채와 파격구도 등을 활용한 실험적 영상스타일을 선보였으며, 자신의 세대가 겪은 문화대혁명을 중심으로 중국역사와 사회현실에 대해 우화(寓話)적 비판의식을 표출하였다. 정부의 검열을 받지 않고 해외영화제에 출품하여 수상하면서 영화작품의 미학적 성취 외에도 정부와의 저항적 관계라는 선정적 홍보가 겹쳐지며 5세대는 일약 세계적 주목과 관심을 받게 되었다. 장이모우, 천카이꺼, 티엔주앙주앙 등 이른바 5세대라는 명명은 연령, 영화스타일, 미학과 개성, 주제의식 등에서 공통된 집단정체성을 담고 있기 때문에 이들을 이전 세대와 구분하면서 고유명사화 되어 사용되기 시작한 것이다. 그 후 5세대는 1987년 장이모우 감독의 〈붉은 수수밭(紅高粱)〉을 계기로 감독 각자의 미학과 개성으로 점차 분화되어 소멸되기 시작했다.[9]

5세대에 이어 이른바 '6세대' 성립과 정체성은 일반적으로 1989년 베이징영화대학 85학번들의 졸업생 공동성명에서 기원을 찾는다. 1989년 베이징영화대학 85학번 졸업생(감독, 녹음, 문학, 미술 등 전체 학과) 일동은 1993년 〈상하이예술가(上海藝術家)〉 잡지에 「중국영화의 포스트 황토지 현상-중국영화에 관한 담화」라는 제목의 성명서를 발표하면서, 이전의 4세대 감독들이 문혁 이후 기존 영화를 비판

---

9) 钟大丰 · 舒晓明, 『中国电影史』, 中国广播电视出版社, 1995. 35-46쪽.

하는 미학적 선언을 한 것과 같은 경로를 따르며, 5세대의 농촌영화와 국제영화제 수상이 중국영화에 부담이라는 비판적 성명을 발표했다. 4세대의 시작은 1979년 영화감독 장놘신이 리타(李陀)와 함께 발표한「영화 언어의 현대화를 논하다(談電影言語的代化)」라는 글에서 내용과 형식의 새로운 창작을 주장하면서 기성세대 영화를 전면적으로 비판하면서 비롯된 바 있다. 6세대 감독의 정의에 대해 중국의 영화학자 지아레이레이는, "베이징영화대학 85학번 중 장위앤 감독의 〈엄마〉(1990)가 6세대의 시작을 알린 작품이며, 이들은 주로 베이징영화대학 85~87학번들이다"라고 이들의 신분 정체성을 정의하고 있다.

이러한 배경을 바탕으로 정의해보면, 이른바 '6세대' 감독군은 주로 1960년대에 태어나 1980년대 중반부터 1990년대 초에 대학을 졸업하였고, 1990년대 중반부터 본격적인 영화창작 활동을 시작하여 주목받기 시작한 감독들이라 할 수 있다. 이들 다수는 베이징영화대학 1985~1987년에 입학하여 1989년 천안문사태를 겪은 공통된 집단기억을 가지고 있다. 대표적인 감독과 영화로는 장위앤(張元)의 〈베이징잡종(北京雜種)〉(1993)과 〈동궁서궁〉(1999), 왕샤오솨이(王小帥) 감독의 〈겨울과 봄의 나날〉(1993), 〈북경자전거〉(2000), 로우예 감독의 〈주말연인〉(1995), 〈쑤저우강〉(2000) 등이 있다.[10)]

6세대는 '포스트 5세대' 영화로서, 5세대와는 확실한 차별을 시도하였고, 실제로도 그들만의 지향점을 보여주고 있다. 중국 현지와 국내 학자들이 공감하고 있는 6세대에 대한 정의와 기준은 최소한 다음과 같은 공통점을 가진다. 첫째, 연령상으로 1960년대에 태어나 1980년대 중반부터 같은 대학(베이징영화대학)을 다녔고 1990년대 졸업 이

10) 賈磊磊, 〈關于中國'六代'電影導演歷史演進的主體報告〉, 『當代電影』, 第134期, 2006. 5. 26-30쪽.

후 본격적인 영화현장 활동을 시작한 청년감독군이다. 둘째, 영화소재적 차원에서는 이들은 5세대가 농촌공간과 중국의 풍습 등에 치우친 묘사로 서구의 오리엔탈리즘에 부합하려는 경향이 있었다고 비판하면서, 6세대는 개혁개방 이후의 발달된 도시공간을 중심으로 소외된 청춘 인물군상의 좌절과 사랑 등 인간내면을 표출하는 영화를 지향하고 있다. 셋째, 5세대가 중국 역사와 사회현실을 은유된 알레고리(allegory)적 묘사로 비판하는 데 비해, 6세대는 중국사회 현실 이면의 어두운 진실을 직접적으로 드러내고자 하는 사실주의 미학을 중심에 두고 있다. 넷째, 이후의 전개과정을 보면 장이모우를 비롯한 5세대 감독이 대부분 정부의 이데올로기에 동조하거나 공모하는 듯한 영화를 제작하는 반면, 6세대는 이들을 비판하며 주선율 영화와 정치이데올로기를 배격하고 자유로운 서사와 개성을 추구하는 경향이 있다. 다섯째, 5세대가 정부의 지원 속에 영화시장에 안착하려는 블록버스터 상업화 경향의 길을 걷는 반면, 6세대는 정부의 검열제도에 대항하면서 자유롭고 비판적인 독립영화를 지향해왔다. 여섯째, 세대적 정체성으로 볼 때, 5세대가 자신의 세대가 겪은 문화대혁명의 상흔을 바탕으로 문화적 성찰의식을 보여주었다면, 6세대는 자신들이 겪은 1989년 6 · 4 천안문사태의 민주주의 열망과 비판의식을 바탕으로 정치권력에 대한 비판적 속성을 더 강하게 공유하고 있다.

6세대가 기존의 세대론적 구분에 부합할 수 있는 공통된 집단기억과 철학, 영상스타일을 내재하고 있는지는 여전한 논란거리이다. 1994년 〈종산(鍾山)〉이라는 잡지에서 「베이징영화대학 89기 5개 전공의 학우들은 중국영화 6세대이다」라는 글이 실렸으나, 영화평론가인 베이징대학의 다이진화, 장이우 교수 등은 기존의 중국영화에 도전하는 면이 부족하다는 이유로 6세대라는 개념으로 인정하지 않았다. 그러나

1996년 베이징사범대학에서 열린 '신생대 감독과 중국 90년대 영화의 포석'이라는 제목의 토론회에서 역시 베이징대학의 다이진화 교수는 〈주말연인〉, 〈무산운우〉 등의 영화를 지목하며 이들 영화가 기성세대를 넘어선 새로운 충격이었다며 6세대라는 개념은 성립한다고 기존 태도를 바꾸어 인정하였다. 하지만 여전히 6세대를 묶을 수 있는 뚜렷한 공통된 철학적 기반, 공통된 세대 경험, 영화사조로서의 공통된 스타일 등이 존재하는지 애매모호한 측면이 있다.[11)]

특히, 1990년대 후반에 활약한 장양(張揚), 지아장커(賈樟柯), 루촨 등을 6세대에 포함할 것인지, 아니면 '포스트 6세대'로 규정할 것인지에 대한 분명한 합의점을 보이지 않고 있다. 영화학자 추이핑과 장종웨이는 지아장커와 루촨을 '포스트 6세대'로 구분하고 있으며, 특히, 추이핑 베이징영화대학 교수는 5세대를 베이징영화대학 78학번 세대, 6세대를 베이징영화대학 85학번 세대로 확신하면서, 지아장커 감독의 경우 1970년생으로 93년도에 베이징영화대학에 입학하여 80년대를 겪지 않았다는 점, 또한 베이징영화대학 입학도 정식 학생이 아닌 청강생의 신분으로 베이징영화대학의 전통적인 러시아식 엘리트 영화교육을 받지 않았다는 점 등을 들어 '포스트 6세대'로 구별하기도 한다.[12)]

현재 중국 영화학계에서는 '6세대'와 그 이후의 사조에 대해 다양한 관점과 세대론적 명명(命名)이 혼재하고 있는 실정이다. 2000년대 이후 청년감독들은 이전의 6세대 정의로만 단정할 수 없는 다양한 작품과 특징을 가지고 있기 때문이다. 2000년대 이후 청년감독들을 6세대

11) 루샤오양, 『세계화 속의 중국영화』, 신성출판사, 2006. 186쪽.

12) 안상혁, 『중국 6세대 영화, 삶의본질을 말하다』, 성균관대학교출판부, 2009. 장동천, 『영화와 현대중국』, 고려대학교출판부, 2008. 추이웨이핑, 〈6세대 이후의 청년형상〉, 부산영화제 발표문, 2011.

와 대비시켜 '포스트 6세대(後6代)', 혹은 6세대와 포스트 6세대를 아우르는 말로 '신생대(新生代)'라는 용어 등으로 지칭하고 있다.

먼저, 6세대와 이들 '신생대', '포스트 6세대'를 굳이 구분하려는 학자들의 주장은 전통적인 의미의 '6세대'와 '신생대', '포스트 6세대'는 일정한 차이를 보이고 있다는 것이다. 후난대학 저우칭핑 교수는 필자와의 인터뷰에서 "6세대가 체제 외의 지하영화로 출발했고 대부분 독립영화를 지향하는 데 비해, 신생대 감독들인 루촨, 장양, 닝하오 등은 체제 내에서 활동하며, 영화시장과 대중적 영화를 지향하는 감독군으로 규정할 수 있기 때문이다"라고 말한다.[13]

반면, 6세대가 확실한 영화사조로 정착하기 위한 공통된 집단미학을 가진 영화창작이라는 단계에 도달하지 못했기 때문에, 일부 중국 영화학자들은 전통적 개념의 6세대 영화를 신생대로 포함시키기도 한다. 베이징사범대학의 쩌우싱(周星)을 비롯한 대다수 영화학자들은 '6세대'와 '포스트 6세대'를 포괄하는 개념으로 '신생대'로 지칭한다. 쩌우싱 교수는 "6세대, 신생대는 같은 개념이다. 6세대는 규범을 갖춘 호칭이 아니라, 젊은 영화평론가들 위주로 형성된 개념이다. 특히, 정확히 6세대라 불릴 만한 공통된 형세를 이룬 바가 부족하기 때문에, 신생대라고 부르는 것이 더 적당해 보인다"고 말하며 장위앤과 왕샤오솨이 등을 6세대라 호칭하면서도, 후어지엔치(霍建起), 장원(姜文) 등을 주류경향의 감독으로 분류하면서 이들을 통칭하여 신생대로 부르고 있다. 또한, "신생대의 범위는 몇 가지로 분류 가능하다. (1) 전형적인 체제 외 6세대 감독군들로서, 이들은 5세대를 비판하며 등장하였고 스스로를 구분하고 있다. 장위앤, 왕샤오솨이, 허지엔쥔, 지아장커,

13) 周青平, 후난대학교 예술학원 영화전공 교수. 2011. 7. 1. 서면인터뷰에서.

장밍, 관후 등이 해당된다. (2) 90년대 영화시장에 진입하고 적극적으로 저항하지 않은 신생대 감독군으로서, 장양, 루쉐창, 후오지엔치 등이 있다. 이들 모두는 '6세대'로 부를 수 있으며, 주로 베이징영화대학 졸업생을 일컬으며, 90년대 활동한 청년영화감독들이다. 그들의 창작 경향은 복잡다단하며 90년대 중국영화의 다원화 국면을 형성하는 데 기여했다"고 평가하면서, "이들을 인생에 대한 태도로 세부적으로 분류하면 다음과 같다. 인생기록: 장위앤. 인생복원: 지아장커, 장밍. 인생발굴: 왕샤오솨이, 허지엔쥔. 인생회상: 장원, 루쉐창. 현실인생: 후어지엔치 등"으로 세부적으로 분류하기도 한다.[14)]

중국영화예술연구센터의 지아레이레이(賈磊磊)는 전통적인 '6세대'가 최근 지하영화에서 체제 내 영화로, 비주류영화에서 주류소비영화로 전환하면서 6세대와도 고별하는 '세대 없는 영화세대(無代的代)'로 접어들고 있다고 주장하고 있다.[15)]

또한, 4세대 감독이자 베이징영화대학 교수인 정동티엔(鄭洞天) 또한 현재 중국영화는 다원화 시대를 맞아 "세대 없는 세대의 시대"로 접어들었다는 견해를 표방하면서, "20년간 세대를 구분해온 예전의 감독연구 방법을 끝내야 할 충분한 이유를 제시하고 있으며, 이제는 개인적인 사례를 고찰하는 방향으로 틀어야 한다"고 주장하고 있다. 그에 의하면, "6세대 영화는 주변에서 중심지대로 이동했으며, 과거의 지하영화 작가들은 주류영화 영역으로 이동했다. 과거 비주류의 영화가 주류 소비시장으로 들어온 것이다. 과거의 6세대의 영화는 도시 공간, 자전적 성장, 역사사회적 소재, 저예산 영화 등을 지향하다

---

14) 周星, 『中國電影藝術史』, 北京, 北京大學出版社, 2005. 310쪽.

15) 賈磊磊 〈關于中國'六代'電影導演歷史演進的主體報告〉, 『當代電影』, 第134期, 2006. 5. 26-30쪽.

가 점차 주류 영화시장으로 진입하고 있다"고 평가한다. 정동티엔 교수는, "6세대 영화가 이와 같은 전환을 맞게 된 몇 가지 계기가 있다. 첫째, 1999년 중국영화인협회, 중국영화그룹, 베이징영화제작소 등이 공동주관하여 학술지 〈영화예술(電影藝術)〉를 중심으로 '청년영화 작품 토론회'를 개최하였고, 왕샤오솨이, 장양, 후어지엔치 등이 참석하여 WTO가입 이후 중국영화의 대응방안과 전망을 논의하면서 향후 영화와 대중과의 새로운 관계 설정에 대해 논의한 바 있었다. 둘째, 2003년 11월 13일, 베이징영화대학에서 국가광전총국 영화국과 '11·13 좌담회'를 개최했을 때 지아장커, 러우예, 왕샤오솨이 등이 참석하였고, 2002년 국가광전총국 18, 19, 20호 규정인 〈영화 시나리오 심사제도 잠행 규정〉(중대혁명소재와 혁명소재를 제외한 영화 시나리오에 한해, 1000자 이내로 사전심사를 받는다는 검열제도 규제완화 규정)에 대한 영화인들과의 좌담회를 개최하여 심사제도 완화에 따른 창작활성화 방안을 논의한 바 있다. 셋째, 2005년 2월 베이징영화대학, 중국영화인협회, 중국감독협회, 국가광전총국 등이 공동으로 '청년영화 창작 좌담회'를 개최하여, 영화시장을 개척할 수 있는 창의력 넘치는 영화 제작에 대한 토론회를 열었는데, 이와 같은 과정을 통해 '지하영화'라는 집단적 경향은 6세대와 고별하게 되었다. 그 후 장위앤은 상업영화인 〈녹차〉를 제작하였으며, 이제 영화계는 다원화되면서 세대간 속성이 변화하였고 '세대 없는 세대(無代年華)'로 접어들었다"고 설명하고 있다.[16)]

정동티엔 교수는 더 나아가 2006년 〈당대전영(當代電影)〉 학술지 기고를 통해 「세대와 세대 없는 세대: 중국 감독 전통에 대한 묘술

16) 鄭洞天, 〈代與無代: 對中國導演傳統的一種描術〉, 『當代電影』, 中國電影藝術研究中心, 第130期, 2006. 1. 10-11쪽.

(代與無代: 對中國導演傳統的一種描術)」을 발표하면서, 6세대의 소멸과 새로운 세대로의 진입을 다시 한 번 강력하게 논거한다. "과거 20년 동안 중국영화 연구에서 세대론 분화에 의한 연구가 진행되어왔는데, 5세대 이후로는 세대의 개념만으로 다원화된 경향을 포괄할 수 없다. 시장시스템 속에서 생존을 모색하고 있는 6세대와 더 젊은 청년감독들은 이미 '세대 없는 세대'로 진입했다"고 선언한다. 이 논문에서 정동티엔은 각 세대별 특징을 정리하면서 6세대와 더 젊은 청년세대 감독군을 다음과 같이 구분하고 있다. "6세대는 1990년대 초기 이후 활동한 감독으로서, 시장 중심의 창작환경 속에 어려움을 겪고 있으며, 개인의 성장과 감정을 당대 사회현실 속에서 영상으로 묘사하는 풍격을 가지고 있다. 어느 시대 감독들보다 자신들의 성장 경험에 기반한 개인화된 영화관념을 보이고 있다. 전통이 소멸된 시대에 자신들이 겪은 청춘의 잔혹한 기억이나 도시의 상흔 속에서 작가의식을 표출하고 있는 것이다. 그러나 시간이 흐르고 상황이 바뀌면, 너무 뒤처질 수도……"라고 평가한다. 반면 6세대 다음 시기를 '세대 없는 세대(無代的代)'로 규정하면서, 1990년대 중반 이후의 펑샤오강, 장원, 지아장커, 루촨 등을 대표적인 사례로 들고 있다. "이들은 시장화 시스템의 영향 속에서 시장생존과 예술성을 결합하려는 책략을 가지고 있다. 마치 1930년대 영화로 회귀하는 분위기이며, 어떤 점에서는 중국영화의 첫 번째 다원화를 실현했다. 5세대 영화 이후로 세대(代)라는 개념은 더 이상 주류영화제작에 적용할 수 없다. 이데올로기 강화와 시장시스템으로 전환하는 90년대에는, 미학적 구분이 아니라 스스로 살아남아야 하는 법으로써의 '세대 없는 세대'를 살아야 한다. 그들 각자의 각고의 노력이 향후 중국영화의 다원화 면모를 형성할 것이다. 90년대 감독 세대론은 cut이 아니

라 fide-in/fide-out(아마, fade를 잘못 쓴 듯하다.-필자)이다. 다음 세대로의 출현은 이전 세대 생명력의 소멸이 아니라, 이전 세대의 특징이 얕아질 뿐이다. 이러한 끊임없는 과정 속에 점진적으로 민족성과 다원화의 감독전통이 형성되는 것이다"라고 주장하며 사실상 세대론에 입각한 영화연구가 더 이상 의미없음을 강조한다.

이와 같이, 저우싱, 지아레이레이, 정동티엔 등 저명 영화학자들은 '세대 없는 영화세대', '다원화 시대의 신생대'라는 표현으로 2000년대 이후 청년감독들을 평가하고 있으며, 실제로 이들 감독들의 공통된 특징은 뚜렷하지 않다. 어쩌면 이미 새로운 다원화 시대에 접어든 지금 세대의 공통점을 찾으려는 시도 자체가 잘못된 전제이며, 정동티엔 교수의 표현대로 각각의 감독연구로 들어가는 것이 더욱 명확한 감독연구일 수 있다.

그럼에도 불구하고, '신생대', 혹은 '포스트 6세대'로 불리우는 새로운 신진 감독들은 기존의 전통적 의미에서의 '6세대'와 비교했을 때 "전통적 의미에서의 6세대와는 달리, 신생대는 영화체제 내에서 성장했으며, 주류 창작 대오 속에 자신들의 개성을 융합시켰다"는 공통된 평가를 받고 있다.[17)]

그렇다면, 2000년대 이후 등장한 '포스트 6세대' 청년감독들은 어떠한 공통된 정체성과 특징을 가지고 있을까?

중국영화학계의 다양한 논쟁을 종합적으로 검토할 때 '신생대' 혹은 '포스트 6세대'의 공통된 특징은 아래와 같이 정의할 수 있다. 첫째, 6세대는 검열제도를 거부한 지하영화(체제 외 영화)로 성장한 데 비해, '포스트 6세대'는 심사제도를 수용하고, 체제 내에서 창작 활동을

17) 虞吉, 『中國電影史要綱』. 西南師範大學出版社, 2008. 196쪽.

하고 있다. 둘째, 6세대가 중국 현실사회의 어두운 이면과 소외된 인물, 하층계급에 주목하는 반면, '포스트 6세대'는 중국사회의 밝은 면을 포함한 다양한 층위의 문화를 자신감 넘치게 드러낸다. 셋째, 지아장커가 "검열제도보다 무서운 것이 시장제도"라고 비판하고 있지만, '포스트 6세대'는 영화시장과 대중성을 적극 포용하여 창작하고 있다. 넷째, 대국굴기 시대의 중국 문화 분위기에 부합하며 민족적 콤플렉스에서 벗어나 세계무대에서 당당하고 자신감 넘치는 국제적 시각을 표출한다. 다섯째, 정치이데올로기의 개입을 거부하고 그 어떠한 제한과 간섭을 넘어서려 한다. 여섯째, 6세대보다 더욱 다양한 성향의 주관적 표현과 개성을 표출한다. 일곱째, 상업영화 시스템을 존중하면서도 작가영화로서의 예술적 표현을 결합하기 위해 노력한다.

사실 이들 '포스트 6세대' 청년감독들이 중국영화계에 새로 부상하고 주류에 도전하게 된 것은 이미 예견된 일이었다. 주로 30, 40대인 이들 청년감독들은 이른바 '바링허우('80後)', '지우링허우('90後)' 세대로서, 이들 청년세대의 시대적 환경 및 교육배경이 이미 이전의 6세대와는 질적으로 매우 다른 양상을 가지고 있었기 때문이다. 개혁개방 이후 출생한 이들 청년세대는 선배 세대와는 달리 경제적 풍요를 누리고 자란 세대이며, 한 자녀 가지기 운동(計劃生育)의 정책 속에 태어나 가족들의 배려와 교육적 혜택을 많이 받았으며, 글로벌 개방화와 사회민주화의 영향 속에 비교적 자유롭고 개성 넘치는 사고를 키울 수 있었던 세대라 할 수 있다. '포스트 6세대' 청년감독들의 성장과 등장 배경에는 이러한 새로운 시대적 변화가 주요 요인으로 작용했다고 본다.

첫째, 청년감독들은 베이징영화대학이라는 단일한 교육기관 중심에서 중국 전역의 다양한 영화학과가 생기며 다양한 교육기관 속에 배출되고 있다. 기존의 4세대, 5세대는 베이징영화대학 졸업생의 학번과 연령대로 명확한 구분이 가능했다. 그러나, 2000년대 이후 중국 전역에는 수십 개 이상의 영화전공 학과와 대학원이 신설되었고, 다양한 대학과 지역 출신들이 영화감독 대열에 합류하기 시작했다. 대표적인 '포스트 6세대' 청년감독인 닝하오(寧浩)는 1977년생으로 산서성 제철 노동자의 아들로 태어나 자전거 부품 조립 일을 하다가 베이징사범대학, 베이징영화대학에서 단기연수를 거쳐, 2003년 〈향화(香火)〉로 홍콩국제영화제와 도쿄국제영화제 아시아DV부문 금상을 수상했으며, 2006년 〈크레이지 스톤〉으로 일약 스타급 감독으로 도약한 신예감독이다. 지아장커 감독의 연출부 출신인 한지에(韓杰) 역시 산서성 출신으로 베이징사범대학을 졸업하고 〈스틸라이프〉 조감독 등을 거쳐, 〈게으른 사내〉로 2006년 로테르담영화제 금호랑이상을 수상한 신예감독이다. 검열제도를 비판하며 지금은 홍콩에서 영화활동을 하고 있는 대륙 출신 청년감독 잉량(應亮)은 1977년생으로 베이징사범대학을 졸업하고 〈오리를 등에 멘 남자 아이〉로 2005년 도쿄영화제 심사위원대상 등을 수상하며 등장했다. 양헝(梁恒)은 소수민족인 토가족 출신으로 호남방송대학을 졸업하고 〈빈랑〉으로 2006년 부산국제영화제 뉴커런츠상을 수상한 바 있다. 따라서, 베이징영화대학 중심으로 5세대, 6세대를 구분하던 관점들이 더 이상 적용할 수 없게 된 것이다.

둘째, 디지털카메라(DV) 기술 발달과 사회적인 확산으로 인해 정규과정의 영화를 밟지 않더라도 누구나가 영화창작이 가능한 시대가 되고 있다. 디지털 영화기술의 발달로 전문적인 교육을 받지 않은 일반인들도 영화에 취미나 관심이 있으면 누구나 단편(微, 마이크로)영화를 제작할 수 있고 인터넷을 통해 대중들과 만날 수 있는 새로운 매체환경이 도래했다. 이러한 매체환경의 변화에 따라 최근 청년감독들은 20

대, 30대, 40대 초반까지 다양한 연령대를 구성하고 있다. 2014년 4월 9일 베이징의 한 커피숍에서 만난 바링허우 세대 양진(楊瑾) 감독은, "청년감독이란 나이나 세대가 아니라, 창작 시기로 보는 것이 타당하다. 비록 연령상으로는 6세대 선배들과 같지만 우리와 같은 시기에 창작활동을 시작한 완마차이단(萬瑪才旦, 1969년생), 장률 감독(1962년생) 등도 우리와 같은 청년감독이라 생각한다"고 말한다.

셋째, 기존의 6세대는 주선율, 상업영화 등과의 경합 속에 영화시장의 비주류 위치에서 활동하는 데 비해, '포스트 6세대' 청년감독들은 시장시스템 속에서 영화시장 주류로 부상하고 있다.

넷째, 바링허우(80'後), 지우링허우(90'後) 세대가 문화소비 시장의 새로운 주체로 자리 잡으면서 6세대 영화는 이들 세대와는 다른 구시대적 예술로 인식되어 소비시장에서 밀려나는 반면, '포스트 6세대' 청년감독들은 자신들과 같은 세대의 문화욕구에 적극 부응한 영화를 제작함으로써 영화시장의 주류로 자리잡고 있다. 현재 중국의 영화관객 90퍼센트가 20대, 30대, 40대 초반 연령층임을 감안할 때, 자신들과 같은 세대의 감수성과 비판의식을 공유하고 표출하는 '포스트 6세대' 영화가 영화시장에서 환영받는 것은 자연스러운 변화상이다.

다섯째, 중국사회의 어둡고 소외된 문제를 주로 다루어온 6세대 영화는 진지한 창작정신이라는 평가를 받았지만 동시에 중국사회의 일면적 표현이라는 중국학계의 지적을 받아왔다. 이에 비해 '포스트 6세대'는 중국의 경제발전과 변화된 국제위상을 적극 반영한 대국굴기 시대를 살아가는 중국인 주류의 가치관을 오락성, 상업성과 결합시켜 다수 대중의 호응을 받고 있다.

여섯째, 영화창작과 정부의 검열제도 사이에도 새로운 관계변화가 일고 있다. 6세대를 규제하던 엄격한 심사제도는 여전히 잔존하고 있으나, 시대적 조류에 맞게 점진적으로 완화되고 있는 분위기에 맞추어 '포스트 6세대' 감독들은 제도권 내에서의 활발한 창작을 추구한다. 시나리오 단계와 상영단계 직전의 사전사후 이중 검열제도가 존치하고 있지만, 중국 정부는 2016년 〈영화산업촉진법〉을 법제화하여 검열의 간소화와 유연한 적용을 시험하고 있으며 수년 내에 점차 완화되어질 것으로 예상된다. 청년감독들은 이러한 시대적 분위기 속에 예전보다 자유로운 소재와 과감한 미학적 실험을 시도하고 있다.

일곱째, 세계화 시대에 적극 부응하는 웰메이드와 보편적 가치를 포출하는 글로벌 영화가 나오고 있다. 루촨 감독은 〈난징! 난징!〉(2007)에서 역사적 비극인 '난징대학살'을 중국인이 아닌 가해자인 일본인 장교의 시선에서 묘사함으로써 글로벌 시대의 부합하는 보편적 도덕성과 죄의식을 보여주기 위해 시도한 바 있다. 또한, 쉬징레이 감독의 〈두라라 승진기〉(2010)나 쉬정 감독의 〈로스트 인 타일랜드〉(2014)에서는 영화적 공간을 중국을 벗어나 태국이나 외국으로 확장하여 글로벌 시대에 부합하려는 새로운 모색을 시도한 바 있다.

4

중국 청년감독의 지형도

'포스트 6세대' 청년감독의 새로운 굴기는 루촨 감독과 지아장커 감독의 활약에서 단초를 찾을 수 있다. 1971년생인 루촨 감독은 〈잃어버린 총〉(2001), 〈커커시리〉(2004), 〈난징! 난징!〉(2009), 〈왕의 성찬〉(2012), 〈구층요탑〉(2015)을 연출하여 스타덤에 올랐다. 기존 6세대의 사실주의 풍격과는 대비되는 주관적 개성이 넘치는 독특한 역사관과 사회관을 상업영화 형식으로 보여주고 있으며, "나는 7세대 감독"이라 말할 정도로 선배 세대와의 차별성을 스스로 강조하고 있다. 한편, 1970년생인 지아장커 감독은 6세대 감독군과 창작 활동 시기가 같아 6세대로 분류되기도 하나, 국제적 명성을 획득한 감독임에도 여전히 사실주의 풍격의 자신만의 개성 넘치는 스타일로 중국사회에 대한 진지한 성찰을 보여주고 있으며, 특히, 후배 신생대 감독들의 제작을 지원하고, 이들과 같이 창작활동하고 있다는 점에서 '포스트 6세대' 감독들과 같은 길을 걷고 있는 감독이라 할 수 있다.

루촨과 지아장커의 등장은 주선율, 상업영화, 예술영화로 대별되던 중국영화의 다원화 경계를 넘는 새로운 길을 연 것으로 평가된다. 루찬은 중국사회 현실을 직시하면서도 예술영화에 상업영화 풍격을 결합하는 새로운 창작을 시도하여 청년관객의 환호를 받고 있으며, 일각에서는 '세련된 주선율'이라 혹평하기도 하지만, 여전히 중국 청년문화를 상징하는 인물로 자리 잡고 있다. 지아장커는 2013년 〈천주정〉, 2015년 〈산하고인〉으로 중국사회의 현실에 만연된 폭력의 문제를 성찰적 시선으로 표현해낸 바 있으며, 청나라를 배경으로 하는 블록버스터 무협영화 〈재청조〉를 제작하는 새로운 도전을 시도하고 있다. 이들의 자유로운 창작정신과 장르영화와의 결합은 후배 청년감독들에게 일정한 자극이 되고 있다. 6세대 선배 감독들이 청년감독 때 보여주었던 현실 비판정신과 사실주의 스타일, 즉 '청년감독=사실주의=예술영화'라는 등식에서 벗어나 보다 자유롭고 다양한 창작의 길로 나아갈 수 있는 자신감과 자양분을 제공하였다고 볼 수 있다.

이와 같이, '포스트 6세대'는 2000년대 이후 급속하게 진행된 글로벌 개방과 영화의 시장시스템 정착이라는 새로운 영화생태계의 변화를 자기 것으로 흡수하면서, 20대, 30대, 40대 초반이라는 자신들의 세대정체성에 기반한 영화 감수성으로 영화관객 90%에 달하는 동년배 청년세대의 환영 속에 급부상하고 있다. 이들은 "세계화와 개방화에 대응하고 국내영화산업을 발전시키기 위해 정부통제하의 시장화를 화두로 적극적인 발전정책과 시장시스템 정착 경향을 보이고 있는" 〈정부통제형 시장화, 개방화, 자율화〉라는 중국영화 발전모델에 적극 부합하며, 향후 중국영화의 새로운 시대를 선도할 감독군으로 성장할 가능성이 높아 보인다.

2000년대 이후 등장한 '포스트 6세대'는 2010년대 중반 이후 이미 중국영화 세대교체의 주역으로 성장하였다. 이들의 등장으로 5세대, 6세대 등으로 구분되던 중국 세대별 영화제작 경향은 종식될 것이며,

향후 4~5년 이내 2020년 전후에는 이들 청년영화가 영화시장과 예술영화계를 주도하는 새로운 위상을 보일 것이 분명해 보인다.

최근 중국 청년감독들은 몇 가지 유형의 창작 경향을 보이고 있다. 이 책의 구상을 시작한 2014년 1월부터 지금까지 중국 청년감독 연구를 위해 꾸준히 현지 인터뷰를 진행하였다. 한지에를 시작으로, 루양, 리뤄쥔, 하오지에, 장멍, 양진 감독 등을 만나서 그들의 영화에 대한 생각과 중국사회에 대한 시각 등을 폭넓게 듣고 토론도 진행했다. 또한, 베이징영화대학의 장센민 교수, 베이징사범대학의 저우싱, 장옌 교수, 그리고 중국 현장의 제작자들과의 인터뷰를 통해 중국 청년감독의 제작 경로와 경향을 나름 정리해볼 수 있었다. 큰 틀에서 구분해 보자면, 이들은 시장추구형 상업영화 지향, 독립예술영화 지향, 상업성과 예술성의 결합 혹은 경계선상에 서 있는 감독 등 3가지 유형으로 구분할 수 있다.

첫째, 시장추구형 상업영화 감독이란 대중과 관객을 중시하고 이들과 같이 호흡하고 공감하는 영화를 만들려는 일군의 시장지향형 청년감독을 말한다. 〈무인구〉(2013), 〈심화로방〉(2014)의 닝하오 감독, 2012년 부산국제영화제에서 〈맹인영화관〉으로 뉴커런츠상을 수상한 후 중화권 스타 장전이 주인공으로 나오는 무협영화 〈수수도〉를 연출한 루양(陸陽) 감독 등이 있다.

둘째, 독립영화와 예술영화 정신을 견지하고 있는 감독으로 리뤄쥔, 양진, 펑타오, 하오지에 등의 청년감독들이 있다. 이들은 중국사회와 인생에 대한 자신들만의 시선을 개성 넘치는 스타일로 표현하려는 치열한 예술정신을 유지하고 있다. 특히, 베이징의 텐화화텐(天畵畵天) 영화사를 중심으로 상호간에 친밀한 관계와 네트워크를 통해 제작할 때 서로 협력하고 도와주는 방식의 연대감이 인상적이었다.

셋째, 상업성과 예술성의 경계선, 혹은 주류와 비주류의 경계선상에서 새로운 제3의 창작의 길을 모색하고 있는 청년감독들로서 한지에, 장멍, 완마차이단 등을 들 수 있다. 한지에 감독은 지아장커와 같은 산시성 출신으로 지아장커 감독의 고향 후배이자 조감독 출신이다. 〈헬로! 수선생〉으로 개성 넘치는 영화를 창작하여 주목받은 바 있으며, 2014년 현재 1940년대 만주를 배경으로 하는 코믹 역사극 〈마차포(馬車砲)〉를 기획하고 있다. 한지에 감독은 2014년 인터뷰에서, 최근 중국 영화감독 중에 지아장커, 닝하오을 비롯한 산시 출신 감독들이 왜 그렇게 많으냐고 물었더니, "산시 특산품은 펀주라는 술이지만 최근 영화감독으로 바뀌었다"는 시중의 유머를 들려주었다. 장멍 감독은 2012년 〈강철 피아노〉와 2013년 〈승리(勝利)〉라는 동베이 지방을 배경으로 하는 신작으로 관객와 영화평론계의 호평을 동시에 받은 바 있다. 2014년 장멍 감독과 인터뷰에서 알게 된 새로운 사실은 자신을 후원해온 영화제작자 중 중요한 한 명이 한국의 문화사업가라는 것이었다. 한국의 문화기획자가 중국영화계보다 먼저 자신을 알아준 것에 대해 고마움을 표시했고, 한국에 대해서도 좋은 인상을 가지고 있었다. 한편, 완마차이단 감독은 중국의 소수민족 티벳인 감독으로 일관되게 티벳어로된 티벳영화를 지속적으로 만들어오고 있다. 중국인이자 티벳인이라는 이중신분 속에 주류문화와 비주류문화, 중심과 변방의 경계선상을 넘나드는 문제의식 속에 그의 예술정신이 배태되고 있다.

다음 장에서는 이러한 청년감독들의 지형에 입각하여, 대중영화, 예술영화, 경계선상의 감독을 대표하는 감독들을 중심으로 중국 청년감독들의 문화정체성과 특징을 소개하고자 한다.

II

'포스트 6세대' 청년감독

1

'포스트 6세대'의 깃발을 올리다
- 루촨(陸川) 감독론

1) 미완의 감독, '6세대'와 '포스트 6세대' 사이에 서다

〈사진1〉 루촨 감독

루촨(陸川)은 미완의 감독이다. 일반적으로 영화감독을 작가주의적 관점에서 연구하기 위해서는 일관된 영화스타일, 철학, 주제의식 등이 전제되어야 한다. 이에 비해 루촨 감독은 1971년생으로 중국의 청년감독군을 대표하는 스타감독으로 불리나, 장편영화 작품 수가 5편에 불과하고, 작가의 반열에 오르기에는 영화스타일과 주제의식 면에서 일관성과 확고한 철학적 기반을 보여주고 있지 못하고 있다.

그럼에도 불구하고 왜 지금 루촨 감독론에 주목해야 하는가? 그것은 루촨 감독이 가지고 있는 독특한 세대정체성, 창조적인 작품경향, 스타감독으로서의 문화적 위상 때문이다. 주지하다시피, 루촨은 첫 작품인 〈사라진 총〉으로 이른바 '6세대'의 후발주자로 분류되었지만, 공식 석상에서 "나는 6세대가 아니다"라고 강변하며 차별성을 주장해왔다. 연령상 6세대의 주류인 1985~1987년 대학 입학이라는 시기와도 약간 시차가 있으며, 정부와의 친화성, 시장시스템에 적응하는 대중성 등의 측면에서 기존 6세대와 완전히 이질적인 면모를 보이고 있다. 루촨은 6세대의 영화 풍격인 인간내면의 성찰, 개성 있는 영화언어, 감독 자신의 가치관의 발현이라는 특징을 이어받으면서도, 6세대와는 달리 체제 내에서 영화를 창작해왔으며 시장시스템을 활용하여 대중과 끊임없이 교감을 확장해나가려는 경향을 보이고 있다.

이런 점에서, 루촨은 진화(進化) 중인 감독이며, '6세대'와 '포스트 6세대'의 그 어떤 '사이'를 상징하는 감독이다. 또한, 대중적 인기가 높은 스타감독이자 문화계 저명인사로서 중국의 젊은 관객층에 지대한 영향을 미치고 있으며, 영화시장과 관객의 절대적 지지를 받고 있는 감독이라는 점에서 현재 중국영화와 사회를 이해하는 데 적합한 감독이기도 하다. 따라서 이 장에서는 '6세대'와 '포스트 6세대' 사이의 문제적 감독인 루촨 감독의 영화스타일, 주제의식 등 감독연구를 통해 작가로서의 루촨 감독론을 분석하는 한편, 중국영화에서 루촨 감독이 갖는 세대론적이고 사회문화적 의미를 분석하는 데 주안점을 두고 있다.

이 장에서는 연구방법론으로 주제의식과 영화스타일 등에 주목하는 작가주의론적 연구방법을 활용했으며, 동시에 루촨 감독과 작품이 현재 중국영화에서 갖는 세대론적 의미와 사회문화적 의미를 컨텍스트적으로 연구하기 위해서 영화 사회학적 방법론을 도입했다. 주지하다시피, 작가주의는 1950년대 프랑스 영화잡지 〈까이에 뒤 씨네마〉에서 「작가정책(La politique des auteurs)-어떤 작가를 옹호하고, 어떤 작가를 배척할 것인가」라는 글에서 본격적으로 논의되기 시작했다. 작가란 영화창작의 중심적 역할과 의미생산을 담당하는 작가로서의 감독을 의미한다. 이러한 작가론은 대중문화인 영화를 작가단계로 격상시킨 점에서는 의의가 있으나, 1960년대 구조주의론에 의해서 주관적 낭만성과 개인적 취향에 의한 방법론이라 비판받으며 '작가도 구성되어진다'는 구조주의 이론에 의해 폄하되었다.

대신 영화작품의 의미를 생산하는 과학적 방법론으로 사회, 제도, 영화언어 등 의미를 생산하는 구조주의 영화이론이 도입되었다. 기호학을 영화이론에 도입한 크리스티앙 메츠가 「영화에 있어서 의미작용에 관한 연구」라는 논문에서 "랑그는 씨네마, 파롤이 영화"라는 도식에 입각하여 '거대통합체이론'을 주창한 것이 대표적 사례이다. 또한, 라깡의 '거울단계'나 알뛰쎄르의 '호명', '이데올로기적 국가기구', '이데올로기 재구성' 등을 영화이론에 도입하여 발전되었으나, 결국 주체로서의 관객의 위치가 구조주의적으로 결정되지 않는다는 주장이 힘을 얻으면서 점차 소멸되기 시작했다. 후기 바르트는 "작가의 죽음, 독자의 탄생"을 주장했고, 현재에는 작가(영화감독)-텍스트-관객 사이의 의미작용, 특히 '관객(주체)의 다원화된 텍스트에 대한 능동적 해독'을 강조하는 주체이론과 수용이론 등 다양한 이론으로 발전되고 있다.

보드웰과 톰슨은 경제적 이익, 테크놀로지(카메라, 색채, 음향, 조명 등), 이데올로기적 결정요소의 중층적 결정을 주장하면서도 관객의 인지적 요소를 강조하고 있으며, 스테판 히쓰(Heath)는 일본 오시마 나기사의 〈감각의 제국〉이 할리우드 영화의 관음증을 급진적으로 재구성한 것이라고 말하면서 "작가가 표현의 주체가 아니라 텍스트의 효과", "창조적 원천으로서 작가는 존재하지 않으나 담론 내에서 여타 담론을 조절하기 때문에 작가기능은 유효하다"라고 변증법적 결합을 시도한다. 오늘날 작가로서의 영화감독의 위치와 역할에 대한 다양한 논의가 있으나, 분명한 것은 작가주의적 연구가 '누가 누구에게 말하고 있는가'를 밝히는 유일한 하나의 길이 아니라는 데 공통된 의견을 보이고 있다.[1)]

결국, 작가주의는 감독 개인의 개성, 철학, 스타일, 주제의식 등 감독의 특징을 규명하는 데 유용한 측면이 있으나, 작품과 관객 사이에서 발생하는 교감의 자장과 사회적 영향력에 대한 분석에는 일정한 한계를 보이는 문제점을 가지고 있다. 따라서, 작가주의 연구를 기본으로 루촨 감독과 작품을 분석하되, 영화에서 표출되는 주제의식과 영화언어가 어떻게 당대 대중들과 교감되고 있는지를 사회문화적 관점에서 분석하는 컨텍스트적 영화사회학 분석과 연계하여 본 연구를 진행하고자 한다. 작가론과 영화사회학이 유기적으로 연계된 연구방법론은 루촨 감독의 창작경향뿐 아니라, 당대 중국영화의 6세대와 포스트 6세대 '사이'를 규명하려는 이 장의 목적에도 부합한다 하겠다.

선행연구로는 국내외 루촨 감독에 대한 학술논문, 인터뷰 자료,

---

1) 랩슬리, 『현대 영화이론이 이해』, 시각과언어, 1998. 145-170쪽.

대중들의 반응 등을 담은 영화학술지, 영화잡지, 언론 등의 문헌자료가 있다. 그리고 중국 영화학자들과의 전화 인터뷰 및 서면 인터뷰를 진행하여 현지의 의견을 대략적으로나마 정리할 수 있었다. 이 논문을 위해 베이징사범대학 예술학원의 장옌(張燕) 교수, 상하이대학 디지털학원의 왕칭푸(王慶福) 교수, 창사대학 예술학원의 쩌우칭핑(周青平) 교수 등 3명의 영화학자와 서면 및 전화 인터뷰를 진행하였다. 충실하게 전화와 서면 인터뷰에 응해주신 점에 감사드린다.

먼저, 선행연구를 살펴보면, 루촨 감독에 대한 국내 연구는 거의 없는 편이다. 또래의 지아장커 감독에 대한 집중된 연구성과에 비한다면 엄청난 차이가 존재한다. 여기에는 6세대 중에서도 사회비판적 영화가 학술적 가치가 높은데, 그에 비해 아무래도 체제 내에 성장하고 있는 루촨 감독 연구는 연구가치가 떨어질 것이라는 영화연구자들의 엘리트주의적 의식과 연관이 있을 것이다. 국내에서도 루촨 감독에 대한 연구는 『중국 6세대 영화, 삶의 본질을 말하다』(안상혁, 2008), 『중국영화의 이해』(중국현대문학회, 2008), 『영화와 현대 중국』(장동천, 2008) 등에 부분적으로 소개되고 있으며, 영화잡지 〈씨네21〉과 기타 언론에서 한국영화와 관련하여 부분적으로 소개하고 있는 정도이다.

특히, 루촨 감독은 부산영화제와 2006년 'CJ중국영화제' 개막작으로 〈사라진 총〉이 상영되면서 한국에 소개되기 시작했다. 루촨과 관련한 언론기사로는, "나는 한국영화 마니아이며 50~60편 정도 소장하고 있다. 특히 대작보다는 작은 영화를 좋아한다. 〈8월의 크리스마스〉를 좋아하고 김기덕 영화도 즐겨 본다."(〈씨네21〉, 2006. 9. 20)가 있으며, 루촨의 블로그에서도, "〈해운대-재난이 사랑을 만날 때〉를 보면서, 한국에서 큰 흥행을 한 이유를 알겠다. 놓아줌으로써 자신이 사랑하는 이의 더 나은 삶을 위한 대목에서 큰 감명을 받았다. 언젠가 중국에서 이러한 소재가 영화화될 수 있도록 해금된다면 베이징대지진이나 상하이쓰나미 같은 영화를 찍고 싶다. 중국에서 표현의 자유가 있게 될 날을 고대한다"는 인터뷰를 싣고 있다.[2)]

한편, 중국에서의 루촨 감독 연구는 한국에 비해 뜨겁고 풍부한 편이다. 〈사라진 총〉(2002), 〈커커시리〉(2004), 〈난징! 난징!〉(2009) 등 신작이 발표될 때마다 학계의 찬사와 비판이 뜨겁게 일었다. 루촨에 대한 최근의 학술논문으로는 2009년 4월 〈난징! 난징!〉 개봉을 전후로 '중국영화인협회'가 주관하는 영화학술지 〈영화예술(電影藝術)〉에서 루촨 특집을 게재한 바 있다. 왕이촨(王一川)의 「想像的公民社會跨文化對話: 藝術公賞力視野中的〈南京!南京!〉」, 장헤이위(張惠瑜)의 「後冷戰時代的抗戰書寫與角川角度」, 하오지엔(郝建)의 「面對大屠殺: 罪責思考與藝術呈現-評〈南京!南京!〉的散亂敍事與價值縣空」, 옌치엔하이(嚴前海)의 「屠殺與屠城: 敍事的戰爭如何取勝?」, 루샤오양(陸紹陽)의 「卷軸式鋪陣與歷史敍事: 〈南京!南京!〉敍事特證分析」, 리우판(劉潘)의 「〈南京!南京!〉: 體制中作者的藝術創新和戰爭反思」, 리다오신(李道新 陳曉雲 等)의 「〈南京!南京!〉短評」 등이 그것이다. 또한, 국가광전총국이 주관하는 영화학술지 〈당대전영(當代電影)〉에서도 2009년 7월호 특집으로 루촨과 영화평론가들의 대화(陸川, 胡克, 王一川, 張衛, 郝建, 〈新作評議: 〈南京!南京!〉〉)를 다루고 있다. 이 밖에, 6세대와 신생대 영화를 다루는 학술논문에도 루촨을 주제로 한 논문이 많이 있다. 루촨과 다이진화(戴錦華)의 대화가 담긴 「華語大篇時代的新青年電影」(『電影藝術』, 2009. 1), 루촨이 참가한 설문조사 「部分著名導演答本刊問」(『電影藝術』, 2005. 6), 루촨, 니에얼(倪震), 정동티엔

2) 〈마이데일리〉, 2009. 9. 9.

(鄭洞天)의 토론을 담은 「中小成本電影的市場出路」(『當代電影』, 2009. 1). 지아레이레이(賈磊磊)의 「關于中國"制六代"電影導演歷史演進的主體報告」(『當代電影』, 2006. 5). 정동티엔(鄭洞天)의 「代與無代: 對中國導演傳統的一種描術」(『當代電影』, 2006. 1), 루촨과 니에얼이 토론한 「〈可可西里〉影片分析」(『當代電影』, 2004. 6) 등 다양한 학술논문이 연구되고 있다.

또한, 루촨은 영화감독으로서는 드물게 대중매체의 환영을 받고 있는 인기감독이기도 하다. 루촨의 블로그와 트위터는 중국 청년층이 즐겨찾는 인기 사이트이며, 방송과 언론매체에서는 루촨과의 인터뷰를 즐겨 다루고 있다. 특히, 유명작가인 아버지 루티엔밍(陸天明)과의 교육관 및 가족관계에 대한 언론보도가 적지 않다. 중국의 문헌자료를 분석해보면, 루촨 감독은 6세대와 포스트 6세대 그 어느 감독보다 중국 청년층과 대중들의 관심과 주목을 많이 받는 대중적 스타감독임을 알 수 있다.

따라서, 이 장에서는 선행연구를 바탕으로, 첫째, 루촨 감독과 작품에 대한 작가론적 분석으로, 지금까지 제작된 4편의 영화에 대한 철학, 주제의식, 영화스타일 등을 분석하여 작가로서의 루촨 감독의 특징을 규명하고, 둘째, 루촨의 작품이 중국영화에서 차지하는 세대론적 의미와 사회문화적 의미를 소개하는 내용으로 구성하고자 한다.

2) 루촨 감독의 영화 역정

루촨은 1971년 2월생이며 본적은 장쑤성(江蘇省) 하이먼(海門), 출생지는 신장자치구(新疆) 쿠이둔(奎屯)으로 되어 있다. 1993년 난징에 있는 해방군국제관계대학(解放軍國際關係學院) 영문학과를 졸업했고, 2년간 통역병으로 근무를 한 후, 1998년 베이징영화대학(北京電影學院) 감독학과에서 석사학위를 취득했다. 1998년부터 2001년까지 중국영화그룹(中國電影集團) 소속 영화감독으로 활약했으며, 2001년부터 2005년까지 화의브라더스영상투자사(華誼兄弟影視投資公司) 소속 영화감독을 지냈다. 2006년 이후 현재까지 자신의 영화사인 촨영화사(川製作)의 대표로서 활동하고 있다.

루촨의 성장배경을 살펴보면, 아버지 루티엔밍(陸天明)의 영향이 적지 않은 것으로 보인다. 루티엔밍은 1943년생으로 〈창천재상(蒼天在上)〉, 〈성위서기(省委書記)〉를 저술한 반(反)부패작가로 명성이 높은 국가 일급 시나리오작가이자 중국작가협회 주석단 소속의 작가이다. 루촨은 지식인이였던 아버지에게서 인문학적 영향을 많이 받은 것으로 술회하고 있다. 열혈 지식인이었던 아버지의 영향으로 상하이, 안후이, 신장 등으로 거처를 옮기며 자랐다. 루촨에 의하면, 16살 어느 날 장이모우 감독의 〈붉은 수수밭〉을 보게 되면서 영화에 대한 열정이 시작되었다고 한다. 대학을 마치고 국방노동운동위원회에서 통역사로 일하면서, 좋은 직장이었지만 늘 소속 단원들과 영화를 보러 가는 일이 다반사였고, 결국 1996년 그해 단 3명만 입학이 허가된 베이징영화학교 감독과 석사과정에 입학하게 된다.

루촨의 대학원 입학과 관련한 일화가 있다. 루촨의 아버지 루티엔밍과 베이징영화대학 감독학과 교수이자 저명 감독인 정동티엔 교수는 절친한 친구 사이로 알려져 있다. 루촨이 대학원에 입학한 이후 정동티엔 교수가 루티엔밍에게 전화를 걸어 "왜 나한테 미리 전화를 주지 않았느냐?"고 하자, 루티엔밍은 "내 아들이 만약에 잘못되면, 당신이 보살펴줄 순 없지 않느냐? 내 아들이 잘되더라도, 당신 도움 때문이라고들 하지 않겠느냐?"고 답변한 강직한 성격의 일화가 전해진다.[3)]

1997년 대학원 졸업 후 베이징영화제작소에서 감독 일을 하다가, 영화대학 시절 졸업작품 시나리오이자 2000년 TV 연속극 20부작으로 방영된 〈흑동(黑洞)〉과 TV 영화 〈끊을 수 없는 정(情不自禁)〉의 각색을 담당하였다. 그 후 자신이 직접 쓴 시나리오 〈사라진 총(尋槍)〉을 제작하기로 결심하고, 화의숑띠영화사 왕중쥔(王中军)을 만나 투자를 받아 완성되었다. 이 영화는 베니스영화제 업스트림 부문에 초대되었고, 루촨은 일약 인기감독으로 떠오르게 되었다.

2001년, 루촨은 100여 명의 인원을 데리고 두 번째 작품 〈커커시리(可可西里)〉를 촬영하기 위해 칭하이성으로 갔다. 4000미터의 고원과 추위 속에서 4개월간 어렵게 진행된 〈커커시리〉는 2004년 개봉되어 국내외에 센세이션을 불러일으켰고, 중국영화의 새로운 미학을 열었다는 평가와 함께 '금계상' 최우수작품상, '베이징대학생영화제' 최우수작품상을 수상하였다. 해외에서도 '제17회 동경영화제' 심사위원대상, '제41회 대만 금마장' 작품상 등 국제영화제에서 상을 받았다.

2006년에는 난징대학살을 소재로 하는 영화제작에 착수했다. 루촨은 난징에서 대학시절을 보내며 난징대학살의 진상을 알게 되었고, '언젠가 반드시 중국에서 일어난 전쟁과 참사를 진실되게 그리고 싶다'는 포부를 키워왔다고 한다. 1937년 일본군의 대학살을 영화화하

---

3) 〈中國廣播網〉, 2009. 12. 25.

〈사진2〉 영화 〈사라진 총〉 포스터

는 것에 대해 중국 정부는 허가를 미루어오다가 2007년 3월 촬영허가증을 주었고, 2억 위안 제작비가 투입된 중국형 블록버스터 〈난징! 난징!(南京! 南京!)〉이 탄생하게 되었다.

이와 같이, 루촨은 2001년 자신이 시나리오와 연출과 편집을 맡은 〈사라진 총〉, 2003년 역시 자신이 시나리오와 연출을 맡은 〈커커시리〉, 그리고 2008년 〈난징! 난징!〉 단 세 작품으로 일약 중국을 대표하는 국제적 감독으로 성장했으며, 2009년도에는 중국청년지도자로 선정되기도 했다. 미국 영국 한국 등 5개국 348,456명이 참가한 '중국감독 대중 만족도 설문조사'에서 50명 중에서 7위를 차지하였고,[4] 2010년에는 상하이엑스포 중국관 홍보영화를 제작했으며, 2012년에는 유방과 항우의 초한지(楚漢志)를 배경으로 하는 영화 〈왕의 만찬(王的盛宴)〉을 연출했다. 또한, 2015년에는 중국 고대의 지하무덤을 둘러싼 판타지 장르영화 〈구층요탑(九層妖塔)〉을 연출하여 평단의 호평을 받았다. 이 장에서는 루촨 감독의 대표 작품 네 작품을 분석하고 소개하려 한다.

---

4) 1위는 〈건국대업〉을 감독한 한산핑이고, 지아장커는 5위였다(「第3屆名人調查導演榜率先公布」, 〈新浪娛樂〉, 2009. 10. 29). 상해엑스포 홍보영화 제작보도 출처는 〈陸川: 爲世界拿出一段中國講述〉, 『南方都市報』, 2010. 4. 24.

3) 대표 작품 분석

(1) 〈사라진 총(尋槍, The Missing Gun)〉(2001) – "중국 배금주의 세태를 고발한다"

〈사라진 총〉은 2001년 루촨 자신이 시나리오와 감독을 맡은 첫 번째 영화로 미국의 콜롬비아영화사가 제작비 150만 달러를 지원한 영화이다. 영화는 중국 남서부 쓰촨성(四川省) 시골마을을 배경으로, 모범적인 경찰 '마싼(馬山, 장원 분)'이 총을 잃고 겪게 되는 상황을 비극적 스토리로 전개하고 있다. 마싼은 술에서 깨어나 자신의 총이 없어진 것을 알게 되고, 그 전날 결혼식 피로연 때의 기억을 중심으로 동네 인물들을 만나며 잃어버린 총을 찾으러 다니다 결국 그 총에 맞아 죽게 된다는 풍자적 내용이다. 주인공 마싼이 마주치는 현실의 삶은 관료주의와 물질주의의 길을 걷고 있는 중국의 시골 풍경이며, 현대 중국사회 안의 모순을 드러내고 있다. 영화를 서사 분절의 단위로 시퀀스(sequence)로 나눈 후, 특징적인 영화스타일과 주제의식을 분석하면 아래와 같다.

① 프롤로그: 잠에서 깬 마산, 총을 잃어버린 것 발견. 자막으로 시작한다(클로즈업, 슬로우모션, 퀵모션, 록음악 사용).

② 경찰서: 만취했던 결혼식 날을 더듬으며 관련자들을 찾아 나선다(핸드헬드 카메라, 3인칭 시점). 여동생과 매제는 결혼식 상황에 관해 모른다(클로즈업). 벽돌공으로 알고 있던 '리우'는 국수장수이고, 말더듬이가 아니다. 친구 '첸' 공장에서 취조(회상장면과 몽환장면). 베트남전쟁 때 전우인 '라오장' 만남(핸드헬드, 베트남전 회상). 불법양조업자가 된 졸부 '쩌우샤오깡'을 만나러 갔다가 첫사랑이었던 '리샤오멍'을 만난다(클로즈업, 회상 장면 인서트, 핸드헬드, 주관

적 시점, 3인칭 시점).

③ 경찰서: 총 잃어버렸음을 밝히고 보너스 반납한다.

④ 집안: 설거지하며 첫 사랑을 떠올린 후, 마누라와 다툰다(핸드헬드, 주관적 시점, 인서트 회상).

⑤ 길거리: '첸' 취조(핸드헬드, 孔明燈 몽환적 씬). '라오장'「모든 사람들이 총을 훔칠 동기를 갖고 살아간다」(인서트). 쩌우를 쫓는 마산은 길을 따라가다가 온갖 회상과 기억 속에 혼란스러워한다(로우 키 조명, 인서트, 클로즈업, 오버랩).

⑥ 갑자기 화면이 밝아지면서 소매치기범을 자전거로 추적하여 잡고, 그 과정에서 가짜총을 압수하게 된다(몽환적 씬, 퀵모션).

⑦ 집안: 마누라와 섹스 나눈 후, 번개치는 날씨 속에 첫사랑을 회고(인서트)

⑧ '샤오멍'이 총격으로 사망하고, 용의자로 체포되어 구치소에 수감된다(페이드 아웃, 클로즈업).

⑨ 용의자로 잡혀온 '쩌우'를 취조, 사망장면 재현, 샤오멍이 쩌우 대신 죽은 것을 알게 된다(회상 인서트, 클로즈업). '쩌우'를 미끼로 삼아 석방하고 뒤쫓는다(달리 촬영, 핸드헬드).

⑩ 집안, 경찰서: 경찰서에 가서 다시 압박을 받고. 학교로 가서 교사인 아내와 아들에게 각각 꽃다발과 사탕 구슬 등을 준다. 다시 집안에 둘러보고 길을 나선다.

⑪ '쩌우'를 뒤쫓는 카메라(2인칭 살인범 시점), 기차길 옆(몽환적 씬). 총을 쏘는 살인범, 알고 보니 말더듬이 '리우'. 총에 맞은 사람은 쩌우로 분장한 마산(교차편집).「불법양조장 때문에 가족들과 친척들을 잃었다」고 항변. 주인공이 보는 하늘, 태양, 구름, 학교에서 아이들 공부하는 소리(환청, 회상 인서트). 죽은 영혼은 일어서서 총을 들고 간다(1인칭 주관적 시점, 핸드헬드, 몽환적 미장센, 핸드헬드 카메라). 웃는 듯 운다.

이 영화에서 가장 특징적으로 드러나는 영화언어는 대략 여덟 가지이다.

첫째, 핸드헬드(hand-held) 카메라의 빈번한 사용. 흔들리듯 뒤쫓는 카메라워크는 원래 프랑스 누벨바그(nouvelle vague) 감독들이 창조적으로 활용한 스타일이다. 누벨바그의 탄생을 알린 작품은 1959년 장뤽 고다르의 〈네 멋대로 해라〉인데, 여기서 고다르는 당대 샤르트르 등의 실존주의 영향 속에서 남녀 주인공의 뒷모습을 핸드헬드 카메라로 쫓으면서 이들의 불안한 실존과 고독을 정서적으로 보여주고자 했다. 그러나 루챤은 이 영화에서 누벨바그와는 달리 관객들에게 주인공 마싼의 불안한 심리상태를 드러내고, 현장감과 사실감을 부여하는 효과를 제공한다. 특히, 핸드헬드 카메라와 주인공 얼굴의 클로즈업과 장면의 빠른 모션(quick-motion)이 결합되면서 정서적 울림을 크게 만들고 있다. 둘째, 빈번한 클로즈업(close-up)의 사용. 클로즈업은 기본적으로 관객에게 정서적 충격을 주는 효과를 가지는데, 이 영화에서는 몽환적 장면이나 의혹이 증폭되는 시점에 주로 등장인물을 클로즈업하여 인물의 내면, 의문, 불안, 해방 등을 표출하고 있다. 셋째, 회상 인서트(insert)의 강박적 재현. 회상장면이나 등장인물 서술과정에서 인서트를 활용하여 기억과 과거로부터의 강박증을 강조하고 있다. 넷째, 주관적 시점(point of view)의 활용. 주관적 시점은 미국의 알프레드 히치콕 감독이 주로 사용한 기법으로 카메라가 등장인물의 시선과 내면을 따라가면서 영화의 극적 효과와 정서적 분위기를 고조시키는 영화언어로서 주로 스릴러물이나 심리영화에 활용된다. 극 중에서는 자전거를 타고 가는 주인공 마싼의 시선을 따라 길거리 풍경이나 흔들리는 장면을 보여주는 등 주인공의 불안한 내면과 의혹을 강조하는 효과를 준다. 다섯째, 몽환적 씬(scene). 몽환적 장면은 등장인물의 회상,

욕망을 보여주면서 흥미를 자극하는 효과를 준다. 영화 속 공명등(孔明燈)이 떠오르는 장면은 불길한 죽음의 전조로 보이며, 대화장면 중에 등장한 테이블이 실제 갑자기 놓이는 몽환적 씬은 누벨바그식의 유머에서 따온 것으로 보인다. 프랑스와 트뤼포는 〈피아니스트를 쏴라〉(1960)에서 등장인물이 "우리 엄마 목숨을 걸고 맹세할게"라며 거짓말을 하자 실제 등장인물의 엄마가 죽는 모습을 교차편집으로 보여준다. 즉흥을 강조하는 누벨바그식 유머감각의 전형이다. 여섯째, 어두운 조명(low key)을 활용한 콘트라스트(contrast). 어두운 조명을 활용하여 등장인물의 내적인 불안, 의혹, 분노 등을 드러내면서 밝은 조명을 갑자기 사용하여 화면에 충격을 준다. 일곱째, 세련된 록사운드를 사용하여 경쾌하면서도 속도감 넘치는 화면전환을 보여준다. 여덟째, 결말 부분의 애매모호한 웃음은 영화를 관객들에게 이데올로기적으로 고착화하는 닫힌 텍스트(closed text) 효과가 아니라 관객들에게 의미를 더욱 확장하게 만드는 열린 텍스트 효과를 주고 있다. 특히, 영화의 마지막 장면에서 죽은 주인공 영혼이 총을 들며 웃는 듯 우는 쇼트(shot)는 1인칭 주관적 시점, 핸드헬드 카메라, 몽환적 유체이탈 장면 등이 결합되면서 집착에서 해방된 주인공의 감정을 극대화하고 있다.

루촨은 이와 같은 여덟 가지 주요한 영화스타일을 바탕으로 마치 영화카메라로 수필을 쓰듯이 자유분방한 카메라워크(핸드헬드, 주관적 시점, 부감과 앙각, 클로즈업)와 다양한 주관적 편집(인서트, 페이드 아웃, 빠른모션, 교차편집)을 사용하여 누벨바그풍의 개성적이고 모던한 영화스타일을 창조하였다. 이 밖에도 영화에서는, 현재-과거를 시도 때도 없이 오가는 편집의 미학, 특히 미로와 같은 골목길을 계속해서 오가는 주인공의 모습을 핸드헬드, 360도 돌리, 점프컷 등으로 자유자재로 구사하여 등장인물의 정체성과 혼란을 보여주는 효과를 창출하는 등 기존 중국영화에서 찾아볼 수 없는 독특한 영화언어를 표출한다.

〈사라진 총〉에서 사용된 이러한 영화스타일은 기존 6세대와는 확실히 다른 풍격이며, 영화언어 면에서 베이징대학 리다오신(李道新) 교수가 2002년 〈影片〈尋槍〉的文化讀解〉에서 "MTV 시대의 영화작가"라고 선언했듯이 중국영화사에서 처음 시도하는 창조적인 스타일로 가득 차 있다. 이러한 창조력은 루촨 감독을 대중성과 예술성을 결합한 신진 영화감독으로 평가받게 했으며, 특히, 핸드헬드 카메라기법을 동원한 다큐멘터리적 연출기법은 이후 루촨표 영화언어의 특징으로 자리 잡게 된다.

〈사라진 총〉에서 감독은 모범 경찰관이자 남편이자 아버지이자 남자이자 친구인 주인공이 총을 잃어버리고 되찾음으로써 사회적 역할, 책임감, 사랑, 우정 등 삶의 진실을 일깨우게 되는 과정을 표현하고 있다. 이 영화에서 소재가 되는 '총'이란 무엇일까? 왜 주인공은 '총'에 집착하며, 왜 목숨을 걸고 총을 찾으려 하는가? 총은 경찰, 체면, 권력, 책임감, 가장, 정력 등 주인공 40대 남자의 존재의 근거를 상징한다고 할 수 있다. 그런 점에서, 베이징사범대학 예술학원 저우싱 원장은 〈사라진 총〉을 개성적인 예술성이 들어간 주선율 영화로 본다. "총은 단순한 무기를 지칭하는 것이 아니다. 생활과 인생의 희노애락을 포함한 내용이다. 그곳의 중심은 '책임감'에 있다. 가장으로서의 화목, 아들 교육, 남성 정력의 상징, 아름다운 회상 등을 포괄하는 개념이다. 영화는 주선율 영화의 도리를 내포하고 있다. 경찰로서의 책임과 교육적 요소가 강하다. 주선율의 개성화된 표현이다."[5)]

총을 잃은 후 깨달은 현실은 주변 사람들의 실체, 가족에 대한 사

---

5) 周星, 『中國電影藝術史』, 北京, 北京大學出版社, 2005. 386-389쪽.

랑, 친구들의 우정 등이며, 죽음으로써 총을 되찾게 되는 것은 복원된 진실과 인간성을 상징하는 듯하다. 이 영화에서는 현실 중국사회에 대한 비판의식도 내포되어 있다. '총'을 훔치고 살인을 하게 된 동기는 불법양조장으로 돈을 벌게된 쩌우라는 인물이 살인범 리우와 친척들에게 피해를 입혔기 때문이다. 그것을 통해 루촨은 지방 시골에 침투한 시장경제와 배금주의 풍조, 그리고 변모한 인간관계와 상실한 인간성을 우회적으로 비판하고 있는 것이다.

(2) 〈커커시리(可可西里, Mountain Patrol)〉(2004) – "티벳을 지키는 고독한 영웅을 화면에 담다"

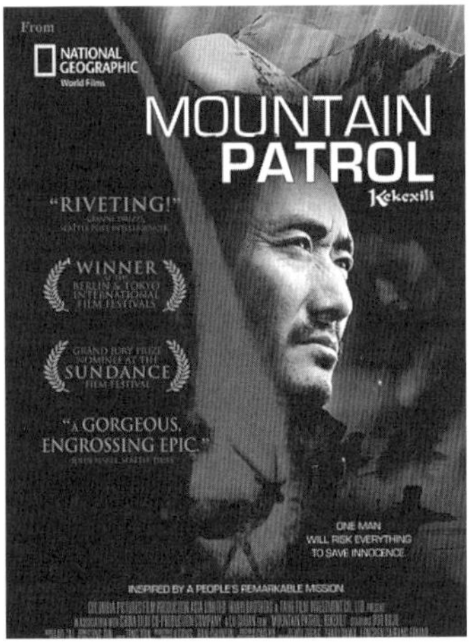

〈사진3〉 영화 〈커커시리〉 포스터

티벳어로 '아름다운 푸른 산, 혹은 아름다운 소녀'라는 뜻의 영화 〈커커시리(Mountain Patrol)〉는 칭하이성의 고원 커커시리를 배경으로 불법 밀렵꾼을 추적하는 산악 민간순찰대의 영웅적인 모습을 다큐멘타리 형식으로 연출한 영화이다. 실화를 바탕으로 제작된 이 영화는 티벳양(藏羚羊)이 1980년대 중반 이후 모피를 노리는 밀렵꾼들에 의해 100만 마리에서 1만 마리로 줄어든 시대적 상황을 배경으로 하고 있다. 장족 출신의 베이징 기자인 '가위'가 민간순찰대장인 르타이(日泰)와 동행하면서 커커시리에서 발생하는 밀렵 현장을 취재하고 이들을 쫓는 순찰대원의 영웅적인 죽음과 고투를 표현하고 있다.

중국 서북부의 티벳 고원에서 밀렵꾼과 민간순찰대 사이의 치열한 추격과 죽음을 그린 〈커커시리〉는 촬영과정에서 숱한 어려움과 다양한 에피소드를 가지고 있는 영화이다. 영화제작 과정 중에 루촨은 스트레스 속에 세 번의 맹장 발작을 참아내어야 했다고 한다. 의사는 수술을 권유했지만 "나에게 수술치료 하는 3일 동안의 손실이 100만 위안에 달하기 때문에 지체할 수 없다"며 촬영을 마쳤다. 또한, 고산지대에서 4개월간 촬영된 제작과정 속에 미국인 스태프가 교통사고로 사망하기도 했다. 고산병에 시달리며 두 명의 주요 배역을 제외한 배역은 전부 현지인을 출연시켰고, 그중 일부는 진짜 사냥꾼이었으며, 모든 대사도 장족의 언어로 녹음했다. 원래 해피엔딩이었던 시나리오를 수정한 이유를 묻자, 루촨은 "영화를 찍으면서 매우 절망스러웠다. 스태프들이 여기서 죽을 수도 있다는 두려움을 느끼면서 이곳에 해피엔딩은 없을 것이라 생각했다", "커커시리에는 세 차례 갔다. 2002년 11월 20여 일 동안, 2003년 3월 두 달 동안, 그리고 2003년 6월부터 12월까지. 5000미터 이상의 고원지대에서의 밀렵행위를 지켜보면서 고통스러운 기분으로 종전의 시나리오를 바꾸지 않을 수 없었다"고 술회하고 있다.[6] 이 영화에 대해 중국 언론과 평단에서는 신생대 영화의 새로운 장을 열었다는 높은 평가를 내렸다.

작품 분절의 단위를 시퀀스로 나눈 후, 영화스타일과 주제의식을 분석하면 아래와 같다.

① 프롤로그: 잡혀간 순찰대원의 죽음. 제목과 자막 소개가 뜬다(독백).

6) 〈影片個案分析〉, 『當代電影』, 第123期, 2004. 23-26쪽.

② 주인공 '가위' 칭하이 커커시리 방문(1인칭 시점과 3인칭 시점 혼용). 죽은 순찰대원 조장(鳥葬) 풍습. 르타이 만나는 장면(클로즈업). 순찰대원들과 저녁식사, 주인공 아버지는 티벳인(어두운 로우 키, 티벳노래)

③ 양털 밀렵꾼 발견

④ 제2일째: 혼자 3년째 지키고 있는 순찰대원과의 만남과 이별(제2일 날짜를 자막처리)

⑤ 제3일째: 죽은 양 시체 발견, 양들 매장하고, 주문을 외우며 죽은 양 주변을 돈다(풀 쇼트, 롱쇼트 위주와 거리두기, 3인칭 객관적 시선).

⑥ 제5일째: 총격 받은 순찰대원 발견

⑦ 제7일째: 밀렵꾼 발견. 옷을 벗고 개울 건너가 잡는다. 수백 개의 양털 발견. 밀렵꾼 노인과 대화, "양털 1개에 5위안 준다, 이전에는 양이나 소 등을 유목하며 살았다. 먹고살 길 없어졌다"(사회현실 비판). 북쪽으로 차가 얼음에 빠진다. 순찰대원과 밀렵꾼 하나 되어 민다(자연과 인간의 사투).

⑧ 제9일째: 텐트 치고 티벳노래 부른다(거대한 산맥 배경과 왜소한 차량의 행렬 롱쇼트).

⑨ 탈출하는 밀렵꾼: 탈진하는 도망자와 추격자(인간 대 인간의 목숨을 건 사투). 부상자 구하기 위해 리우똥 귀환.

⑩ 제10일째: 고장난 차, 일부 낙오하고 리우똥 기다린다(거대한 산과 왜소한 차량과 인간 행렬 비교, 롱쇼트 반복적 등장).

⑪ 제12일째(인서트씬): 눈에 세수하는 리우똥

⑫ 제15일째: 리우똥 시골병원 도착. 단란주점 일하는 애인과 만난다. 르타이 "밀렵꾼 노인은 살아서 돌아갔을까"(휴머니즘 부각). 일부는 쓰러지고 일부는 간다(자연과 인간의 사투). 경비 부족하여, 양피 팔아서 불법으로 충당하는 모순(교차편집). 리우똥 모래늪에 빠져 죽다. 대원들 토끼 잡아 날고기로 같이 먹고, 리우똥 기다리던 낙오대원들 쓰러진다.

⑬ 제17일째: 다수의 밀렵꾼들에게 포위되어 잡힌 르타이. 보스가 주는 담배 거부하고, 누군가 쏜 총에 맞은 르타이 고통스러워하자, 보스는 총으로 죽인다. 밀렵꾼 노인은 쉬이 시체 앞을 떠나지 못한다(클로즈업, 죽음 맞는 모습 롱쇼트, 객관적 묘사, 카메라 고정 쇼트).

⑭ 에필로그: 르타이 시체가 놓인 실내. 결말 자막처리. 4명의 순찰대원은 양피를 판 이유로 구속기소. 1년 뒤 커커시리는 자연보호구로 지정받고, 경찰파견. 자경단 순찰대 해산. 세계 국가들도 티벳 양 수입 금지하여 양들 3만 마리로 늘어난다. 순찰대원 사진(인서트). "커커시리 순찰대는 진짜 이야기이다 1993~1996"으로 마무리.

영화 〈커커시리〉에서 특징적으로 드러나거나 반복되는 영화언어는 첫째, 다큐멘터리 스타일의 차용이다. 롱쇼트(long shot)를 통한 객관적 거리두기, 3인칭 시점의 카메라, 취재일기 형식으로 자막처리(제2일째 등). 둘째, 등장인물에 대한 클로즈업의 적절한 사용으로 관객에게 정서적 동일화와 몰입 효과를 유발한다. 셋째, 자막으로 에필로그를 처리하여 영화의 사실적 특징을 부각하고 있다. 넷째, 사운드트랙의 적절한 활용하고 있다. 고원에서의 사투 장면에서는 장중한 음악이 나오면서 영웅적 희생에 대한 비장미를 불러일으키고, 곳곳에 티벳전통음악 삽입하여 리얼리티를 강조하고 있다. 이와 같이, 영화스타일 면에서 〈커커시리〉는 다큐멘터리식 카메라 기법과 3인칭 시점으로 객관적 거리두기를 하면서도 곳곳에 주인공 인물을 클로즈업하며 정서적 효과를 극대화하는 '다큐멘터리와 극영화의 혼합형식'을 활용하고 있다.

〈커커시리〉는 실화를 바탕으로 공동체를 위해 자신을 던진 영웅적 희생과 투쟁에 대한 휴머니즘 영화이다. 중국 주선율 영화에서 자주 나타나는 영웅적 인물의 희생이 주제로 부각되어 정치이데올로기적 요소가 있으나, 영화전체는 공산당과 국가에 대한 애국주의 영웅이라기보다는 지역과 정의를 수호하려는 보편적 인물상에 가깝게 묘사되고 있어 노골적인 주선율 영화와는 일정한 차이가 있어 보인다. 또한, 당대 사회에 대한 비판의식도 일정 정도 엿보인다. 가난한 고원지대 마을의 삶과 사람들의 모습, 특히 밀렵꾼과의 대화를 통해 원래 유목민이던 그들이 가난 때문에 밀렵꾼으로 전락하게 된 사연을 소개하고 있으며, 밀렵꾼을 악당이 아니라 보통사람과 같은 인간적인 인물로 묘사하고 있다. 또한, 민간순찰대의 희생을 통해 국가기관과 공권력의 무력함과 무능함을 우회적으로 비판하고 있다. 따라서 〈커커시리〉는 주인공의 영웅적 희생으로 사회를 바꾼다는 측면에서 주선율적 주제의식이 들어가 있으나, 영화 전반에 걸쳐 우회적 사회비판, 인간과 자연의 사투, 인간과 인간의 대결 등이 곳곳에 배치되면서 영화는 자연환경과 휴머니즘에 더 접근하고 있는 것으로 보인다. 중국영화학자 지아레이레이(賈磊磊)는 "〈커커시리〉는 매초 24프레임 속에 생사가 걸린 영상을 담아낸 영화로서, 전통적인 의미에서의 중국영화와는 다르다"고 극찬한 바 있으며, 베이징영화학교 하오지엔 교수는 "주선율 영화의 서사구조를 상업화와 결합하면서 서사구조를 간단하게 하는 새로운 방법으로 제작하였다. 드라마성을 줄이고 사실성을 강조하는 서사구조의 특징을 가지고 있다"고 평가하고 있다.[7)]

---

7) 郝建, 〈情節削減與境遇凸出〉, 『當代電影』, 第123期, 2004. 6. 28-30쪽.

(3) 〈난징! 난징!(南京! 南京! City of life and death)〉(2007) – "일본인의 시선으로 재현한 난징대학살"

〈사진4〉 영화 〈난징! 난징!〉 포스터

〈난징! 난징!〉은 1937년 난징대학살을 소재로 감독 자신이 2년간의 자료수집과 4년간의 제작과정을 거쳐 2009년 완성된 영화이다. 루촨은 한 인터뷰에서 제목 선정에 대해 다음과 같은 사연을 소개하고 있다. "〈난징! 난징!〉의 제목은 우연히 결정되었다. 일본군이 1937년 난징으로 진입하기 전에 일본군 수뇌부 회의에서 중국 정부와 담판할 것인지, 난징으로 쳐들어갈 것인지를 논의했다고 한다. 그때 다수의 일본군이 '난징, 난징'이라고 소리질렀다는 자료에서 영감을 받았다."[8]

2009년 4월 비성수기에 개봉했는데도 첫 주말에 50만 관객이 들어 1,700만 위안의 박스오피스를 기록했다. 영화는 항일전쟁이라는 정치적 이데올로기에 주목하기보다는 전쟁과 인간성에 대한 보편적 가치를 탐색하고 있다. 이 영화에 다양한 직위와 시선을 가진 주인공들이 등장한다. 국민당 군인인 루젠슝(陸劍雄)은 포로가 되어서도 '중국은 망하지 않는다'를 외치고 의연하게 죽음을 맞이하고, 극한의 상황 속에서도 민간인을 살리기 위해 분주하게 움직인 탕 선생과 장 선생 등

8) 〈週刊瞭望〉, 2009. 4. 20.

의 시선과 죽음을 통해 보편적 휴머니즘 가치에 입각하여 난징대학살을 성찰하고 있다. 특히, 일본군 장교 카도카와(角川)의 시점 속에서 학살을 바라보는 전복적 영화의 시점을 놓고 '친일이냐 아니냐'라는 중국 내 뜨거운 논쟁이 있었다. 중국영화 사상 처음으로 일본 군인의 시각 속에 가해자인 일본군과 피해자인 중국 민중의 시선을 교차시키며 일본군 또한 군국주의의 희생자일 수 있다는 관찰자적 관점에서 역사 복원을 시도한 것은 현재까지 논란거리로 남아 있다.

작품 분절의 단위를 시퀀스로 나눈 후, 영화스타일과 주제의식을 분석하면 아래와 같다.

① 프롤로그: 1937년 12월 13일 난징 함락. 국민당 36사단이 빠져나가려는 군과 민간인을 맨몸으로 막아내나 역부족

② 일본군 진입: 음료수 먹는 일본인, 교회에서 난민 발견, 쑨원 동상 끌어내린다(일본군 수색장면 핸드헬드. 흑백필름 다큐형식).

③ 국민당 군대 저항: 일본군에 패배(클로즈업과 거리두기의 결합)

④ 일본군 진지: 사망자 확인, 일본 주인공 카도카와를 뒤쫓는 카메라(핸드헬드, 3인칭 시점과 1인칭 시점과 클로즈업의 결합)

⑤ 포로 학살 장면: 강가, 구덩이, 실내 한데 모아 총격(교차편집, 객관적 거리두기), 포로들 "중국은 망하지 않는다(中國不會亡)" (클로즈업과 1인칭 시점과 3인칭 객관적 시점의 결합) 실내의 여성들(교차편집)

⑥ 중국 민간인 지역: 배급표, 학살된 시체 속의 리우예

⑦ 일본 진지: 춤추고, 휴식, 카도카와 위안부와 첫 경험(핸드헬드)

⑧ 중국 민간인 안전지구: 겁탈 현장. 여성들 머리 깎고 남장(3인칭 객관시점)

⑨ 일본 진지 내: 위안부 찾아가는 카도카와

⑩ 중국 민간인 안전지구: 탕 선생, 일본 진지 찾아가 부상 치료 중인 국민당 군

대 일러준다(탕 선생 1인칭 시점과 3인칭 객관적 시점의 결합).

⑪ 일본군 안전지구 습격: 부상 중인 국민당 군대 공격, 겁탈, 탕 선생 딸아이를 창문 밖으로 집어 던진다. 일본군과 타협 위안부 100명 뽑아 보내기로, 기녀 출신 자원한다(주인공 1인칭 시점과 3인칭 객관적 시점의 결합).

⑫ 일본 진지: 위안부 장면(카도가와 1인칭 주관적 시선과 3인칭 객관적 시점의 결합). 미친 탕 선생 여동생을 쏴 죽이는 일본군 대장.

⑬ 독일인 라벨 귀국: 탕 선생 "나는 남아서 여동생을 찾겠다", 이별장면(클로즈업). 사형장에서의 탕 선생 "우리 마누라가 또 아기를 가졌다" 말하고 죽는다. 일본군 대장의 고뇌 모습(클로즈업)

⑭ 쟝 선생 죽음: 강제로 겁탈하려 하자, 카도카와가 쟝 선생을 쏴 죽인다.

⑮ 일본군 진지: 일본군 난징 점령 의식, 위령제, 북과 춤, 절규하는 카도카와(클로즈업)

⑯ 카도카와 자살장면: 카도카와 우는 얼굴(클로즈업). 소년병 풀어주고 자살. 소년병의 웃는 모습과 카도카와 시체와 일본군 대장 모습(교차편집). 소년병 웃는 모습으로 영화 끝난다.

⑰ 에필로그: 등장인물 사진과 생몰연대 표기. 마지막으로 소년병 사진 "아직 살아 있다"로 마무리

〈난징! 난징!〉은 흑백필름의 다큐멘터리 영화형식 위에 주인공 인물들의 주관적 시점을 가미하여 현장감과 객관성 속에 등장인물의 감정을 잘 전달하는 새로운 영화스타일을 시도하고 있다. 전체 영화에서 두드러지게 나타나는 특징적인 영화언어로는 첫째, 흑백필름을 사용하여 역사에 대한 사실성을 부각하고 있다. 둘째, 핸드헬드 카메라 촬영을 통해 다큐멘터리식 카메라워킹을 하며 현장감과 사실감을 부여하고, 관객의 동참을 유도한다. 셋째, 빈번한 클로즈업의 사용.

각 에피소드별로 주인공 얼굴을 클로즈업하여 에피소드의 내용에 대한 정서적 효과를 극대화한다. 넷째, 3인칭 시점과 주관적 시점의 결합. 각 에피소드별로 주인공 1인칭 시점과 3인칭 객관적 시점이 결합하여 때로는 사실적으로 때로는 감정몰입을 강조하면서 영화의 감동을 높여준다. 다섯째, 다양한 시점. 특히 일본군 시점을 도입한 전복적 관점으로 대학살의 객관성과 보편성 획득을 추구한다. 여섯째, 교차편집의 적절한 활용. 일본인 진지, 민간인 지역, 폐허 시내로 구성된 영화공간을 교차편집으로 보여주면서 사실감과 생동감을 높여주고 있다.

〈난징! 난징!〉은 난징대학살이라는 비극적 역사 속에 죽음과 생존문제에 부딪힌 인간성에 대한 문제를 다루고 있다. 일본군 시점을 도입하긴 했지만, 동시에 중국인 주인공 시점으로 함께 영화를 이끌고 있기 때문에 난징대학살에 대한 보다 객관적인 관점과 보편성을 드러내고 있다고 보여진다. 결국 이 영화는 탕 선생, 루젠슝, 쟝 선생 등 중국인들의 의연한 죽음을 통해 역사에 대한 휴머니즘적 성찰을 주제의식으로 부각하고 있다. 또한, 여성들의 참혹한 피해상을 직접적으로 보여줌으로써 역사에서의 정의와 휴머니즘에 대한 관객의 성찰을 요구한다. 마지막 장면에서 소년병 샤오또우즈(小豆子)가 학살에서 살아남아 현재에도 생존한 것으로 마무리하면서 중국 역사와 중국인에 대한 낙관과 애국의식을 드러내고 있다.

원래 시나리오에는 샤오또우즈가 죽는 것으로 처리되었으나, 결국 살아남는 것으로 시나리오를 바꾸었다고 한다. 그 이유에 대해서 루촨은 "중국인은 계속 살아남을 것이다, 중국인은 완전히 죽지 않는다"

고 말하고 싶었기 때문이라고 한다.[9)]

〈난징! 난징!〉은 일본군 시각의 도입이라는 전복적 장치로 인해 비판과 찬사의 논쟁을 촉발시킨 문제적 영화였다. 영화학자 왕이촨은 "일본인의 시각을 중국인의 시각으로 대체한 것은 유감이다"라고 평가하면서도, "통3학(通三學, 영화미학, 경제학, 정치학의 상호융합)에 부합하는 영화로서, 70년대 이후 출생한 청년감독의 노력을 긍정적으로 평가한다. 루촨 감독은 개혁개방시기 성장한 세대로서, 주류체제 내에 건설하는 입장인 '남색(藍色) 1대 감독'이라 할 수 있다. 선배들인 '홍색 1대'가 반전통적 경향에서 출발하여 다시 전통으로 회귀하는 경향이 있다면, '남색 1대'는 개척자이며 개혁개방 세대의 아들이다"[10)]라고 말했다.

또한, 베이징영화대학 교수인 하오지엔은 "전쟁 중의 휴머니즘을 주장하는 것은 속빈 강정과 같다. 일본군 카도카와의 시각을 빌린 것은 일종의 도피적이고 스스로를 속이는 역사관이다"라고 비판적으로 평가하고 있다. "독일인 라벨이 떠나는 장면에서 수백 명의 중국인이 매달리는 것은 과장된 처리이다. 전쟁 중 중국 소년병이 용감하게 일본군을 살상하는 행위는 인도주의 정신과 어긋나 보인다. 일종의 영웅화 작업인데, 보기 좋지 않다"고 비판한다.[11)] 반면, 긍정적인 평가도 적지 않다. 장후이위는 "일본군의 시각으로 항전이야기를 묘사하고 있다. 이러한 서술은 피해를 당한 중국민족, 중국 농민의 역사가 가해자인 일본군 시각으로 변형되어 완성되는 문제점이 있다. 그러나 이러한 시각은 중국공산당의 혁명성을 다시 현대적으로 재정립하고, 대국

9) 〈人物週刊〉, 2009. 5. 25.

10) 王一川, 〈想像的公民社會跨文化對話〉, 『電影藝術』, 第327期, 2009. 4. 20-21쪽.

11) 郝建, 〈面對大屠殺: 罪責思考與藝術顯現〉, 『電影藝術』, 第327期, 2009. 4. 29-31쪽.

굴기 시대의 민족부흥의 현실과 요구와도 밀접한 연관이 있다"고 긍정적으로 보고 있다.[12)]

이 밖에, 중국의 저명한 영화전문가들도 이 영화에 대한 논쟁에 참여했다. 베이징대학 루샤오양(陸紹陽) 교수는 "일본군 시각은 보통의 일본인들이 전쟁에 대한 성찰과 반성을 보여주는 것이며, 동시에 전쟁의 가해자로서의 고통을 보여주는 것이다. 이러한 일본군 시각은 휴머니즘적 상상력이라 할 수 있다"고 평가하고 있으며, 역시 같은 대학의 중문과 장이우 교수는 "중국의 젊은 감독이 미래의 진전을 위해서 새로운 역사의식을 보여주고 있다"고 긍정적으로 평가하고 있다. 반면, 베이징영화대학의 천샤오윈 교수는 "중국여성을 역사의 희생양으로 보여주는 것은 관객에게 시각적 감동을 주는 것이 아니라, 오히려 성찰의 정도를 후퇴시키고 있다. 공중에 떠 있는 공허한 성곽과 같다"고 비판하고 있으며, 베이징대학의 리다오신 교수는 "휴머니즘의 범람이 (타자인) 일본 관객들에게 감동을 줄 수 없다. 또한 (주체인) 중국 관객들에게도 위안을 줄 수 없다. 왜 우리는 남경대학살을 영화를 찍는가?"라며 논쟁에 참여하고 있다.[13)]

이러한 논쟁 속에 루촨은 "매국노(漢奸)란 표현은 협량한 민족주의자들의 오독에서 기인한 것이다. 문화대혁명 때의 수법과 아주 유사하다. 언론매체 또한 이러한 것에 초점을 맞추며 화제를 재생산하고 있다. 18개 도시의 56개 극장에서 시사회를 가졌고, 베이징대학, 칭화대학, 베이징사범대학 등에서 시사회와 토론회를 가졌는데 그런 비판은 없었다. 〈뉴욕타임즈〉에서도 '중국인과 일본인 시각에서 다른 역사'로 평가하고 있는데, 이상하게 국내에서는 '일본인 단독의 시각'에서 보

12) 張慧瑜, 〈後冷戰時代的抗戰書寫與角川視角〉, 『電影藝術』, 第327期, 2009. 26쪽.
13) 『電影藝術』, 第327期, 2009. 4. 12-28쪽.

는 것으로 잘못 전해지고 있다"며 일부 민족주의 성향을 비판하면서 자신이 휴머니즘에 입각한 영화를 표현한 것이라고 주장한 바 있다.[14)]

이 논쟁은 한국에도 소개되었는데, "중국에서 일본군도 사람이며 우리와 같은 사고를 가졌음을 알게 되었다는 호평과 함께 학살 가해자인 일본을 미화한 친일영화라는 극단적인 평가로 엇갈리고 있다. 루촨 감독은 민족주의자들로부터 협박을 받기도 했으며, 루 감독은 '영화가 개봉되기 전에는 그렇게 많은 민족주의자들이 있는 줄 몰랐다'고 말했다."(〈난징대학살영화, 애국심 부족 논란〉, 『연합뉴스』, 2009. 5. 20) "일본군도 요괴가 아닌 사람이다. 그들은 전쟁에 대한 우리 인류의 반성을 대표하고 있다. 나는 〈난징! 난징!〉이라는 영화를 중일관계나 정치적 입장에서 고민하지 않는다. 그저 영화감독으로서 하고 싶은 작품을 창작할 뿐이다. 중일의 잘잘못을 따지는 영화가 아니라 인성의 본질을 이야기하는 영화이다"(〈씨네21〉, 2006. 9. 20), "중국인들은 일본이 과거사에 대해 진정으로 반성하지 않고 있다고 비판하고 있으며, 일본 〈산께이신문〉은 잔학함을 지나치게 강조하고 있다고 비판했다"(『연합뉴스』, 2009. 4. 28), "일본인 군인 역을 맡은 배우 나카즈미 히데오가 일본 우익으로부터 신변의 위협을 느끼고 있다"(〈영화 출연 일본배우, 신변 위험 우려〉, 『세계일보』, 2009. 5. 1).

이 영화는 중국영화그룹과 민간영화사 싱메이촨메이(星美傳媒)가 합작으로 2억 위안을 투자해 만든 영화로 제작기간만 4년이 소요되었다. 당국의 사전사후 심사제도의 승인을 받는데만 각각 5개월씩 10개월이 걸렸다고 한다. 그렇지만, 이 영화가 정부와 우호적이지 않은 관계 속에서 진행된 것은 아니다. 2007년 당시 난징대학살과 관련해서

---

14) 〈新作評議〉, 『當代電影』, 第160期, 2009. 7. 40-46쪽.

〈난징! 난징!〉을 포함하여 아이리스 장의 소설 〈난징대학살〉 등 4편의 영화가 준비되고 있었는데 중국 국가광전총국의 승인을 받은 유일한 영화는 〈난징! 난징!〉이었다. 또한, "공산당 중앙선전부는 이 영화를 정부수립 60주년 기념 10대 영화로 선정했으며 중앙당교는 전국 초등학생들이 관람해야 할 애국주의 영화로 꼽았다."[15]

〈난징! 난징!〉은 중국영화계의 숱한 비판과 논쟁 속에서도 '신생대' 청년감독으로서 불과 세 작품 만에 중국형 블록버스터영화 제작에 도전함으로써, 향후 신생대 청년감독들에 대한 대규모 투자의 가능성과 중국 영화산업 주류에의 편입 가능성을 가늠해보는 잣대가 되는 영화라 할 수 있다.

(4) 〈왕의 연회(王的盛宴, The Last Supper)〉(2012) - "낯선 미스테리 역사극, 혹은 현대판 실험극으로의 초대"[16]

〈왕의 연회〉는 루촨 감독의 2012년 연출작이다. 이미 전작 〈난징! 난징!〉(2008)에서 일본군의 시선으로 난징대학살을 재조명하여 국내외에 애국주의 논란을 일으킨 바 있는 루촨 감독이 이번에는 중국 고전인 〈사기(史記)〉에 나오는 '한 고조 유방'의 에피소드를 현대적으로 각색하여 들고 나왔다.

영화는 기원전 195년, 죽음을 앞둔 61세의 한(韓) 고조 유방(劉邦, 리우예 분)의 악몽에서 시작된다. 유방은 황제에 등극했지만, 매일 밤 반복되는 악몽으로부터 자유롭지 못하다. 그를 괴롭히는 환영은 필생

15) 〈중국 공산당의 난징 띄우기〉, 『경향신문』, 2009. 5. 3.

16) 〈왕의 성찬〉은 필자가 2012년 부산대학교 영화연구소에서 발간한 『시선과 담론』에 기고했던 글을 수정보완한 내용이다.

의 라이벌인 초패왕 항우(項羽, 우옌주 분)와 자신의 수하인 대장군 한신(韓信, 장쩐 분)의 긴 그림자이다. 유방의 황후 여태후(여치)는 한신의 목을 베어 왔다고 말하고, 황제는 14년 전 항우와 처음 만난 장면을 회고한다.

〈사진5〉 영화 〈왕의 성찬〉 포스터

이후의 영화 서사구조는 크게 두 부분으로 진행된다. 첫 부분은 항우의 수하가 되어 손을 잡고 진나라를 멸망해나가는 과정을 그리고 있고, 두 번째 부분은 공통의 목표인 진나라를 멸망시킨 이후 항우와 전쟁하여 이겨 황제가 되고, 마침내 한신 장군까지 제거하여 명실상부한 최고권력자가 되는 과정을 그리고 있다. 첫 부분은 초패왕 항우에 대한 콤플렉스와 공포로 시작한다. 시골 패현(沛縣) 출신의 미천한 신분인 유방에게는 고귀한 귀족자제이자 재능 있는 청년 항우의 존재는 그 자체가 평생의 콤플렉스이다. 나중에 진제국을 멸망시킨 항우는 팽성에 도읍을 정하고 스스로 서초패왕이라 칭했다. 옛 초나라인 지금의 호북성 일대를 남초, 소주 일대를 동초라 불렀다. 20대의 항우는 진나라 토벌의 선봉장이 되어 제후국 군대를 이끌고, 유방은 언제나 항우의 권력과 재능을 넘어서지 못하고 언제나 그의 수하 입장에서 진나라 토벌 전쟁에 동참한다. 그러던 유방에게 최고권력으로의 욕망을 자극한 계기는 진나라 수도 관중의 궁궐에 진입한 사건이다. 진나라 궁전에 자신보다 먼저 진격해서는 안 된다는 항우의 명령을 어기고 궁궐에 침입한 유방은 진나라가 이룩한 화려한 문화와 문명에 압도된다. 권력의 맛을 느낀 유방은 "왕후장상이 씨가 따로 있겠느냐" 다짐하고 서서히 자신의 마음 속에 최고권력을 향한 욕망을 키우게 된다.

진나라 궁궐에서의 탐닉이 권력투쟁의 욕망을 불지른 사건이었다면, 권력의 무서운 공포를 느끼게 해준 사건은 라이벌인 최고권력자 항우가 베푼 죽음의 연회에서였다. 항우는 유방이 자신의 명령을 어기고 궁궐에 먼저 들어간 것을 알고 대노하여 그를 죽이기 위해 홍문에서 '왕의 연회'를 베풀어 유방을 불러들인다. 이것이 그 유명한 '홍문연(鴻門宴)' 이야기이다. 위기에 처한 유방은 자신의 참모이자 지략가 장량와 논의하여 항우의 숙부인 항백에게 후일 사돈관계를 약속하고 뇌물로 매수하여 죽음을 구걸한다. 초패왕 항우가 지켜보는 가운데 '왕의 연회'는 시작되고, 칼춤이 시작되고 살해의 위기에 직면한 그 순간 항백의 도움과 호위장군 번쾌의 소란으로 겨우 목숨을 구한다. 항우의 날카로운 문초 속에 시퍼런 칼날이 목 앞까지 오는 공포감을 체험한 유방은 화장실 가는 그 길로 장량과 줄행랑을 친다. 진나라 궁궐에서 느낀 권력의 힘은 욕망이었지만, 목숨을 구걸하러 갔던 '홍문연'의 공포감은 금지된 욕망이자 평생의 정신적 트라우마가 된다. 권력에 대한 강박증이 악몽의 그림자로 자리 잡은 것이다.

영화의 두 번째 부분은 공통의 적이었던 진나라를 멸망시킨 이후에 시작된다. 항우는 진나라 궁궐에서 오히려 권력을 해체하기 위해 옛 진나라 지역을 아홉 개 지역으로 나누고, 각 지역의 독립적인 말과 문자와 문화를 부흥하려 한다. 이것은 항우가 권력의 폐해를 인식하였기 때문에 해체하려 한 것이라기보다는, 진나라 멸망으로 그는 이미 최고권력을 얻은 자가 되었기 때문에 더 이상의 권력이 필요없다는 자만과 오만이 부른 결과라 볼 수 있다. 이러한 자만심 때문이었는지 불운 때문이었는지, 항우는 "힘은 산을 뽑고 기개는 세상을 뒤덮을 만한데, 시기가 불리하여 말마저 움직이지 않는구나. 말이 달리지 않으니, 우희야 우희야 이를 어찌할까나"는 시를 남기고 우희와 자결하고, 초-한 전쟁은 유방의 승리도 종결된다.

유방은 전쟁에서 승자가 되어 최고권력자가 되었지만, 자신의 권력을 둘러싼 또 하나의 라이벌에 대한 의심, 질투, 증오는 지속된다. 권력에 대한 야망을 감추고 주변을 사로잡는 매력을 갖춘 자신과 꼭 닮은 한신 대장군의 존재가 그것이다. 한신 장군 또한 진나라 궁궐에 들어가서 유방과 똑같이 권력의 힘에 도취되고, 그 자신도 권력의 화신으로 변모해간다. 영화에서 보여주는 진나라 궁궐 장면은 최고권력의 욕망이자 산실과도 같은 상징적 공간이다. 궁궐은 천하의 모든 정보와 지식과 예술을 거대한 건축물에 총집결하여 최고권력자로서 세상을 통치하고 호령하고픈 인간적인 본능을 자극하는 영화적 장치이다.

유방은 최고권력을 위협하는 라이벌 한신 장군을 죽이려 하지만, 번번이 개국공신들로부터 동의를 얻지 못한다. 이러한 상황 속에 〈사기〉에서 최고의 여장부로 평가받는 여태후의 정치력이 발동된다. 유방은 황후인 여태후와 공모하여 한신과 개국공신들을 하나씩 제거한다. 한신이 태자와 여태후를 암살하려 했다는 반란죄를 들어 공개적으로 토사구팽(兎死狗烹)시키고, 최고권력을 넘보는 개국공신들을 제압한다.

영화 속 여태후는 〈사기〉에서도 잔인하고 냉철한 정치인으로 등장한다. 기원전 195년 한 고조 유방이 죽자, 자신의 아들인 효혜제를 황제에 올리고, 유방의 애정을 독차지했던 척부인의 아들을 독살하는 한편, 척부인의 손과 발을 자르고 눈을 파서 멀게 하고 약을 먹여 벙어리로 만들어 뒷간에 넣어 '인간 돼지'로 불렀다. 이를 안 아들 효혜제는 충격에 빠져 7년을 넘기지 못하고 병으로 사망한다. 반면, 사마천은 여태후에 대해 역사적으로 후한 평가를 내리고 있다. "효혜황제와 여태후 당시에는 백성들이 전란에서 갓 벗어나 모두들 쉬고 싶었다. 이에 효혜제는 뒷짐을 지고 여태후가 실권을 장악했지만 집안싸움에 그쳤을 뿐 천하는 편안하여 분수를 지키며 농업생산에 힘써 의식이 풍족해졌다." 사마천은 여태후가 질투심이 강하고 잔인한 면모를 가진 여장부였지만, 효문제와 효경제를 거치며 태평성대로 평가받는 문경지치(文景之治)를 연 공로가 있다고 기록하고 있다.[17)]

영화의 마지막 장면에서 유방의 독백은 인상적이면서, 감독의 주제의식을 잘 보여주고 있다. "한나라는 2000년 이후 중국에서 가장 유명한 왕조가 될 것이다. 내가 죽으면 여태후가 다른 아들들을 죽이게 될 것이다. 음모와 살해의 바이러스가 왕조의 뿌리가 될 것이다. 나는 죽음이 두렵지 않다. 악몽으로부터 벗어날 수 있기 때문이다. 많은 사람들은 나의 운명은 항우의 '왕의 연회(홍문연)'에서 탈출하면서 변했다고 하지만, 그 말은 틀렸다. '왕의 연회'는 내 인생 전체를 덫에 빠지게 했다. 이 악몽은 곧 죽으면 끝날 것이다".

영화는 〈사기〉에 나오는 '왕의 연회' 이야기를 중국형 블록버스터 역사극으로 새롭게 구성하고 있다. 이 영화의 특별한 점 중의 하나는 개인의 내면의식에 대한 심리학적 접근에 있다. 영화는 〈영웅〉(2002), 〈야연〉(2006) 등 기존 중국 대륙의 대작 역사영화에서 보여준 대규모 군중, 무협액션, 화려한 건축물 등의 스펙타클한 미장센 대신에 특이하게 주인공 유방의 내면의식을 추적하며 이에 초점을 맞추고 있다. 이러한 내면의식은 관악기의 높고 기괴한 음향효과와 흑백의 콘트라스트 조명 속에 배치됨으로써, 역사적 사건의 사실적 구성 속에 개인이 보여지는 것이 아니라, 등장인물 개개인의 내면과 심리 속에 역사

17) 이인호, 『사기이야기』, 천지인출판사, 2009. 576쪽.

적 사실이 재조합되는 독특한 극적 효과를 표출한다.

인물의 캐릭터 또한 역사적 영웅이 아니라 현대 사회의 욕망을 대변하는 지극히 인간적인 형상화를 지향하는 특징을 보여준다. 사마천은 한나라의 사관이라는 신분 때문에 〈사기〉 인물열전에서 항우, 장량 등을 서술하면서 한 고조 유방을 위대하고 탁월한 지도자로 묘사하는 태생적 한계를 보여주고 있다. 반면, 영화 〈왕의 연회〉에서는 위대한 리더십을 가진 민족영웅으로서의 유방이 아니라 질투하고 시기하고 음해하는 평범한 권력의 추종자로 냉소적으로 묘사한다. 또한, 항우, 장량, 한신, 여황후 등 주변 실존인물의 심리적 동기를 강하게 부각하고 그들의 시선으로 최고권력자를 조명함으로써, 〈사기〉의 한나라 건국이 박제된 역사가 아니라 현실 속에 재구성된 인간드라마로 재현되는 분위기를 자아낸다. 영화는 한나라 건국의 정당성과 유방의 영웅적 풍모, 시대적 대의나 명분에 집중하기보다는, 개인의 욕망, 음모, 배신, 살인, 증오 등 권력자 유방을 둘러싼 비정한 인간세태를 집중 조명하면서, 현대의 '인간과 권력에 대한 본능과 진실'을 성찰하고 있다. 익숙한 중국의 고전인 〈사기〉, 〈초한지〉를 한 편의 낯선 미스테리 역사심리극이나 현대판 실험극으로 둔갑시켜 놓은 것이다.

영화 속 가장 흥미로운 공간은 진나라 궁궐과 '왕의 연회(홍문연)' 씬이다. 진나라 궁궐은 최고권력을 상징하는 문화적 상징물이다. 진나라 궁궐에 들어가 화려한 권력의 맛에 도취되어 권력의 화신으로 변모하는 유방과 한신이 결국 증오와 질투에 빠져 비극적 결말로 끝나는 대목은 정치적으로 읽히기도 한다. 최고권력으로 상징되는 진나라 궁궐은 중국 지도자가 모여 사는 베이징 중남해 조어대(釣魚臺)로 환유되는 느낌을 준다. 또한, '왕의 연회'는 권력의 욕망이 수반하는 죽음을 건 권력투쟁과 공포감을 상징하는 권력을 얻기 위한 죽음을 건 제

례의식으로 묘사된다. 홍문연에서 유방이 겪은 공포의 트라우마는 중국 정치권력의 억압과 사회 곳곳에 만연된 경쟁이라는 '사람이 사람을 먹는' 시장가치의 사회심리학적 공포와 비견될 수 있지 않나 싶다. 특히, 마지막 장면에서 유방의 죽음 이후를 대비하여 유방이 여태후와 공모하여 개국공신과 한신을 살해하는 장면은 2013년 후진타오 지도부를 이을 5세대 지도부 등장에 대한 문화정치학적 징후로도 읽힌다.

'포스트 6세대' 루촨 감독이 한(韓)나라를 창업한 유방의 죽음을 2000년이 지난 현재 중국사회에 다시 새롭게 소환한 이유는 무엇일까. 사마천처럼 현대 중국과 중국인을 기록하는 사관(史官)이 되고 싶은 개인적 욕망 때문인가. 아니면 개혁개방 30년이 지난 지금, 숭고한 사회주의 혁명정신은 쇠퇴하고 시장자유주의의 경쟁가치와 '만인에 의한 만인의 투쟁'이 지배하는 중국사회의 혼탁상을 우회적으로 비판하고 싶었을까.

〈왕의 연회〉가 기존의 중국형 블록버스터와 달리 중화민족주의나 애국주의 색채를 완전 배제한 작품이라는 점은 분명하다. 중국 전통문화를 과시해온 다른 대작 상업영화와는 달리, 글로벌 시대에 맞는 현대적이고 보편적인 인간의 문제로 역사를 재해석함으로써, 협량한 중화주의의 덫에서 탈주하는 대범함을 보여준다. 이 영화에 깃든 청년감독의 진취적인 탈이데올로기적 역사해석과 인간에 대한 진지한 성찰은 경제강국으로 성장하여 글로벌 시대로 나아가는 대국굴기 시대의 중국의 자신감을 반영하는 문화현상인 동시에, 그 방향이 어떤 것인가를 보여준다는 점에서 시사하는 바가 크다. 확실히 중국의 '포스트 6세대' 청년감독은 새로운 중국의 역사를 써내려 가고 있다.

4) 루촨 감독, '6세대'와 '포스트 6세대' '그 사이' – '세대 없는 영화세대(無代的代)'의 문화적 징후

루촨 감독과 '6세대', 혹은 '포스트 6세대'와의 관계를 규명하는 것은 쉬운 일이 아니다. 루촨 감독은 2001년 〈사라진 총〉으로 6세대 후발감독으로 받아들여졌으나, 이후 〈커커시리〉(2005)와 〈난징! 난징!〉(2009)을 거치면서 '포스트 6세대'의 특징을 가진 풍격을 보여주고 있기 때문이다. 무엇보다, 루촨 스스로가 "나는 6세대 감독이 아니다"라고 강변하고 있다. 2002년 5월 〈사라진 총〉 관련 대담회에서 루촨을 6세대 감독이리고 소개하자, "나는 6세대가 아니다. 그들과 나는 추구하는 풍격이 완전 다르다"라고 강하게 부정했다.[18)]

그럼에도 불구하고, 루촨 감독과 '6세대' 감독들과 몇 가지 점에서 근친성을 가진다. 먼저, 현실사회에 대한 비판의식이 들어 있다. 6세대 영화에 비해 직접적으로 드러내고 있지는 않지만 〈사라진 총〉에서 보여준 배금주의 풍토에 대한 가치관 비판, 〈커커시리〉에서 현지 티벳인들이 가난 때문에 밀렵꾼으로 내몰린 사정을 우회적으로 언급하는 점이나 국가기관의 무능함을 간접적으로 드러내는 점, 〈난징! 난징!〉에서 정부의 역할보다는 개인의 휴머니즘으로 역사를 보려고 하는 성향, 〈왕의 성찬〉에서 국가권력의 속성에 칼날을 대는 연출 등에서 역사와 사회에 대한 비판적 성찰의식을 갖추고 있다. 또한, 루촨 감독은 주선율과 같은 정치이데올로기 영화나 정부의 심사제도에 대한 강한 거부감을 가지고 있다. 2005년 중국영화 100주년 기념으로 〈영화예술(電影藝術)〉에서 저명 감독들을 대상으로 중국영화에 관한 인터뷰를 진행

18) 〈揚子晩報〉, 2002. 5. 16.

했을 때 '중국영화에서 후대에 교훈이 될 만한 반성해야 할 점은 무엇인가?'라는 질문에 대해 "중국영화의 지나친 정치이데올로기가 문제다. 영화는 기록하는 사람으로서의 자세가 근본이다. 진정한 휴머니즘의 영화는 오랜 세월 동안 생명력을 가진다. 이것이 불변의 진리이다"라고 대답한 바 있다. 참고로, 당시 인터뷰의 질의와 루촨 감독이 응답한 내용을 요약하면 다음과 같다. (1) 100년 중국영화의 전통은 무엇인가? "현실주의 전통". (2) 민족영화 특징 요소는 무엇인가? (대답 안 함) (3) 중국영화의 전성기는 언제라고 보는가? "30년대 상하이영화, 80년대 5세대 영화의 출현". (4) 중국영화는 예술사조가 형성되었는가? "중국영화는 한 개의 유파로 정의할 수 없다. 세계영화사의 미학을 수용하고 중국 스스로 창작해나가야 한다". (5) 중국영화사상 가장 우수한 영화와 감독은 누구? "우수한 영화로는 〈붉은 수수밭〉, 〈황토지〉, 〈이른 봄날 2월에〉, 〈소년병 장카〉, 〈빙산에서 온 손님〉, 〈작은 도시의 봄〉, 〈햇빛 쏟아지는 날들〉. 우수한 감독으로는 장이모우, 장원, 천카이꺼, 티엔주앙주앙, 페이무"라고 답변했다.[19] 정부 심사제도에 대해서는 유화적인 태도를 보이긴 해도 기본적으로 규제완화를 주장하고 있다. 특히, 한국언론과의 인터뷰에서 중국의 심사제도가 점차적으로 자율화되어야 한다는 기대와 견해를 피력하고 있다. 자신의 블로그에 〈해운대-재난이 사랑을 만날 때〉에 관한 글을 실으며, "한국에서 큰 흥행을 한 이유를 알겠다. 놓아줌으로써 자신이 사랑하는 이의 더 나은 삶을 위한 대목에서 큰 감명을 받았다. 언젠가 중국에서 이러한 소재가 영화화될 수 있도록 해금된다면 베이징 대지진이나 상하이 쓰나미 같은 영화를 찍고 싶다. 중국에서 표현의 자유가 있게 될 날

19) 陸川 等, 〈部分著名導演答本刊問〉, 『電影藝術』, 第305期, 中國電影家協會, 2005. 6. 9쪽.

을 고대한다"(『마이데일리』, 2009. 9. 9)고 밝히고 있으며, "과거와는 다른 관점으로 난징대학살 영화가 만들어진다는 사실은 중국이 나아지고 있다는 것을 보여주는 것이다. 아직도 문화대혁명이나 천안문사태 등 예민한 역사적 사건 등은 금지구역으로 남아 있다. 나 자신도 천안문광장에 대한 영화를 만들고 싶지만 5년 이내에 이러한 일이 생길 가능성은 크지 않아 보인다"고 말하고 있다.[20)]

그러나 루찬은 확실히 '6세대' 감독군과는 다른 차이점을 가지고 있다. 첫째, 체제 내 창작활동을 지향한다. 루찬 감독은 정부의 심사제도에 부합하는 소재와 주제로 영화를 창작하고 있으며, 심사제도에 대해서도 저항하기보다는 "체제는 나의 적이 아니다"라고 여러 차례 언급한 바 있다.[21)] "국가광전총국 영화국에서 규제문제를 해결하기 위해 노력하고 있다. 〈커커시리〉, 〈공작〉 등의 영화가 과거였다면 심의에 통과하지 못했을 것이다. 작품들이 상영된 것만 봐도 변화는 분명히 생겨나고 있다. 중국 정부도 중국영화의 존재 자체가 위협받는다는 사실을 인식하고 있다"고 정부를 옹호하고 있는 듯한 입장을 취하기도 한다.[22)] 또한, 2005년 〈커커시리〉로 관방영화제라 할 수 있는 화표장영화제에서 최우수 감독상을 수상한 바 있다.

둘째, 루찬은 시장과 대중을 지향하는 상업영화를 창작하고 있다. "지하영화에 대해 중국인의 일상을 포착한 업적은 인정하지만, 나는 주류영화 그리고 지상영화를 견지할 것이다"[23)]라고 선언하고 있으며,

---

20) 〈난징대학살영화, 애국심 부족 논란〉, 『연합뉴스』, 2009. 5. 20.

21) 〈南方都市報〉 인터뷰 중에서 2009. 6. 8. 이 밖에 루찬은 2003년 베이징영화대학 학보사와 인터뷰를 진행했는데, 인터뷰 제목이 체제 내의 작가(體第中的作者)이다. 〈北京電影學院報〉 인터뷰 중에서.

22) 〈씨네21〉, 2006. 9. 20.

23) 〈씨네21〉, 2005. 9. 27.

상업성과 예술성을 결합하는 영화스타일을 선호하고 있다. "6세대 선배들과 나는 영화에 대한 이상이 다르다. 그들은 개인적인 예술성이나 의도를 중시하는 영화를 찍고 있다. 내가 영화를 찍게 된 계기는 1990년대 당시 군대 전우들과 함께 노천극장에서 모기에게 뜯겨가며 재미없고 시시한 중국영화를 보면서 너무 고통스러웠기 때문이다. 당시 중국에서는 할리우드 영화가 초강세였기 때문에 중국관객이 즐길 만한 중국영화를 꼭 만들고 싶었다. 앞으로도 관객이 보고 싶어 하는 영화를 만들겠다는 소신에는 변함이 없다"고 단정하고 있다.[24)]

셋째, 루촨 영화는 중국의 세계화와 개방화 시대에 부응하는 가치관과 주제의식을 가지고 있다. 예를 들면, 〈난징! 난징!〉에서 일본군 시점에서 대학살을 고찰하는 것은 객관적인 시각을 확보하기 위해서이며, 이는 중국 청년감독의 글로벌 시대에 대한 자신감을 반영하는 문화적 징후이기도 하다.

반면, 루촨과 6세대를 비교하면 한계점도 발견하게 된다. 무엇보다 루촨의 작품에는 '여기'로서의 중국 사회와 현실에 대한 직접적 비판의식이 부재하다. 루촨 작품의 영화적 시공간은 주로 과거의 역사 속(〈난징! 난징!〉, 〈커커시리〉, 〈왕의 성찬〉)이거나, 탈도시적 주변공간이거나 소수민족 거주지 공간(〈사라진 총〉, 〈커커시리〉, 〈구층요탑〉)을 배경으로 하고 있다. 현재가 아닌 과거의 역사를 재조명하거나, 사실적 삶의 공간이라기보다는 가상적 공간을 다룬다는 점에서 우회적이고 텅빈 현실이라 할 수 있다. 루촨은 이러한 공허감을 개인적 휴머니즘 시각으로 극복하려 하고 있으나, '체제 내에서 활동하는 세련된 주선율 감독'이라는 지적을 받고 있다.

24) 〈씨네21〉, 2006. 9. 20.

그럼에도 불구하고, 루촨 감독이 상업성과 예술성을 결합하여 대중들에게 쉽게 다가서고 확산된 소통이 가능하다는 점에서 '뛰어난 커뮤니케이터'라 할 수 있다. 실제 루촨은 중국 대중문화의 저명인사로서 언론에 자주 등장하는 뉴스메이커로서 대중과 소통능력이 탁월한 대중스타이다. 중국언론에서 장쯔이가 탕웨이의 연기활동을 방해했다는 루머성 기사가 연예면 톱으로 오른 적이 있다. 언론사들이 보도의 근거로 제시한 것은 루촨 감독의 블로그였다. 당시 루촨은 그의 블로그를 통해 "장쯔이가 국내활동을 하지 못하게 된 데에는 두 가지 루머가 있다. 하나는 모 여배우(장쯔이)가 정부 고관들과 협작하여 탕웨이의 활동을 막았다는 것이다"라는 글을 올렸고, 이러한 언급이 루머의 진원지가 된 것이다. 그의 영향력을 확인할 수 있는 대목이다. 이러한 루촨 감독의 문화적 상징성과 위상은 중국 사회문화의 가치관과 문화시장 소비주체의 변화와 일정한 관련이 있다고 보여진다. 현재 중국의 대중문화 소비시장은 청년층인 '바링허우(80'後)'와 '지우링허우(90'後)' 세대가 자리잡고 있다.

'바링허우'는 본격적인 개혁개방 시대에 태어난 세대로서, 20대 후반에서 30대 사이의 청년층의 중심을 형성하면서, 중국 문화시장의 주체로 자리 잡고 있다. 바링허우는 단순한 나이별 구분이라기보다는 이들이 겪고 있는 시대의 공통된 가치관, 분위기, 욕망 등을 반영한 용어이기도 하다. 바링허우에 이어 '지우링허우', '링링허우(00'後)' 세대 또한 문화시장 주변에서 중심으로의 이동을 예비하고 있다. 일각에서는 과연 '바링허우'와 '지우링허우'라는 용어가 문화소비시장 변화의 주체가 될 수 있을지 의문을 제기하기도 하지만, 최근 드라마와 영화의 출품작품을 보면 서서히 이들의 취향과 욕망을 겨냥한 작품들이 대거 쏟아져 나오고 있음을 확인할 수 있다.

드라마의 경우, 2006년 인기 드라마였던 〈사병출격(士兵突擊)〉은 농촌지역의 바링허우 세대의 주인공이 군대 입대를 다루고 있으며, 〈무림외전(武林外傳)〉 역시 젊고 실험적인 유머 감각의 무협드라마로서 바링허우의 호응을 받은 대표적인 드라마라 할 수 있으며, 2007년 인기리에 방영된 드라마 〈분투(奮鬪)〉는 갓 대학을 졸업한 바링허우 세대의 사랑, 사업, 결혼관, 가족관 등을 직접적이고 사실적으로 보여주어 시청자들에게 큰 호응을 얻은 바 있다.

영화에서도 2011년 작품 〈바링허우〉가 개봉되었고, 인터넷 중국영화 〈올드보이〉가 방영되어 바링허우 세대의 문화소비 욕망을 대변하고 있다. 또한, 2010년 쉬정레이 주연의 인기영화였던 〈두라라 승진기(杜拉拉昇級記)〉 역시 1979년생 주인공을 내세우면서 바링허우 세대의 욕망과 정서를 대변하기도 했다. 이와 같은, '바링허우'와 같은 신진세대의 소비성향이나 취향에 맞는 영화를 상업적이라는 이유로 비판적 시각으로 바라본다면, 영화계의 '바이-한 전쟁(白韓之戰)'[25]이 촉발되지 않는다는 보장도 없다.

'바이-한 전쟁'이란 저명작가 바이예(白燁)와 한한(韓寒) 간의 논쟁을 말한다. 2006년 3월 바이예는 「바링후 작가의 현재와 미래(80後作家的現狀與未來)」라는 글에서 첫째, 바링허우 작가는 집단으로 불릴 만한 집단적 작가가 없고, 둘째, 이른바 바링허우 작가들은 인문적 소양과는 거리가 먼 작가들로서 진정한 의미에서의 작가가 아니라고 비판했다. 이에 대해, 바링허우 작가인 한한은 그의 블로그를 통해 첫째, 노친네가 평생 가장 미워하는 것은 작가들을 분류하는 것이고, 둘째,

25) 何亮, 〈"80'後」 電影: 一個尙未開始的故事〉, 『電影藝術』, 第338期, 2011. 3. 29-32쪽.

문단이란 하나의 방귀(屁)처럼 엉터리다고 신랄하게 풍자하였다. 이에 대해, 바이예는 한한이 버르장머리가 없는 작가라 규정하고 대대적인 반격을 가하였고, 바이예의 오랜 문단 친구인 루티엔밍(루촨 감독의 아버지)과 루촨 감독, 그리고 루촨의 친구인 가오샤오송(高曉松) 등 문화계 저명인사가 가세하여 한한의 팬클럽과 대대적인 논쟁을 치렀다. 결국 바이예의 블로그는 폐쇄하고 루티엔밍이 발을 빼면서 논쟁은 일단락되었다. 이러한 바링허우 논쟁은 승패에 관계없이 문화시장에서의 바링허우의 존재를 부각시키는 계기가 되었다. 바로 이 지점에 루촨의 작품들이 서 있다. 청년층이 열광하는 욕망과 정서와 사회의식을 반영하는 영화가 바로 루촨의 작품이기 때문이다.

또한, 루촨 감독은 중국영화가 처한 대내외적 도전에 대한 해답을 보여주고 있다. 중국영화는 대외적으로 세계화와 개방화 시대를 맞아 우수한 연출력과 주제의식으로 중국영화의 자부심을 지켜내면서 중국문화의 국제적 위상 강화할 소프트파워 전략를 추진해야 하고, 대내적으로도 심사제도를 통해 통제가능한 범위 내에서 시장화와 성숙한 영화시장 환경을 만들어나가야 하는 시대적 과제에 직면하고 있다. 루촨의 영화야말로 글로벌 시대를 맞아 중국영화의 위상을 높여줄 연출력과 보편적 가치로서의 휴머니즘을 표출하면서 이러한 시대적 요청에 부응하는 감독인 것이다. 또한, 심사제도에 비판적이면서도 '체제 내 활동'을 선호하기 때문에, 심사제도를 수용하면서도 예술적 성과와 대중적 흥행을 이루어내고 있기 때문에 어떤 의미에서는 중국영화가 가장 원하는 감독이기도 하다. 그런 점에서 루촨 감독은 세계화와 시장화 시대를 맞은 중국영화 세대의 새로운 희망이자, '6세대'가 힘겹게 지켜온 치열한 현실비판 정신을 퇴행시키는 문화정신의 종결자이기도 하다.

6세대 감독군에 비해서 더 체제 친화적이고 더 시장을 지향하는 특징이 있으나, 닝하오나 장양에 비해서는 비교적 덜 상업적이고 덜 통속적인 영화를 보여주고 있다. 영화평론가 장쉬칭이 말했듯이, "6세대에서 시작하였으나, 6세대를 돌파하여 포스트 6세대를 이끌고 있는 감독"이며, "루촨의 〈난징! 난징!〉은 6세대의 연속인 동시에 돌파한 작품이다. 그 이유는 첫째, 주변 소외된 인물 묘사에서 역사 사실주의로, 둘째, 현실주의 휴머니즘에서 역사주의 휴머니즘으로, 셋째, 저예산 영화에서 대작 영화제작으로 발전해나가고 있기 때문이다."[26] 또한, 장종웨이 교수가 언급한 대로, "다원화 시대인 중국영화에서 주류영화, 상업영화, 예술영화 사이의 틈새를 없애버린 영화이다." 장종웨이에 의하면, "루촨은 시장에서 얻은 놀라운 성과로 계속해서 영화를 창작해왔다. 중국 영화산업 발전과 진화를 위한 새로운 선택을 해왔다. 6세대 영화가 체제 밖에서 제작되어 영화작가가 되게 만들었지만, 루촨은 체제 내 시스템 속에서 영화작가가 되고 있다. 작가와 시장시스템의 성공적인 만남은 작가영화적인 상업영화로서 상업과 예술 두 가지 면에서 성공하고 있다. 다원화 시대인 중국영화에서 주류영화, 상업영화, 예술영화 사이의 틈을 없애버린 영화이며, 체제 내 시스템과 예술성의 성공적 결합: 세계화, 시장화, 전환기 중국영화 발전에 부합하고 상징하는 인물이다. 〈난징! 난징!〉에서 국가적 치욕을 합리적이고 국제적 시각에서 재조명하여 역사적 서사와 개인의 만남을 통해 휴머니즘이라는 보편적 가치로 승화했다. 이는 중국의 자신감과 국제화의 길을 걷는 영화인의 책임감을 반영한 것이다."[27]

일부 언론에서는 루촨을 7세대 감독이라 선정적으로 보도하기도

---

26) 章旭清, 〈陸川〈南京! 南京!〉之于第6代導演電影的延續與突破〉, 『藝術世界』, 2010.
27) 장종웨이, 〈중국 영화문화의 새로운 상상력〉, 부산영화제 발제문, 2006.

한다. 2010년 5월 남방도시보, 〈7세대는 성립 가능한가?〉에서 왕샤오솨이와 루촨의 6세대와 7세대 논쟁을 간략히 소개하면서, 왕사오솨이 감독은 "7세대는 성립되지 않을 것이다. 왜냐하면 이미 개성이 넘치는 시대로 접어들었고, 어떠한 집단적 공통점도 없게 되었기 때문이다"라고 주장하고 있으며, 이에 대해, 루촨 감독은 "7세대는 특징점이 있다. 시장 속에서 대중의 수요와 개인의 예술성의 균형을 맞추며 배양될 것이다. 내가 7세대의 대표이다"라고 주장한다.[28] 이런 점에서 루촨 감독은 '6세대'와 '포스트 6세대'의 '사이'에 걸쳐 있는 독특한 감독이며, '6세대'를 넘어 '포스트 6세대'를 주도해나가는 문화적 액터(actor)라 말할 수 있다.

5) "6세대에서 시작하여, 포스트 6세대를 이끌다"

지금까지 작가주의 이론과 영화사회학에 입각하여, '루촨 감독론'과 '포스트 6세대'라는 두 가지 층위에서 분석을 진행해보았다. 루촨은 작가주의 관점에서는 아직 스타일과 철학에서 일관성이 결여된 미완의 작가로 규정할 수 있지만, 체제 내 활동을 지향하면서도 상업성과 예술성이 결합된 영화를 추구하여 대중적 인기가 높은 스타감독이라는 것을 확인할 수 있었다. 반면, 사회현실에 대한 비판정신의 부재는 작가로서의 성장을 더디게 하는 한계로 지적되었다.

'영화사회학'에 입각한 세대론적 관점에서 볼 때, 루촨은 6세대와 포스트 6세대의 '사이'에 걸쳐 있는 감독으로 6세대 이후 세대 없는 다

28) 南方都市報, 〈「第7代」導演能否成定論?〉, 2010. 5. 19.

원화 시대 속에서 미래 중국영화를 선도하는 상징적 위상을 가지고 있다는 것을 확인할 수 있었다. 또한, 중국영화가 처한 대내외적 도전, 즉 대외적으로는 세계화와 개방화에 적합한 뛰어난 연출력과 휴머니즘이라는 보편가치를 통해 중국문화의 국제적 위상을 높일 수 있는 영화감독이라는 점, 또한 대내적으로도 심사제도를 수용하면서도 영화시장과 대중의 신뢰를 받아낼 수 있는 영화감독 점에서, 중국영화가 직면한 시대적 요청에 부응하는 청년감독이라 할 수 있다. 조금 과장되게 표현한다면, 루촨 감독이 이룬 성취와 한계점이 바로 중국영화가 처한 현실이라고 말할 수 있다. 루촨 감독의 작품에는 심사제도 완화, 시장화와 대중화, 개방화와 본토화, 7세대 영화지형의 형성 등 미래 중국영화의 고민과 희망이 담겨 있기 때문이다.

루촨 감독이 주목받는 이유는 중국 대륙에서의 문화적 위상과 상징성 때문이다. 그는 '6세대'를 잇는 대표적인 청년감독으로 인정받았지만 스스로 "나는 6세대가 아니다"라고 공언할 만큼 새로운 영화창작을 시도하고 있다. 과감하고 자유분방한 연출력과 시대를 성찰하는 문제제기로 루촨 감독은 현재 중국 대륙의 청년들에게 가장 인기 있는 스타감독으로 자리 잡고 있다. 루촨 감독은 세계화와 시장화 시대를 맞은 중국영화의 미래를 보여주는 문화적 아이콘이기도 하다. 영화산업적으로 볼 때 '정부주도형 시장화 모델' 속에 영화시장의 주류세대인 빠링허우('80後), 지우링허우('90後)의 호응을 이끌어낼 수 있는 예술성 짙은 상업영화를 제작하는 감독이며, 동시에 대외적으로도 세계화 시대를 맞아 중국영화의 국제적 위상을 강화할 수 있는 보편적 주제의식과 인간에 대한 성찰을 진지하게 추구하는 글로벌한 성향의 감독이기 때문이다. 그런 점에서, '6세대'의 예술성을 이어받으면서도 20, 30대 청년세대와 교감을 중시하는 대중적 영화를 지향한다는 점에서 '포스트 6세대'의 새로운 깃발을 올린 청년감독이라 평가할 수 있다.

앞으로 루촨 감독이 어떤 지향점과 문제의식을 가진 작품을 보여줄지 현재로선 가늠하기 힘들다. 앞선 다섯 편의 작품 모두가 각기 다른 풍격과 주제의식을 선보였기 때문이다. 그렇지만, 새로운 작품마다 중국의 삶과 휴머니즘 정신을 문제적으로 다루고 있다는 점에서 루촨의 작품은 격동하는 중국의 사회풍경을 충실하게 담은 문화적 컨텍스트로 읽히게 될 것으로 본다.

2

시장추구형 청년감독

1) '포스트 6세대'의 '시장지향형 청년감독'의 상징 – 닝하오(寧浩) 감독

(1) '시장지향형 청년감독'의 등장 배경

'시장형 청년영화'의 등장은 시장화와 개방화라는 중국영화의 생태환경 변화와 밀접한 관련이 있다. 중국영화는 정부가 시장시스템을 정착시키고, 또 시장시스템의 발전에 조응하며 행정체제개혁을 시행하고, 국가이데올로기 통제를 위해 엄격한 검열제도를 실시하는 등 산업지원과 통제를 병행해온 독특한 중국식 '정부주도형 시장화 발전모델' 속에 발전해왔다. 개혁개방 30여 년간 추진된 '정부주도형 시장화' 전략은 일정한 성공을 거두었지만, 정부주도의 지원정책과 통제라는 이중적 속성으로 인해 대내외적으로 여러 가지 도전에 부딪히고 있다. 대내적으로는 시장시스템의 성장과 시장주체(영화, 대중)들의 자율적 의지가 확산되면서 정부와의 새로운 관계를 요구하고 있으며, 대외적으로는 정부주도의 규제정책에 대해 미국 등 외국의 개정요구 압력이 높아지고 있다. 시장시스템의 활성화와 영화시장 수익규모는 증가하였지만, 미국 등 해외영화의 수입개방이 확대되면서 치열한 영화시장 경쟁과 위기의식 속에 중국영화는 다양한 방식의 생존과 활로를 모색하지 않을 수 없게 되었다. 이러한, 영화창작 인프라와 영화시장 환경 변화는 중국영화 창작과 작품 경향에도 일정한 영향을 주고 있다. 영화시장의 규모확대와 개방확대라는 기회와 위기 속에 영화시장과 대중성에 부합하려는 작품 제작 경향이 증가하면서 중국영화는 새로운 지형도가 그려지고 있다.

첫째, 〈진링의 13소녀〉(2013), 〈몬스터 헌트〉(2015)와 같은 대작 상업영화가 시장의 대세를 이루는 현상이 나타났다. 둘째, 정부이데올로기 선전영화인 주선율(主旋律) 영화는 〈건국대업〉(2009), 〈신해혁명〉(2011)과 같이 스타시스템을 활용하거나 쉽고 재미있게 제작하여 영화시장에 부합하려는 대중화 노선을 걷고 있다. 셋째, 지아장커, 왕샤오솨이, 장위앤 감독 등의 독립영화는 '체제 내' 영화로 전환하고 국제적으로 호평받는 창작을 이어가고 있지만, 영화시장 경쟁에서 주변화 되고 있다. 넷째, 중소형 상업영화는 주요 관객층인 청년층을 겨냥하여 〈두라라 승진기〉(2010), 〈청춘에게〉(2013), 〈만물생장〉(2015), 〈소시대 시리즈〉(2015) 등과 같은 웰메이드 영화로 인기몰이를 하고 있다.

'시장지향형 청년영화'의 탄생은 이러한 시대적 분위기와 배경 속에 부상하였다. 중국영화의 대중화 추세와 다원화 양상의 틈바구니 속에서 주요 관객층인 청년세대의 문화가치와 욕망을 소재로 삼아 대중성을 확대하고, 시장시스템 중심으로 변모한 영화생태계에 충실히 적응하려는 시대적 분위기 속에 '시장형 청년영화'가 탄생한 것이다.

'시장지향형 청년영화'의 개념은 다음과 같이 정의할 수 있다. 첫째,

'시장지향형'이라는 표현은 시장시스템에 부합하는 시장맞춤형 영화를 지향한다는 뜻이다. 따라서, 일반 대중들의 눈높이와 정서에 맞는 쉽고 보편적인 욕망을 주제로 삼고, 대중들의 욕구를 만족시키는 내러티브와 주제의식을 담고 있다. 둘째, '청년영화'의 의미는 생물학적으로 영화의 창작주체가 청년감독인 영화를 지칭한다. 생물학적인 청년의 개념을 놓고 다양한 논의가 있다. 중국에서의 대표적인 관변 청년단체인 공산주의청년단 가입 연령은 14세에서 28세이며, 유네스코에서 규정하는 청년은 16세부터 34세이고, 중국 국가통계국은 청년의 연령을 15세에서 34세로 정하고 있다. 셋째, 영화의 주제가 청년세대의 문화정신과 가치를 다루고 있는 영화를 의미한다. 특히, '청년영화'는 빠링허우, 지우링허우로 대변되는 청년세대를 정면 겨냥한다. 자유로운 개성을 중시하면서도 도시취향의 세련된 물질소비와 정신문화를 지향하는 청년문화를 반영한다. 따라서 '시장형 청년영화'는 시장을 지향하는 영화로서, 생물학적인 청년세대의 영화뿐 아니라 문화가치로서 청년문화를 재현하는 영화를 말한다.

이러한 '시장형 청년영화'는 청년문화의 특징인 욕망의 당당한 분출, 참된 자아실현, 출세의지, 솔직한 내면세계 표현, 새로운 미래가치 추구 등 중국사회의 현재와 미래를 청년의 관점에서 밝고 미래지향적 관점에서 바라보려는 긍정성이 들어 있다. 그러나 도시직장인 외에, 고졸 공장 노동자, 시골 농사꾼, 중소도시 화이트칼라 등 다양한 지역과 계급에 걸쳐 존재하는 현실문제인 청년실업, 도농격차, 빈부격차, 정치적 저항 등의 사회현실을 은폐하거나 망각하게 하는 허위위식(false consciousness)으로 작용하는 부정적인 측면을 갖기도 한다. 그럼에도 불구하고, '시장지향형 청년영화'는 대중과의 소통과 공감이라는 차원에서 시장경쟁에서 생존할 수 있는 영화생태계의 최적자(最適者)

이며, 중국 청년세대의 고민과 욕망을 적나라하게 드러내고 있다는 점에서 향후 중국영화의 새로운 미래를 선도할 주력영화로 성장할 가능성이 크다고 평가할 수 있다.

(2) 닝하오, 그는 누구인가?

닝하오(寧浩) 감독은 2000년대 이후 중국 청년감독 중에서 가장 '핫(hot)'한 감독 중 한 명이다. 1977년생인 그는 이미 이십 대 후반에 장편영화 〈크레이지 스톤(瘋狂的石頭)〉(2006년)으로 일약 중국영화계의 주목받는 신예감독으로 부상했으며, 2009년 〈크레이지 레이서(瘋狂的賽車)〉, 2011년 〈황금대겁안(黃金大劫案)〉, 2013년 〈무인구(無人區)〉, 2014년 〈심화로방(心花路放)〉으로 지속적으로 1억 위안 이상의 흥행을 기록하는 등 관객과 평단의 호평을 한 몸에 받고 있는 청년감독이다.

2012년 전주영화제 폐막작으로 상영된 홍콩 영화 〈심플 라이프(桃姐)〉에서 닝하오 감독의 인기를 엿볼 수 있는 에피소드가 등장한다. 〈심플 라이프〉는 홍콩의 여성감독 쉬안화가 연출한 영화인데, 닝하오 감독이 극중에서 실제 중국 대륙 청년감독 역으로 깜짝 등장한다. 남자주인공역을 맡은 리우더화(劉德華)는 극중에서 여주인공에게 "이분이 닝하오 감독이다. 지금 중국 대륙에서 아주 잘나가는 청년감독이다(在內地非常火的一個年輕導演)"라고 소개하고 있다.

닝하오 감독은 리우더화가 2006년 기획한 '아시아 신인감독 프로젝트'에 선정되어 저예산 영화 〈크레이지 스톤〉을 연출하였고, 제작비의 10배가 넘는 수익을 거두면서 중국영화계의 신성으로 부상하였다. 2009년에는 '크레이지 시리즈'의 일환으로 〈크레이지 레이서〉를 연출하여 1천만 위안의 예산으로 1억 위안 이상의 박스오피스를 기록하였다. 당시 중국 영화시장에서 1억 위안 이상의 흥행을 올린 감독은 장이모우, 천카이꺼, 펑샤오강 등 국민감독 3인방 정도에 불과한 상황이었기 때문에, 1977년생 닝하오 감독의 흥행 돌풍은 중국영화계의 일대 사건이라 불릴 만했다. 2012년 〈황금대겁안〉에서도 1억 위안 이상의 흥행을 기록함으로써, 이제 닝하오 감독은 신예감독이 아니라 중국 영화시장의 흥행을 주도하는 '1억 위안 클럽 감독'으로 우뚝 섰다. 특히, 2014년 로드무비 〈심화로방〉은 역대 최단 기간 6억 위안 흥행 돌파를 비롯하여 총 11.67억 위안의 대흥행을 기록했다. 비평 면에서도 닝하오 감독에 대한 평가는 긍정적이다. 코미디 장르영화를 바탕으로 중국인들이 공감하고 소통할 수 있는 현실적인 소재, 유머 감각, 스타일을 연출해온 '중국 장르영화의 개척자'로 인정받고 있다. 중국 포털사이트 바이두(百度)에서는 닝하오 감독을 "박스오피스와 흥행을 동시에 잡는 신생대 '귀재(鬼才)감독'"으로 설명하고 있다.[1)]

중국영화에서 닝하오 감독을 주목해야 할 또 하나의 이유는 새로운 청년세대의 영화제작 흐름을 보여주기 때문이다. 닝하오 감독은 연령과 활동시기로 볼 때, 이른바 '6세대 이후, 혹은 포스트 6세대(後第六代)'에 해당한다. '포스트 6세대' 영화는 이전 6세대 선배들의 영화풍격과는 확연한 차이점을 보이고 있다. '포스트 6세대' 영화에는 5세대, 6세대 등으로 총칭해서 묶을 수 있었던 공통된 영화미학, 사회의식, 세대감각 등이 존재하지 않으며, 또한, 2000년대 이후 중국영화계에 정립된 주선율, 예술영화, 블록버스터 상업영화, 중소형 상업영화라는 '다원화 구도'를 자유자재로 넘나들며 개성 넘치는 영화를 선보이고 있다. 또한, 정부의 검열제도를 수용하고 인정하면서, '지하영화(체

1) http://baike.baidu.com/view/397281.htm#sub397281.

제 외, 體制外)'가 아닌 '체제 내(體制內)' 영화를 지향한다는 점에서도 차이점을 보인다.

닝하오 감독은 이러한 '다양화 시대'로 나아가는 '포스트 6세대' 청년감독의 한 흐름을 대표하는 인물이다. 특히, 청년영화의 전통인 현실비판 의식을 담으면서도, 동시대 바링허우('80後), 지우링허우('90後) 청년세대와 소통하고 공감하는 대중적 상업영화를 지향한다는 점에서 영화시장을 지향하는 청년감독을 대표하는 인물이다.

그러나 닝하오 감독이 중국영화계에서 높은 인기와 주목을 받고 있음에도 불구하고 상대적으로 우리나라와 해외에는 그다지 잘 알려져 있지 않은 편이다. 선배 격인 6세대 감독들이 리얼리즘 예술영화로 해외영화제로 진출하는 사례가 많은 데 비해, 닝하오 감독은 중국 본토 청년관객들이 공감하고 좋아하는 대중적인 장르영화를 연출해왔기 때문이다. 중국 국내와 해외의 비대칭적 인지도를 가진 닝하오 감독에 대한 연구는 중국 청년감독 연구뿐 아니라, 현지 중국영화의 새로운 동향과 전망을 독해할 수 있다는 점에서 흥미로운 연구영역이다.

따라서 이 장에서는 청년감독 닝하오와 그의 영화를 중심으로 최근 중국영화의 청년감독의 특징과 새로운 경향을 연구하는 것을 목적으로 한다. 닝하오 감독을 연구대상으로 삼은 이유는 첫째, '포스트 6세대' 중에서 시장지향형 장르영화 제작 흐름을 대표하는 청년감독이기 때문이다. 닝하오 감독은 겨우 3편의 상업영화를 제작했지만 흥행과 평단의 호평을 받으며 상업영화를 대표하는 청년감독으로 떠오르고 있기 때문에, 최근 중국영화 흐름을 해독하는 데 유용한 인물이다. 둘째, 닝하오 감독은 1977년생 '포스트 6세대' 청년감독으로 향후 중국영화의 미래를 짊어질 담지자이자 흐름을 주도할 대표적인 감독이다. 닝하오 감독과 그의 작품 분석을 통해 미래 중국영화의 흐름과 향방을 살펴볼 수 있다는 점에서 유용한 연구이다. 셋째, 닝하오 감독은 중국영화계의 신성(新星)으로 부상했지만, 아직 한국에서는 상대적으로 덜 알려진 미지의 감독이다. 국내 영화학계에서는 6세대 감독인 지아장커나 왕샤오솨이 등을 중심으로 활발한 연구를 진행하고 있지만, '포스트 6세대'에 대한 연구성과는 상대적으로 미진한 편이다. 닝하오 감독과 그의 작품에 대한 소개는 한국 영화학계에 중국영화의 새로운 흐름과 경향을 소개할 수 있다는 점에서 의미가 있다.

닝하오 감독은 영화감독, 시나리오작가, 영화배우, 제작자 등 전방위적으로 영화 현장을 누비고 있는 청년영화인이다. 1977년 산시(山西)성 타이위앤(太原)에서 출생하였고, 군인인 아버지와 공장 선전부 간부인 어머니 사이에서 성장했다. 어렸을 적부터 미술에 소질을 보였으며, 산시영화학원(山西電影學院) 미술반에 진학하여 영화와 인연을 맺었다.

닝하오 감독은 어릴 적부터 미술에 소질을 보였고, 무척 좋아했다고 알려져 있다. 닝하오 감독이 네 살이었을 때, 입원한 적이 있는데, 입원 중에도 그림을 그리고 있었다고 한다. 이것을 본 그의 아버지는 그에게 미술 도구를 사주었고, 그 후 미술을 가장 좋아하는 학생으로 성장했다.[2] 당시 산시영화학원은 주로 영화상영을 위한 기술교육 중심으로 진행되었다고 한다. 이후, 그는 자전거 수리공, 무대미술 디자이너, 사진사, 연극단원 등 다양한 직종을 거쳤다. 특히, 그는 미술과 함께 음악(록음악)을 좋아하였는데, 당시 록스타인 추이젠(崔健)의 맹렬한 팬이었으며, 타이위앤시에서 친구들과 '동무(同志)밴드'를 결성하여 음악 활동을 하기도 했다. "당시 덩리쥔의 노래가 유행했는데, 나에

2) 바이두(白度) http://baike.baidu.com/view/397281.htm#sub397281.

게는 올드한 느낌이었다. 나는 추이지엔의 〈남니만(南泥灣)〉을 좋아했다"고 술회하고 있다.[3)]

이후, 닝하오는 고향을 떠나 베이징사범대학 예술학과에 입학하여 본격적으로 영화연출 공부를 하였고, 졸업 후에는 베이징영화학원 사진촬영전공으로 다시 진학하여 2003년 졸업하였다. 닝하오의 영화연출은 베이징으로 올라온 후 본격적으로 시작되었지만, 베이징사범대학에 진학하기 전에 이미 40여 편의 뮤직비디오를 연출한 경력을 가지고 있는 베테랑 청년학생이었다. 닝하오는 베이징사범대학 예술학과 졸업작품 〈목요일, 수요일(星期四, 星期三)〉을 제작하여 2001년 베이징대학생영화제(北京大學生電影節)에서 최우수감독상을 받았고, 중국대학생디지털미디어대회에서도 은상을 수상하는 등 떠오르는 신인으로 주목받았다. 〈목요일, 수요일〉은 중국 청년들의 자아욕구와 정체성을 추구하는 무거운 주제를 다루면서도, 빠르고 파격적인 화면구성과 편집으로 중국 청춘남녀의 사회환경과 내면을 적절히 조화시킨 작품이다.

영화 〈목요일, 수요일〉은 3개의 이야기로 구성된다. 첫 번째 이야기는 그림을 그리는 남녀에 대한 이야기이다. 남녀주인공은 자유로운 그림 그리기를 꿈꾸지만 현실에서는 녹록치가 않다. 두 사람은 우연히 같이 만나 모험을 하게 되고 사랑에 빠지지만, 여자는 출국하고, 남자는 교통사고를 당한다. 두 번째 이야기는 역시 음악을 좋아하지만, 현실의 벽에 좌절하게 되는 젊은이의 방황을 그리고 있다. 세 번째 이야기는 가짜돈 때문에 발생한 에피소드를 다루고 있다. 노점상 주인은 10위안짜리 가짜돈을 받게 되자, 그 사람을 추적하게 되는데, 그 과정

3) 寧浩 林旭東 對談錄『混大成年』, 廣西師範大學出版社, 2012. 6쪽.

에서 더 많은 돈과 벌금을 물게 된다는 내용이다. 닝하오 감독은 영화 속 3가지 에피소드를 상호연계시키면서, 중국 사회현실에 대한 비판적 시각과 청춘군상의 욕구를 잘 조화시키고 있다는 평가를 받았다. 학생 작품임에도 불구하고, 비교적 긴 80여 분의 러닝타임과 당시로서는 빠르고 동적인 카메라 움직임을 보여 일찌감치 연출 실력을 인정받았다. 이러한 빠르고 화려하면서도 간간이 드러나는 유머 장면은 이후 〈크레이지 스톤〉 등 본격적인 닝하오표 장편영화의 기본 스타일로 발전된다.

2003년에는 첫 장편영화 데뷔작인 〈향불(香火, Gone with honor)〉을 연출한다. 당시 닝하오 감독은 일본영화에 빠져 있었는데, "키타노 다케시와 구로사와 아키라 감독을 좋아했다"고 술회하며, 이 영화의 소재에 일정한 영향을 주었다고 밝히고 있다.[4] 〈향불〉은 산시성 시골 마을에 있는 스님에 대한 이야기이다. 주인공은 시골 마을의 조그만 사찰의 스님인데, 불상이 훼손되자, 이를 수리할 돈을 구하기 위해 이곳저곳으로 다닌다. 처음엔 관청에 가서 공무원을 만났으나 거절당하고, 일이 꼬여 감옥까지 가게 되자, 스스로 사주팔자로 운명을 봐주며 돈벌이에 나선다. 마침내 화물차 운전사를 만나 그의 아내를 치유하고, 마을 사람들의 도움으로 3000위안을 구하게 된다. 불상을 수리하기 위해 자신의 절로 돌아오지만, 절은 마을 신작로 계획에 의해 철거당하게 된다. 스님은 망연자실한 표정으로 '철거' 글자가 붙은 사찰에서 아미타불을 외친다. 닝하오 감독은 장편영화 〈향불〉로 도쿄긴자영화제 대상, 홍콩국제영화제 아시아DV 경쟁부문 금상 수상을 비롯하여, 르카르노영화제, 벤쿠버, 멕시코, 시드니, 타이완 등 7개국 국제영화제

4) 寧浩 林旭東 對談錄『混大成年』, 廣西師範大學出版社, 2012. 55쪽.

〈사진1〉 닝하오 감독

〈사진2〉 영화 〈녹초지〉 장면

〈사진3〉 영화 〈기적세계〉 장면

에서 입상을 하여 그의 예술성을 입증받았다.

2004년에는 두 번째 장편영화 〈녹초지(綠草地, Mongolian Pingpong)〉를 연출했다. 〈녹초지〉는 몽고 초원에서 탁구공을 둘러싼 에피소드를 극화하였다. 몽골 아이인 비리꺼는 초원에서 가족들과 평온한 생활을 하다가, 어느 날 우연히 굴러들어온 탁구공을 깨뜨리게 된다. 비리꺼는 친구 얼궈토우, 다와와 함께 그 공이 전설에 나오는 야광구슬이라 생각한다. 아이들은 텔레비전에서 그 공이 탁구공으로 불리운다는 것을 안 후, 중국의 보물로 생각하고 탁구공을 돌려주기 위해 노력한다. 〈녹초지〉는 2004년 베를린국제영화제 인터내셔날 포럼, 홍콩국제영화제에 초청 상영되었으며, 2005년 모스크바어린이영화제와 청소년영화제에서 '황금거위상'을 받았고, 스페인국제영화제 최우수 감독상, 상하이국제영화제에서 관객상을 수상했다. 닝하오 감독 특유의 코미디 장르를 선보인 첫 작품이며, 영화 전반에 걸쳐 몽골어가 사용되었다. 이 영화는 우리나라와도 인연이 있는데, 2005년 부산국제영화제에 상영되어 CJ엔터테인먼트상을 받은 바 있다. 〈녹초지〉 제작과정에서 제작비가 원래 계획을 초과하자 닝하오 감독은 자신의 집에서 10만 위안을 가져왔고, 제작자 또한 개인적으로 10만 위안을 따로 충당하여 영화를 완성했다고 한다. 열혈 영화청년 닝하오의 영화에 대한 열정을 엿볼 수 있는 에피소드이다.

닝하오 감독이 중국영화계에서 주목받는 청년감독으로 부상하게 된 결정적인 계기는 2006년 연출한 〈크레이지 스톤〉 이후이다. 홍콩의 세계적인 영화배우 리우더화가 아시아 신진감독을 발굴하는 '아시아 신진감독 프로젝트'에서 닝하오 감독이 선정되어 〈크레이지 스톤〉 제작비를 지원받게 되었다. 〈크레이지 스톤〉은 장편영화로서는 저예산인 300만 위안을 지원받아 2,300만 위안을 벌어들이며, 상업영화의 새로운 성공모델을 보여주었다. 〈크레이지 스톤〉은 이후 닝하오 영화에 단골 출연하게 되는 쉬정(徐峥), 황보(黃渤), 꿔타오(郭濤) 등이 최초로 출연한 코미디영화이며, 중국 코미디장르의 새로운 지평을 열었다는 평가를 받은 출세작이기도 하다. 이 영화는 2007년 베이징대학생영화제 최우수감독상, 중국화표장 우수신인감독상 수상 등 흥행과 비평에서 호평을 받았으며, 중국 국가광전총국에서 선정한 청년감독 16인에 선정되는 등 촉망받는 신예감독으로 부상하게 되었고, 2006년 제11회 부산국제영화제 폐막작, 2007년 한국 CJ중국영화제에 초청되어 한국과도 인연이 깊다.

2007년 닝하오 감독은 29분 단편영화 〈기적세계(奇迹世界, Soul Of

Ultimate Nation)〉를 연출한다. 〈기적세계〉는 한국의 한 게임업체가 개발한 3D 온라인게임을 영화화한 작품이다. 좀도둑 산얼은 막 감옥을 나와 PC방에서 〈기적세계〉 게임을 즐기다가, 게임에 참가하고 있는 한 여성의 S.O.S신호를 받는다. 이에 전화를 걸어 확인하려다 도둑으로 오인받아 한바탕 경찰과 추격전을 벌이게 된다. 마침내 인질범을 찾고 여자를 구출한 후, 경찰에서 풀려난다는 내용의 단편영화이다. 주인공 역은 코미디 전문배우인 황보가 맡았고, 짧은 단편영화지만, 닝하오표 추격씬과 스피디한 화면전환이 돋보이는 수작이다.

닝하오 감독은 2009년 '크레이지' 시리즈로 〈크레이지 레이서(瘋狂的賽車)〉를 제작하였는데, 1천만 위안의 제작비로 1억 위안이 넘는 대흥행을 기록하여 다시 한번 중국영화계를 놀라게 했다. 2009년 당시 1억 위안 이상의 박스오피스 흥행을 올린 감독은 장이모우, 천카이꺼, 펑샤오강 등 블록버스터 상업영화를 제작해온 3명의 국민감독뿐이었으며, 이 영화를 통해 닝하오 감독은 이른바 '1억 위안 박스오피스 클럽' 감독의 반열에 오르게 된다.

2편의 '크레이지' 시리즈가 연속으로 관객과 평단의 호평 속에 흥행에 성공하자, 닝하오 감독은 2012년 기존의 저예산 제작방식에서 탈피하여, 5천만 위안이라는 비교적 큰 제작비를 투자하여 〈황금대겁안(黃金大劫案)〉이라는 혁명소재를 취한 장르영화를 연출하였고, 역시 박스오피스 1억 5천 위안을 기록했다.

이상과 같이, 닝하오 감독은 〈크레이지 스톤〉, 〈크레이지 레이서〉, 〈황금대겁안〉의 3편의 상업영화를 통해 흥행의 보증수표이자 중국 영화계의 재능 있는 청년감독으로 확고한 입지를 다졌다. 닝하오 감독이 영화시장과 평단의 환호를 동시에 받고 있는 가장 큰 이유는 상업영화인 '크레이지' 시리즈를 연출하기 이전에 이미 여러 편의 단편영화와 2

편의 예술영화를 제작한 탄탄한 재능과 경험을 가지고 있기 때문이다.

이밖에, 닝하오 감독은 아래 〈표1〉에서와 같이, 영화연출뿐 아니라, 시나리오작가, 영화배우, TV드라마 연출, 저술가 등 실로 다양한 분야에서 열정적으로 활동하고 있는 전천후 영화인이다. 자신이 연출한 작품 외에도 여러 편의 시나리오를 집필한 바 있으며, 비록 조연이긴 하지만 많은 영화에서 배우로서의 재능도 보였다. 특히, 닝하오 감독은 TV 방송국에서도 적지 않은 활동을 한 바 있다. 중국 고대 역사극 〈왕자청풍〉의 시나리오 집필을 맡기도 했으며, 중국 현대 중장년층의 이혼과 삶의 방식을 리얼하게 다룬 인기 TV드라마 〈중국식 이혼(中國式離婚)〉 드라마의 연출을 맡기도 했다.

현재 닝하오 감독은 세계 최고의 연예매니저먼트회사 중 하나인 CAA(創新藝人經紀公司, Creative Artists Agency) 중국회사에 소속되어 있다. CAA는 브래드 피트, 톰 행크스 등을 거느린 세계적인 연예매니지먼트사이며, 중국 CAA에서는 오위션, 루촨, 장양, 관후 등의 영화감독을 비롯하여 황보, 쉬정 등 인기스타가 대거 포진하고 있다.[5]

이와 같이, 닝하오 감독은 3편의 대중적 장르영화의 성공을 통해 흥행을 주도하는 청년감독인 동시에, 스피디하고 유머러스한 독특한 영화미학 스타일을 인정받아 "포스트 6세대의 '귀재(鬼才) 감독'"이라는 별칭을 얻게 되었다. 닝하오 감독은 산시성 유년시절부터 미술, 록그룹 활동, 자전거 수리공, 사진사, 연극배우 등 다양한 사회생활을 체험하고 끊임없이 도전하는 영화인이며, 영화연출뿐 아니라 시나리오작가, TV프로듀서, 배우, 제작자 등 전방위적으로 활동하는 열혈 청년 영화인이다.

---

5) 중국 검색사이트 바이두 참조. http://baike.baidu.com/view/397281.htm#sub397281.

〈표1〉 닝하오 감독의 작품 연표

유형	연도	작품명	유형	비고
영화연출	2001	〈목요일, 수요일〉	단편	대학 졸업작품
	2003	〈향화〉	예술영화	장편영화 데뷔작
	2004	〈녹초지〉	코미디	
	2006	〈크레이지 스톤〉	코미디	상업영화 데뷔작
	2007	〈기적세계〉	단편	
	2009	〈2008분의 1〉	단편	
	2009	〈크레이지 레이서〉	코미디	1억 위안 흥행작
	2010	〈무인구〉	미개봉	
	2012	〈황금대겁안〉	역사극	블록버스터급
	2014	〈심화로방〉	코미디	11억 위안 흥행작
시나리오	2003	〈목요일, 수요일〉	작가	
	2004	〈녹초지〉	작가	
	2006	〈크레이지 스톤〉	작가	
	2007	〈감광하일〉	작가	
	2010	〈무인구〉	작가	
	2012	〈황금대겁안〉	작가	
	2012	〈왕자청풍〉	작가	TV역사극
	2014	〈심화로방〉		
제작	2012	〈변경풍운〉	제작자	TV역사극
	2012	〈황금대겁안〉	제작자	
배우 출연	2011	〈장재정진행도저〉	조연	
	2011	〈도견소〉	조연	
	2011	〈심플라이프〉	조연	
	2011	〈크레이지 레이서〉	조연	
저서	2012	〈혼대성인〉	출판	

(3) '포스트 6세대'와 닝하오 감독

닝하오 감독은 2001년 WTO 가입 이후 중국 영화산업의 시장화와 개방화 시대에 활동하고 있는 대표적인 청년감독이다. 중국은 2001년 WTO 가입을 계기로, 정부 주도의 탑다운(Top-down)식 정층설계(頂層設計) 정책을 통해 본격적인 영화시장 산업화와 개방화를 추진해왔다. 그 결과, 2012년 현재 중국 영화시장 박스오피스 수익은 170.73억 위안(27억 달러)으로 2011년 대비 30%의 성장률을 보이며, 일본을 제치고 세계 영화시장 2위로 올라섰으며, 2015년에는 440억 위안을 넘어섰다. 2002년 100편이었던 극영화 제작수는 2015년 686편으로 늘어났고, 2007년 1.1억 명이었던 관객수는 2012년 4.7억 명으로 증가했고, 극장스크린수도 2002년 1,834개에서 2015년 32,626개로 급증하였다. 제작, 배급, 상영 전 분야에서 세계가 놀랄 만한 성장세를 보이고 있다.

닝하오 감독은 1977년생으로 2001년 이후 작품 활동을 시작했다는 점에서 볼 때, WTO 가입 이후 중국영화계가 추진한 개방화와 시장화 세례를 직접적으로 받은 영화세대에 속한다. 닝하오 감독을 연령과 활동시기로 구분한다면 6세대 이후, 즉 '포스트 6세대' 감독군에 속한다고 할 수 있다. 개인적으로 중국영화를 4세대, 5세대, 6세대 등 감독의 연령과 세대론에 근거하여 구분하려는 학술적 시도에는 동의하지 않지만, 닝하오 감독의 시대적 위상을 고찰하는 데 유용한 방편적 방법론이라 할 수 있다.

중국영화를 5세대, 6세대 등의 세대에 입각한 감독군으로 구분하는 방식은 지극히 임의적이고 단편적이고 저널리즘적인 방식이다. 과거에 이러한 방식을 적용할 수 있었던 근거는 단일한 영화교육기관(베이징영화학원) 출신들이 문화대혁명 등 중국 현대사의 분기점 속에 확연한 미학적 지향점이 구분되었기 때문이다. 예를 들면, 5세대 감독이란 청소년기에 문화대혁명의 경험을 거치고 베이징영화학원에서 1978년 이후에 입학하여 1982년 이후에 졸업한 일군의 청년감독들을 지칭하는 개념이다. 이들의 주제의식에는 공통적으로 중국역사와 현실에 대한 우화(allegory)적 비판의식이 들어 있으면서도, 영화미학적으로 강렬한 개성에 기반한 모던하면서도 현대적 영상미를 실현한다는 공통된 지향점을 가지고 있다. 그러나 영화사라는 것은 당대의 감독군의 활약에 의해 규정되는 것이 아니라, 영화산업, 관객의 수용, 정부의 영화정책 등 다양한 영화주체들과 요인 속에서 종합적이고 유기적으로 규정되고 결정되는 것이다. 그러한 측면에서 세대론에 입각하여 영화사를 규정하려는 시도는 한계와 문제점을 내포할 수밖에 없다고 본다.

2000년대 이후 활동하고 있는 닝하오 감독과 '포스트 6세대'는 스스로를 '나는 치링허우('70後) 세대'라 부르며 선배 세대와의 차별성을 두고 있으며, 과거의 세대론으로 둘레 짓고 정의할 수 없는 다양한 개성과 지향점을 보이고 있다. 과거의 이른바 5세대, 6세대 감독들은 사회주의 특성화 교육체계에 의해 공통된 영화대학(베이징영화학원)에서 배출되는 것이 일반적이었으나, 2000년대 이후 청년감독들은 전매대학, 중앙희곡학원, 베이징사범대학, 상해대학, 절강대학 등 전국에 개설된 영화관련 학과 출신들로 다양한 구성을 이루고 있다. 또한, 디지털기술이 발달하면서 디지털카메라로 전국 각지에서 쉽게 영화를 만들 수 있는 새로운 여건이 만들어졌고, 2000년대 이후 민영영화사가 영화시장을 주도하면서 국영영화제작소에 소속된 청년감독뿐 아니라, 방송국, 광고계 등 다양한 직종에 있는 재능 있는 청년들이 영화계로 유입되는 등 다양한 방식의 새로운 인적 구성이 진행되고 있다.

또한, '포스트 6세대'는 영화미학과 주제의식 면에서도 6세대 선배 감독들과는 확연히 다른 지향점을 보인다. 과거 6세대 감독들이 사실주의 미학에 근거한 현실비판, 정부의 검열제도에 대한 저항(지하영화), 도시 소외인과 아웃사이더에 대한 묘사와 연민 등의 공통된 지향성을 보였다. 반면, '포스트 6세대' 청년감독들은 일부가 6세대 감독의 풍격을 계승하고 있지만, 대다수는 청년관객에 호소하는 욕망과 감수성, 관객이 좋아하는 대중영화, 영화시장에 적합한 상업요소 가미, 정부 검열제도의 수용, 개성과 상상력에 기반한 자유로운 영상미, 바링허우('80後)와 지우링허우('90後) 청년세대의 문화소비 욕구에 부응하는 소재 채택 등 다양한 창작 경향을 보이고 있다.

현재, 중국 영화시장은 장이모우, 천카이꺼, 펑샤오강 등 5세대 감독군에 해당하는 3명의 국민감독들이 블록버스터 상업영화를 제작하며 시장 흥행을 주도하고 있다. 장이모우 감독은 〈영웅〉(2002) 이후, 2008년 베이징올림픽 개막식, 〈진링의 13소녀〉(2012), 〈5일의 마중〉(2015) 등 대작 상업영화를 연출하고 있으며, 천카이꺼 감독은 〈무극〉(2005), 〈조씨고아〉(2011) 등 대작 상업영화에 몰두하는 경향을 보이고 있고, 중국 설날특선영화(賀歲片)로 흥행을 주도하던 펑샤오강 감독은 〈집결호〉(2006) 이후 코미디장르 연출 경향을 벗어나서 〈탕산대지진〉(2010), 〈1942〉(2012) 등 정치이데올로기가 가미된 블록버스터 역사극 상업영화를 연출하고 있다.

6세대 감독군은 지금까지도 활발한 활동을 하고 있지만, 영화시장 시스템에서 밀려나 주변화되고 있는 추세이다. 최근 6세대의 대표주자격인 장위앤 감독은 〈베이징 양아치〉(2012)를, 지아장커 감독은 〈천주정(天注定)〉(2013)과 〈산하고인〉(2015)를, 왕사오솨이는 〈열한 송이 꽃〉(2011) 등을 연출했지만, 예술적 가치에 비해 중국 영화시장에서는 거의 외면을 받고 있는 실정이다.

반면, 닝하오 감독과 같은 '포스트 6세대' 청년감독들은 6세대보다 유연하고 다양화된 양상을 보이고 있다.

영화시장과 관객의 욕망에 충실한 대중적인 영화를 지향하면서도 감독 개성과 예술성을 혼합하는 시도를 하고 있으며, 정부의 검열제도를 수용하는 '체제 내' 성향을 보이면서도 나름 현실에 대한 비판의식을 담으려 하고 있다. 1971년생 루촨 감독은 "나는 6세대가 아니다"라고 주장하면서 2012년 중국 고전 『사기(史記)』 중 항우와 유방의 홍문연(鴻門宴)을 현대적으로 각색한 〈왕의 성찬(王的盛餐)〉(2012)을 연출하여, 중국 사회의 권력욕과 탐욕을 은유적으로 비판하고 있으며, 〈게으른 사내〉로 2006년 로테르담영화제 금호랑이상을 수상한 한지에(韓杰) 감독은 코미디와 판타지가 혼합된 〈Hello! 나무선생〉(2012)을 연출하였고, 1983년생인 리뤼진(李睿珺) 감독은 인생에 대한 성찰의식을 가진 예술영화 〈늙은 당나귀〉(2010), 〈학과 함께 날다〉(2012)로 부산국제영화제 등에서 호평을 받는 등 상업영화와 예술영화 장르를 넘나들며 개성 넘치는 다양한 작품들을 선보이고 있다.

이와 같이, 2000년대 이후 '포스트 6세대' 청년감독들은 정부선전영화인 주선율(主旋律) 영화, 블록버스터 상업영화(大片), 중소형 상업영화, 독립(예술)영화 등 다원화 국면을 넘나드는 자유자재의 창작 행보를 보이고 있다. 이러한 현상은 과거 생물학적 연령과 출신 학교에 근거했던 세대론으로 정의할 수 없는 새로운 문화현상이다. 4세대 영화감독이자 베이징영화학원 교수인 정동티엔(鄭洞天)은 이러한 새로운 시대적 흐름을 '세대 없는 세대(無代的代)'로 명명하고 있다. 정동티엔 감독은 〈당대전영(當代電影)〉 학술지 기고를 통해, "과거 20년 중국영화 연구에서는 세대론 분화에 의한 연구가 진행되어 왔는데, 세대의 개념으로는 다원화된 경향을 포괄할 수 없다. 시장시스템 속에서 생존을 모색하고 있는 6세대와 더 젊은 청년감독들은 '세대 없는 세대(無代的代)'로 이미 진입했다"고 말한다.[6] 중국 영화예술연구소 지아레이레이(賈磊磊)는 "6세대 영화는 주변에서 중심지로 이동했으며, 과거의 지하영화 작가들은 주류영화 영역으로 이동했다. 과거 비주류영화가 주류 소비시장으로 들어온 것이다. 이제 영화계는 다원화되었고, 세대간 속성은 변하였고, '세대 없는 시대(無代年華)'로 접어들었다"고 분석한다.[7]

닝하오 감독은 이러한 '세대 없는 세대' 흐름을 대표하는 청년감독이다. 그는 6세대 선배 감독들과는 달리 검열제도를 수용하는 '체제 내' 영화제작 경향을 보이고 있으며, 중국 사회의 현실과 소외된 인물을 다루되 코미디장르 속에 밝고 희망찬 전망 속에 표현하고 있으며, 작가주의적 예술성을 강조하기보다는 주요 관객층인 바링허우와 지우링허우 세대의 내면과 문화소비 욕구를 만족시켜주는 오락성을 전면에 내세운 대중적 영화를 지향한다. 이처럼 닝하오 감독은 '세대 없는 세대'의 흐름 속에 영화시장에 적합한 장르형 대중영화를 지향하는 청년감독을 대표하는 인물이라 할 수 있다.

그런 점에서 닝하오 감독의 작품은 2000년대 이후 중국영화의 문화적 변화와 징후를 읽을 수 있는 의미 있는 텍스트이다. 그의 작품은 개혁개방 30년 동안 중국 영화산업이 일구어낸 시장시스템의 총아이면서, 정부의 검열제도를 인정하면서도 탈(脫)정치성을 가진 영화이

6) 鄭洞天 〈代與無代: 對中國導演傳統的一種描術〉, 『當代電影』, 中國電影藝術研究中心, 第130期, 2006. 10-11쪽.

7) 賈磊磊 〈關于中國'六代'電影導演歷史演進的主體報告〉, 『當代電影』, 第134期, 2006. 26-30쪽.

며, 문화소비의 주류층으로 새롭게 등장한 바링허우, 지우링허우 청년세대의 소비욕망을 대변하는 새로운 영화이다. 또한, 문화정치학적으로 고찰한다면, 2013년 중국 지도부의 세대교체 속에 '경제강국에서 문화강국으로', '지역강대국에서 글로벌 강국'으로 나아가는 중국사회 욕망과 청년세대의 문화적 자신감이 반영된 뉴 차이나 씨네마(New China Cinema)의 한 흐름을 대변한다고 할 수 있다.

다음 장에서는 닝하오 감독의 대표적인 장편영화 3편(〈크레이지 스톤〉, 〈크레이지 레이서〉, 〈황금대겁안〉)을 내러티브, 주제의식, 영화스타일, 사회맥락적 의미 등 4가지 시선에서 구체적으로 분석하고, 닝하오 감독의 작품 특징과 시대적 의미에 대해 심층적으로 접근해보고자 한다.

(4) 대표 작품 분석

① 〈크레이지 스톤(Crazy Ston, 瘋狂的石頭)〉(2006) "코미디 장르영화의 신기원을 열다"

〈크레이지 스톤〉은 2006년 6월 30일 개봉된 닝하오 감독의 첫 번째 상업영화이다. 영화배우 리우더화가 주관한 '아시아 신진 감독 프로젝트'에 선정되면서, 지원금 300만 위안으로 연출한 저예산 코미디영화이다. 이 영화는 제작비의 10배에 달하는 수익을 올려 상업영화의 새로운 성공모델을 보여주었으며, 이 영화에 출연한 쉬정, 황보, 궈타오 등은 이후 닝하오 감독 영화에 잇따라 출연하며 흥행 코미디영화의 주역으로 자리 잡았다. 이 영화는 2006년 부산국제영화제 폐막작으로 선정되어 우리나라 관객들과도 만난 바 있다. 이 영화는 2006년 부산국제영화제 폐막작으로 선정되었는데, 당시 김동호 집행위원장은 "이 영화는 중국 이외의 나라에서는 한국에서 처음 상영되는 인터내셔널 프리미어이다. 작품성과 재미, 저예산 독립영화라는 세 가지 점에 착안해 선정하게 되었다"고 선정 이유를 밝히고 있다.[8)]

〈크레이지 스톤〉은 충칭시를 배경으로, 한 박물관에 비치된 고액의 보물 녹색비취를 둘러싼 한바탕 소동을 그리고 있다. 왜 충칭을 배경으로 했는가 하는 질문에, 닝하오는 "충칭은 막 이제 발전하기 시작한 도시이고, 오래된 도시의 흔적과 새로운 변화의 모습이 교차한다. 그 때문에 신분이나 계급이 차이가 커서 여러 이야기가 나올 수 있는 도시라 생각했다"고 말했다.[9)]

등장인물들의 얽히고설킨 관계와 부조리한 상황, 그리고 황당한 시추에이션이 내러티브의 주요 플롯을 형성한다. 한 박물관에 고가의 녹색비취 유물이 전시되면서, 이를 노리는 도둑들이 몰려든다. 주인공 바오스홍(꾸오타오 분, 郭濤)은 박물관의 보안과장으로, 어수선한 박물관 분위기 속에서도 성실하게 유물을 지키기 위해 고군분투하고 있다. 3인조 도둑과 전문털이범이 호시탐탐 비취를 노리고 있다. 그러나 정작 비취를 훔쳐간 것은 박물관장의 망나니 아들 샤오멍이다. 그는 사진 촬영을 틈타 비취를 바꿔치기하여, 술집에서 만난 여인에게 주지만, 공교롭게 이 여인은 3인조 도둑의 두목 애인이다. 도둑 두목에게 잡힌 샤오멍은 비취가 진짜라고 말하지만, 도둑들은 믿지 않고 샤오멍이 바꿔놓은 가짜 녹색비취를 훔치기 위해 한바탕 소동을 벌인다. 보물을 지키려는 보안과장과 훔치려는 도둑 일당은 박물관 근처 여관에서 같이 투숙하며 가끔은 만나 인사도 나누는 사이이다. 가짜 비취

8) 「〈크레이지 스톤〉 부산국제영화제 폐막작 선정된 3가지 이유」, 〈조이뉴스24〉, 2006. 10.
9) 「〈크레이지 스톤〉 부산국제영화제 폐막작 선정된 3가지 이유」, 〈조이뉴스24〉, 2006. 10.

를 훔치기 위해 침투한 프로페셔널 도둑은 통풍구에 갇히고, 비취를 가진 3인조 도둑은 보안과장에게 전화를 걸어 돈과 교환할 것을 제안한다. 교환현장에서 도둑 두목은 교통사고로 죽고, 비취는 다시 박물관으로 돌아온다. 한편, 프로페셔널 도둑은 자기를 사주한 부동산업자 평사장(쉬정 분)에게 되팔기 위해 동분서주하고, 평사장은 아예 박물관을 사들여 아파트단지로 지으려 한다. 평사장은 맘에 들지 않은 부하직원을 활로 쏴 죽이다가, 마침 비취를 훔치러 온 프로페셔널 도둑과 맞부닥뜨리며 그의 손에 죽는다. 평사장의 빌딩에서 프로페셔널 도둑과 다시 만난 박물관 보안과장 바오는 그 도둑을 체포하고, 비취를 둘러싼 한바탕 도둑 소동은 모두 마무리된다.

이 영화의 내러티브는 할리우드 상업영화와 비슷하다. 발단(등장 인물과 비취 유물의 등장)—전개(비취 탈취를 둘러싼 인물 간 갈등)—위기(주인공 바오가 혼란에 빠진다)—절정(도둑과 결투를 하여 마침내 비취를 되찾는다)—결말(바오는 포상을 받고 모든 것이 안정을 되찾는다)과 같이 할리우드 상업영화의 순서와 형식을 갖춘 코미디영화이다. 얽히고설킨 등장인물 관계와 그런 관계가 낳은 아이러니한 상황이 내러티브의 플롯으로 작용하고 있다. 또한, 등장인물과 관객의 정보공유의 비대칭성이 코믹한 상황을 유발한다. 관객들은 보물을 훔치려는 도둑과 지키려는 보안과장을 모두 알고 있지만 등장인물들은 이러한 상황을 모르고 우연히 만나고 인사하는 사이이기 때문에 관객들에게 아이러니와 코믹한 분위기를 주는 극적 요인으로 작용한다.

이와 같이, 〈크레이지 스톤〉은 전형적인 코미디 장르영화를 표방하고 있다. 닝하오 감독이 코믹 장치로 활용하는 것은 첫째, 우연성과 황당한 시추에이션이다. 영화의 곳곳에는 같은 시공간에서 등장인물이 우연히 만나는 장면이 반복된다. 예를 들면, 교통사고 현장에서 경찰,

3인조 도둑, 평사장 회사직원, 박물관 보안과장이 우연히 만나고, 등장인물들은 자신들의 관계를 모르지만 이 사실을 알고 있는 관객들은 황당한 상황을 즐긴다. 또한, 같은 상황을 각 등장인물의 시선으로 교차편집으로 다시 보여주는 것도 코믹한 요소이다. 박물관에 소방서가 출동할 때, 이러한 과정을 보안과장의 시선, 경찰의 시선, 3인조 도둑의 시선으로 번갈아 보여주면서 아이러니한 상황을 코믹하게 보여준다.

둘째, 대사를 통해서도 코믹한 상황이 연출된다. 박물관에 도둑이 너무나 쉽게 침입하는 것을 보고 보안과장 바오는, "박물관이 공공화장실이냐, 생각날 때마다 오고 가느냐"고 절규한다. 또, 도둑이 통풍구에 갇히게 될 때 우리말의 "엿 됐어" 정도에 해당하는 "딩니거페이(頂你個肺)"를 외친다. 이러한 대사들은 영화 상영 후에 인터넷을 통해 젊은 네티즌들에게 회자되면서 새로운 유행어가 되었다.

셋째, 지방사투리를 그대로 살려 코미디영화에 감칠맛을 더하고 있다. 이 영화의 공간은 충칭시이지만, 영화에는 총칭어, 동베이어, 칭다오어, 광동어 등 다양한 사투리가 경쟁하듯이 나온다. 예를 들면, 다오꺼(道哥)가 광동어를 사용하는 인질을 잡은 후에 "이봐, 꼬마, 네 아버지에게 전화해!(來, 小公子, 給你代地(爹地)打電話)"라고 사투리를 섞어서 말하는데, 아버지라는 중국말 '띠에띠'를 사투리로 우스꽝스럽게 발음하여 웃음을 유발한다.

또한, 〈크레이지 스톤〉은 빠르고 다양한 장면 스타일로 코미디영화의 효과를 극대화하고 있다. 닝하오 감독은 〈사진4〉, 〈사진5〉, 〈사진6〉, 〈사진7〉와 같이 영화 전체에 걸쳐 빠른 숏 전환, 하이앵글을 사용한 기발한 상상력, 자유자재로 움직이는 카메라 워킹, 화면분할 사용, 핸드헬드 카메라 사용, 렌즈 초점이동, 스톱모션 등을 활용하여 스피디하고 다이나믹한 미장센을 창조하고 있다. 이러한 화려한 스타일은 기존 코미디영화에서는 찾아보기 어려운 것으로 대중들에게 시각적 쾌락과 극적 효과를 준다.

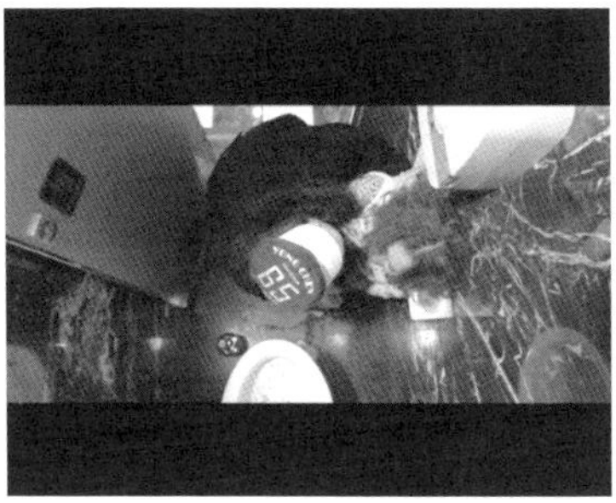

〈사진4〉 하이앵글 장면

〈사진5〉 화면분할 장면

〈사진6〉 렌즈 초점 이동 장면

〈사진7〉 스톱모션 장면

닝하오 감독은 〈크레이지 스톤〉에서 코미디장르를 차용했지만, 영화의 주제의식에서는 명료한 사회비판적 시선을 담고 있다. 영화는 돈과 탐욕으로 상징되는 비취를 둘러싼 갈등, 폭력, 살인, 범죄를 코믹하게 보여주지만, 돈과 탐욕을 향해 끊임없이 질주하고 집착하는 물질주의 중국세태를 비판하고 있다. 비취를 훔치려는 도둑들은 중국 사회에 만연된 물질숭배 가치관을 상징하는 인물들이며, 이를 지키려는 바오의 눈물겨운 노력은 인간적이고 정신주의적 가치관을 상징한다. 특히, 자신의 탐욕을 위해 박물관을 없애고 아파트를 지으려는 펑사장을 죽음으로 처리하면서 물질주의 가치의 사망을 언도하며, 동시에 관객들에게 장르적 쾌감을 선사한다. 비록, 코미디영화를 표방하지만, 물질주의가 팽배한 중국사회 세태를 풍자하고 조롱하면서 동시대 중국관객들의 공감과 호응을 이끌어 내는 '휴머니즘 코미디', '생각 있는 상업영화'를 연출한 것이다.

이 영화에 대한 중국평단의 평가는 대단히 긍정적이다. 저명한 대중문화 평론가이자 베이징대학 중문과 교수인 장이우는 이 영화를 "풍자, 조롱, 뒤죽박죽된 이야기 등 전형적인 포스트모더니즘 영화"로서 시대의 흐름을 대변한다고 평가하고 있다.[10] 코미디 장르영화 연구로 유명한 중국영화예술연구센터의 라오슈광은 "대중들에게 오락성을 제공하고, 중국의 독특한 본토화가 이 영화의 흥행 이유"라고 평가하고 있으며, 베이징사범대학 영화학과 티엔휘이췬 교수는 "이 영화에는 중국의 풀뿌리 문화가 들어가 있다"고 호평하고 있다.[11] 한편, 중국영화가협회는 이 영화가 서민 생활의 사실적 반영, 사투리 사용, 무명배우를 기용하여 스타로 만든 점을 높이 평가하며, 이를 위한 설문조사를 실시했는데 관객의 94% 이상이 사투리 사용과 같은 시도에 좋다고 답변하고 있다.[12]

10) 「新作評議〈瘋狂的石頭〉」, 『當代電影』, 5期, 2006. 17쪽.

11) 「〈瘋狂的石頭〉: 黑色的狂歡」, 『電影藝術』, 5期, 2006. 75쪽.

12) 中國電影家協會産業研究中心 『2007 中國電影産業研究報告』, 中國電影出版社, 2007. 257-259쪽.

〈크레이지 스톤〉에서 시도한 '생각 있는 상업영화'는 현재 중국영화의 흥행을 주도하는 상업영화에 그대로 계승되고 있다. 2012년 중국영화 역대 최고 흥행작인 〈로스트 인 태국(泰囧)〉 시리즈는 닝하오 감독의 〈크레이지 스톤〉에서 보여준 '휴머니즘 코미디', '생각 있는 상업영화'의 연장선상에 있다. 특히, 〈크레이지 스톤〉에서 등장한 배우들인 쉬정, 황보 등의 코미디 전문배우들이 〈로스트 인 태국〉 시리즈와 〈황금대겁안〉 등 최고 흥행 코미디영화에서 다시 감독이나 주연을 맡아 코미디 장르영화의 대유행을 일으키는 기폭제가 되었다. 그런 점에서 〈크레이지 스톤〉은 중국 본토 코미디 장르영화의 새로운 신기원을 열었으며, 닝하오 감독은 2000년대 이후 본토형 뉴 코미디(new comedy) 장르의 개척자라 할 수 있다.

② 〈크레이지 레이서(Crazy Racer, 瘋狂的塞車)〉(2009) – "'크레이지 시리즈' 장르영화의 완성"

〈크레이지 레이서〉는 2009년 1월 20일 중국 설날 성수기에 상영한 닝하오 감독의 두 번째 코미디영화이다. 2006년 흥행 돌풍을 일으킨 〈크레이지 스톤〉에 뒤이어 일종의 '크레이지' 시리즈 격으로 제작한 작품이다. 전편의 흥행 성공에 힘입어, 2000만 위안의 제작비가 투입되었고, 1억 위안 이상의 흥행 대박을 올려 상업적으로 큰 성공을 했다. 2009년 금마장 시각효과상, 2009년 한국 CJ중국영화제 초청개막작으로 선정되었다.

〈크레이지 레이서〉는 전직 사이클 선수에 대한 영화이다. 얽히고설키는 상황 코미디라는 점에서 전편 격인 〈크레이지 스톤〉의 풍격을 유지하고 있지만, 내용과 스타일은 한층 더 빠르고 화려하게 업그레이드

된 코미디영화이다.

사이클 선수 껑하오(왕보 분, 王渤)는 경기에서 2등을 했지만, 갑자기 찾아온 낯선 남자의 음료수를 먹은 후 도핑검사에 걸려 탈락한 뒤 영구출전 금지처분을 받게 되고, 자신을 자식처럼 아끼던 코치는 이 일로 쓰러진다. 세월이 흘러 껑하오는 식품을 납품하며 반신불구가 된 코치를 돌보며 어려운 생활을 이어가고 있다. 어느 날, 텔레비전을 보던 코치가 껑하오에게 불법 음료수를 갖다 준 남자를 발견하고 그를 찾아 명예를 회복하라고 말하며 죽는다. 사이클 경기장에서 불법 음료수를 준 남자 리파라를 추격하던 중 사이클 선수를 가장한 태국 마약상을 잡게 된다. 그곳 현장에는 타이완에서 태국 마약상과 거래를 위해 중국 대륙으로 건너온 조직폭력배들도 와 있다. 한편, 주인공 껑하오가 추적하던 리파라는 자신의 아내를 죽여달라고 청부살인업자를 고용했고, 이들은 우연히 만난 껑하오의 화물차를 빼앗아 간다.

이때부터 영화는 불법 음료수를 준 남자 리파라를 잡으려는 주인공 껑하오, 리파라의 청부살인을 의뢰받은 청부살인업자들, 태국에서 건너온 마약상, 마약상과 거래하기 위해 타이완에서 온 조직폭력배, 그리고 이들을 잡으려는 경찰들간에 한바탕 대소동이 벌어진다.

상황은 꼬일 대로 꼬여 껑하오는 살인범으로 누명을 쓰고 경찰에 쫓기게 되고, 타이완 조직폭력배, 리파라, 청부살인업자가 이러한 상황에 연루되면서 마약과 돈을 쟁취하기 위한 추격전이 일어난다. 마침내, 터널 안 대피공간에서 타이완 조폭, 리파라, 껑하오, 경찰이 모두 모이게 되고, 조폭과 리파라는 죽고 껑하오는 경찰에 체포된다. 살인범이자 마약상으로 오해를 받았던 껑하오는 마침내 코치의 유골함을 되찾고 장례를 치르며 평화를 얻게 된다.

〈크레이지 레이서〉는 코미디 장르영화를 표방하되, 사회현실과 세태에 대한 비판과 조롱을 담고 있다. 이 영화의 전편 격인 〈크레이지 스톤〉에서는 보물을 둘러싼 질주를 통해 물질주의에 젖은 중국 사회의 단면을 비판했듯이, 〈크레이지 레이서〉에서는 돈과 마약을 쫓고 쫓는 과정에서 물질주의 탐욕에 빠져 있는 중국사회를 또다시 비판한다. 평범한 서민이 청부살인업자가 되는 '돈이 사람도 죽이는' 세태를 개탄한다. 돈을 위해 아내를 죽이려는 리파라, 마약과 돈을 거래하는 조직폭력배, 돈을 벌기 위해 청부살인업자가 된 전직 경찰관 등은 돈을 향해 맹목적으로 돌진하는 중국사회의 탐욕과 물질주의 병폐를 그대로 드러낸다. 마지막 장면에서 주인공 껑하오는 조직폭력배의 거금을 코치의 납골무덤 속에 넣고 봉하고 웃으며 돌아섬으로써, 닝하오 감독은 중국사회의 물질주의 가치관보다는 휴머니즘, 사람과 사람 사이의 정과 우정 등이 더 소중함을 강조하고 있다. 이 밖에, 경찰서에 자수하러간 껑하오가 경찰조직의 나태와 매너리즘에 빠져 역설적으로 도망쳐 나오는 장면에서는 중국사회에 만연된 관료주의 병폐를 우회적으로 꼬집는다.

〈크레이지 레이서〉의 가장 특징적인 스타일은 내러티브 속의 코미디 장치이다. 영화는 〈크레이지 스톤〉과 유사한 코미디 장치를 영화 전반에 깔고 있다. 첫째, 황당한 시추에이션과 아이러니 상황을 깔아놓았다. 등장인물 간의 관계 속에 전혀 예상치 못한 시추에이션이 나오고 등장인물들은 아이러니한 상황에 빠지게 된다. 예를 들면, 아내 살인을 청부한 리파라는 거꾸로 청부업자들에게 쫓기게 되고, 의도하진 않았지만 아내를 죽이게 되고, 이 상황을 모르는 주인공 껑하오가 그 집에 들어오게 되면서 살인범으로 몰리는 식이다. 마지막 장면에서도 사이클 경기장으로 도망간 껑하오는 타이완 조폭들과 경찰에 쫓기게 되면서 얼떨결에 레이서에 참가하게 되고 1등을 하게 된다. 즉, 인물들 간의 갈등관계가 얽혀서 황당한 시추에이션으로 변모하고, 이 속에서 인물들은 아이러니에 빠져 허우적대는 것이다. 둘째, 전편과 같이 관객들은 알지만 등장인물들은 모르는 상황을 연출하며 유머러스한 상황을 끄집어낸다. 영화에 가장 빈번하게 등장하는 씬은 등장인물들이 우여곡절 끝에 같은 공간에 모이는 장면이다. 껑하오의 화물차는 청부살인업자에게 사기를 당해 빼앗기고, 청부살인업자는 리파라의 아내를 살해하러 가고, 리파라는 껑하오가 뒤쫓고 있는 사기꾼이며, 껑하오의 화물차에 갇힌 태국 마약상 때문에 타이완 조직폭력배는 껑하오를 쫓게 되다가, 결국 마지막에는 한 자리에 모여 한바탕 결전을 치르며 마무리된다. 이러한 내러티브 과정의 인과관계는 관객들은 알고 있으나, 등장인물들은 모르고 있는 상황이기 때문에 코믹한 상황으로 바뀌게 된다. 이에 대해 한 평론가는 "닝하오의 코미디는 현실 생활을 교묘히 결합하거나 우연성을 강조하고, 잔인한 폭력이나 예상치 못하는 사건을 가져오는 특징을 가지고 있다"고 평가한다.[13]

〈크레이지 레이서〉에서 가장 돋보이는 요소는 미장센 스타일이다. 영화는 〈사진8〉, 〈사진9〉, 〈사진10〉, 〈사진11〉에서와 같이, 아이리스를 사용한 익살스러운 장면, 화면분할을 통한 이야기 전개, 화면분할 기법, 하이앵글을 사용한 코믹한 분위기, 90도 기울어진 경사화면을 사용한 빠른 편집, 초점 이동 등 다양한 영화스타일과 기법이 총동원된 현란하고 스피디한 영화스타일을 보여준다. 닝하오 감독은 마치 영화사에 발전해온 모든 영화기법과 스타일을 총집결시켜 놓은 듯한 화려

13) 李運雷, 「從〈瘋狂的賽車〉說起」, 『電影藝術』, 2期. 2009. 19쪽.

한 미장센을 선보인다. 이러한 영화스타일은 코미디 장르영화에 적합한 시청각적 즐거움을 관객들에게 선사한다.

〈사진8〉 아이리스 장면

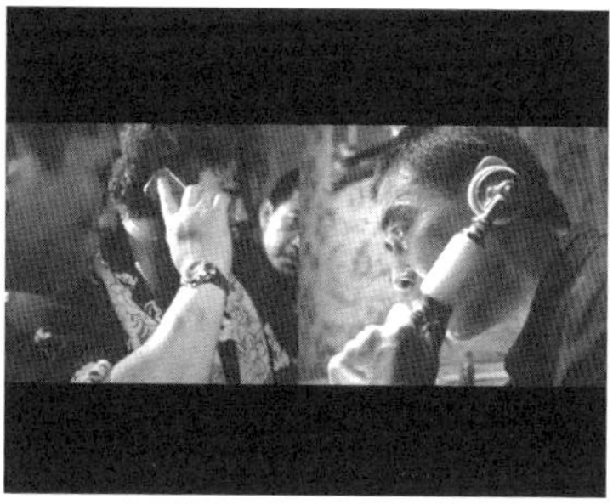

〈사진9〉 화면분할 장면

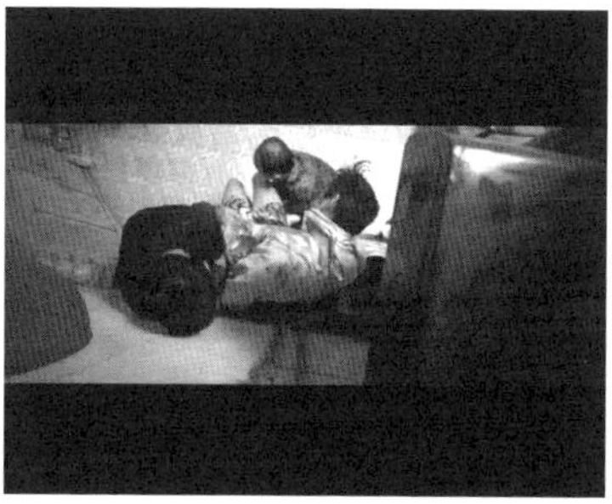

〈사진10〉 하이앵글 장면

〈사진11〉 90도 기울어진 장면

〈크레이지 레이서〉는 주제의식 면에서도 전편 격인 〈크레이지 스톤〉과 같이 '생각 있는 코미디'를 지향하고 있다. 영화는 순수하고 인간적인 주인공 캐릭터를 통해 돈과 탐욕을 쫓는 고속 성장시대의 중국사회의 병폐를 꼬집고 있다. 돈이면 다 된다는 식의 탐욕으로의 '미친 질주'를 비판하고 조롱하면서 결국 인간이 중요하다는 '생각 있는 코미디'를 표방한다.

한편, 현재 중국 최고의 코미디 배우로 각광받고 있는 왕보, 쉬정 등이 2006년 〈크레이지 스톤〉에 이어 이 영화에서도 주연으로 등장하고 있는데, 이를 통해 닝하오 감독의 영화가 중국 코미디영화의 스타의 산실이며, 새로운 동력으로 작용하고 있다는 것을 알 수 있다.

③ 〈황금대겁안(Guns and Roses, 黃金大劫案)〉(2012) – “블록버스터 상업영화로 가는 과도기 영화”

〈황금대겁안〉은 닝하오 감독의 세 번째 상업영화이다. 2012년 노동절 연휴기간을 겨냥하여 4월 24일 개봉되었다. 장르상으로는 이전의 코미디 장르와는 달리, 역사극을 바탕으로 코미디, 액션, 모험, 멜로 등이 뒤섞인 혼합장르 영화를 표방하고 있다. 제작비 5,000만 위안을 들였으며, 개봉 9일 만에 1억 위안을 돌파하였으며 박스오피스 1억 2천만 위안의 흥행을 기록하였다.[14] 닝하오 감독은 〈황금대겁안〉에 대해 “자신의 작품 중에서 역대 최고의 제작비를 사용한 영화이다. 1930년대 혼란스러운 만주국 시대의 동북지방을 배경으로 진실한 꿈에 대한 영화를 만들고 싶었다. 이전의 ‘크레이지’ 시리즈와 마찬가지로 평범한 소시민 인물을 주인공으로 삼았다. 이 영화는 중국 해방 이전의 〈크레이지 스톤〉이라 할 수 있다”고 영화제작의 동기를 밝히고 있다.[15] 이 영화는 2012년 창춘국제영화제 최우수 남자 주연상(샤오동베이 역, 레이쟈인), 최우수 남자 조연상(샤오동베이 아버지 역, 궈타오) 등을 수상하였다.

〈황금대겁안〉은 1930년대 만주국을 배경으로 거리의 잡도둑이 반

---

14) 「〈黃金大劫案〉票房突破億」, 〈新京報〉, 2012. 5. 4.

15) 중국 바이두 검색: http://baike.baidu.com/view/397281.htm

일혁명가로 거듭나는 성장과 용기를 다룬 역사극이다. 왜 만주국을 영화 배경으로 삼았는가라는 질문에 대해, 닝하오 감독은 "그 시대는 역사적 혼란기였고, 고통받는 사람이 많았다. 일제 통치하에 중국인들은 모욕을 겪고, 인간의 존엄을 완전히 없었다. 이러한 시대에는 청년의 성장 이야기에 가장 적합한 시대이기 때문이다"고 밝히고 있다.[16)]

일제 침략시기 만주국이라는 역사극으로 포장하고 있지만, 실제 내용은 청춘 주인공의 내면과 욕망을 악당(일본군과 외세) 대 선인(독립운동)의 대결구도로 풀어놓은 청년물이다. 영화는 복잡한 플롯과 이야기로 구성되어 있지만, 기본적으로는 거리의 부랑청년과 그를 둘러싼 일제와 혁명당의 투쟁, 그리고 종국에는 주인공의 각성과 영웅적 행동으로 귀결된다.

주인공 샤오동베이(레이자인 분, 雷佳音)는 길거리에서 소매치기나 도둑질을 일삼는 28살의 길거리 불량배이다. 그는 청말 의화단 황금표창 13호였다고 주장하는 미치광이 아버지(꿔타오 분)와 어렵게 생활하고 있다. 그는 예기치 않은 사건에 휘말려 일제에 저항하는 혁명당원들과 엮이게 된다. 샤오동베이는 성당에서 신부의 돈을 털다 잡혀 철창행 신세가 되고, 감옥 안에서 잡혀온 혁명당원을 만나게 된다. 혁명당원의 옷과 구두를 빼앗은 그는 나중에 혁명당원의 구두 안에 일본군이 무기구매를 위해 황금을 대량으로 유입하는 장소와 시간을 알게 된다. 샤오동베이는 황금을 탈취하여 자기 몫을 챙기기 위해 영화배우로 위장해 있던 혁명당원들과 한패가 된다. 샤오동베이와 혁명당원들은 황금에 관한 정보를 얻기 위해 야마토은행장 꾸잔밍의 집에 잠입하여, 샤오동베이는 은수저를 훔치다가 꾸잔밍의 딸 시시와 알게

16) 王陳,「寧浩訪談」,『大衆電影』, 2012. 9.

된다. 시시를 통해 황금에 대한 지도를 입수한 샤오동베이는 혁명당원들과 함께 일본군을 속여 황금을 탈취하는 데 성공한다. 그러나 샤오동베이는 훔친 황금으로 집세를 내다가, 다시 일본군에 잡히게 된다. 일본군은 동베이의 아버지를 볼모로 삼아 혁명당원들과 황금 위치를 대라고 다그친다. 결국, 샤오동베이는 아버지 때문에 혁명당원들을 밀고하게 되고 일본군이 혁명당원들을 사살하려는 찰나, 샤오동베이 아버지인 미치광이 노인은 일행을 구하고 본인은 장렬한 최후를 맞는다. 이에 격분한 샤오동베이는 진정한 반일 투사로 거듭난다. 아버지를 살해한 일본군 토리야마를 살해하기 위해 잠입한다. 같은 장소에 혁명당원들은 이탈리아 대사를 암살하기 위해 다시 모이고, 결국 흥분한 샤오동베이의 행동으로 혁명당원들은 일본군에 의해 몰살당한다. 샤오동베이 또한 잡혀 경찰에 의해 사형당하게 된다. 그러나 은행장의 딸 시시가 경찰을 매수하여 샤오동베이는 살아남게 되고, 살아남은 샤오동베이는 혁명당원들의 무덤에 비석을 세우고, 자신의 무덤을 미리 파놓은 후 홀홀단신 무기거래 장소로 돌진한다. 황산을 가득 실은 트럭을 몰고 무기거래 장소로 돌진한 그는 일본군 토리야마와 이탈리아 대사를 살해하는 데 성공하지만, 그 과정에서 사랑하는 시시를 잃게 된다. 은행 안에 보관되어 있던 황금과 일본군은 황산물에 부식되어 강물로 흘러가 버린다.

닝하오 감독은 전작 '크레이지 시리즈'와 마찬가지로 돈과 황금을 화두로 삼아 중국사회의 물질주의 세태를 조롱하거나 비판하고 있다. 샤오동베이는 도둑질을 할 때마다 "돈이 중요하지, 사람의 품위 따윈 중요하지 않다"고 중얼거리고, 일본군의 황금을 탈취하여 자신의 몫을 채울 생각만 하는 비루한 인물이었지만, 나중에 황금보다 소중한 사랑과 사회혁명에 눈을 뜨게 된다. 〈황금대겁안〉은 전작 '크레이지 시리즈'의 물질주의 세태 비판의식을 그대로 계승하고 있는 것이다. 또한 부패한 경찰(리우화 분, 劉樺)의 등장을 통해 부패한 중국 관료주의 실상을 우회적으로 비판하고 있는 점도 이전과 유사하다.

특히, 이 영화에서 가장 중요한 화두(話頭)는 청년의 성장과 용기에 대한 것이라고 감독은 술회하고 있다. 닝하오 감독은 한 인터뷰에서 "이 영화는 성장에 대한 영화이다. 인생에는 두 가지 단계가 있다. 하나는 성장이고 하나는 사망이다. 종교가 이 두 가지 문제의 해결을 다루고 있다. 특히 성장은 특별한 어려움이 있기 때문에, 특별한 지지가 필요하다. 용기가 필요한 것이다"고 언급하고 있다. 감독은 또 다른 인터뷰에서, "모든 사람들이 다 영웅이 될 수 있다. 희생정신, 다른 사람에 대한 책임감, 죽음을 두려워 않는다면 영웅이 될 수 있다", "내 생각엔 성장 그 문제는 어떻게 용기를 얻느냐의 문제이다. 나는 그 문제를 염두에 두고 〈황금대겁안〉을 제작했다"고 말한다.[17)]

〈황금대겁안〉에는 닝하오 감독의 취향이 돋보이는 부분도 있다. 평소 록음악 애호가로 알려진 감독은 청소년 시절부터 팬이었던 추이지엔의 음악 〈잃어버린 계절(迷失的季節)〉(너는 겨울에 피는 꽃, 내 마음 속에서 자라네. 왜 아무도 너에게 말하지 않았을까, 너를 좋아하는 사람이 있네)을 주제곡으로 사용하고 있다. 음악적 재능이 남다른 닝하오 감독은 주제곡 중 〈오냐, 그래(唉呀, 嗯哪)〉를 스스로 부르기도 했다.

그러나 〈황금대겁안〉은 닝하오 감독의 이전의 코미디 장르영화와는 차별화되는 몇 가지 새로운 풍격을 선보이고 있다. 첫째, 기존 영화에서는 볼 수 없었던 멜로드라마 요소를 배치시켰다. 주인공 샤오동베이와 친일파 부호의 딸 시시 사이의 멜로드라마를 주요한 플롯으로 설치하

---

17) 寧浩 林旭東 對談錄『混大成年』(廣西師範大學出版社, 2012), 197쪽.「專訪〈黃金大劫案〉寧浩」,〈網易娛樂〉, 2012. 4. 27.

여, 청춘남녀의 사랑과 순수를 주제로 부각하고 있다. 둘째, 이전 작품에서는 찾아볼 수 없었던 역사적 소재를 차용하고, 애국주의라는 주선율(主旋律) 이데올로기를 영화 저변에 깔아놓았다. 일개 도둑에 불과했던 샤오동베이는 성장과 각성을 통해 혁명당원으로 거듭나게 된다. 소인물(小人物)에서 구국의 대영웅(大英雄)으로 거듭나는 것이다. 특히, 〈사진17〉, 〈사진18〉과 같이 일본 사무라이 동상이 쓰러지는 장면, 일장기가 찢어지는 장면 등을 통해 애국주의 이데올로기를 주입하는 동시에 관객들에게 반일(反日) 카타르시스를 제공한다. 셋째, 아버지와 아들이라는 자애와 효성을 통해 유교적 가족주의 가치관을 깔아놓았다. '국수를 매일 삶아 먹는 꿈'을 가진 미치광이 아버지에게 끝까지 효도하고, 아버지의 희생을 계기로 일대 혁명영웅으로 거듭나는 장면은 유교적 가치관과 구세대 혁명전통을 결합시킨 신종 애국주의 가치관이라 할 수 있다. 넷째, 영화 곳곳에는 할리우드영화를 연상케 하는 특수효과와 총격씬, 스펙타클 장면을 대거 배치해놓고 있다. 다섯째, 이전의 코미디장르에서 역사극, 멜로, 액션 등이 가미된 혼합장르로의 변화상을 보이고 있다.

〈황금대겁안〉은 영화스타일에서도 변화가 감지 된다. 〈사진12〉, 〈사진13〉, 〈사진14〉와 같이, 닝하오 감독은 기존 코미디 장르영화에서 보여준 현란한 카메라 움직임과 다양한 미장센을 이 영화에서도 그대로 재현하고 있지만, 〈사진15〉, 〈사진16〉, 〈사진17〉과 같이 기존에는 볼 수 없었던 대형 세트장과 특수효과 사용, 다큐멘터리 활용 등 할리우드 블록버스터 상업영화를 연상케 하는 화려한 스펙타클 장면을 선보이고 있다.

결론적으로, 〈황금대겁안〉은 닝하오 감독이 이전의 저예산 코미디영화를 벗어나 새로운 블록버스터 상업영화로 가는 과도기적 영화라 할 수 있다. 이전 작품에서는 볼 수 없었던 멜로드라마, 혁명소재, 애국주의 이데올로기, 할리우드식 스펙타클 장면이 새롭게 들어간 것은 중국 내 블록버스터 상업영화의 환경과 밀접한 관련이 있다고 보인다. 블록버스터 상업영화는 사회에 큰 파장을 미치는 영화이므로 중국 정부의 검열이 극심한 편이며, 정부의 후원 여부에 따라 제작-배급-상영에 지대한 영향을 받게 된다. 혁명소재와 애국주의 이데올로기가 새롭게 주제의식으로 들어간 것은 정부와의 특수한 관계를 고려한 결과로 분석된다. 정부는 애국주의 주제의식이 들어가는 대작을 좋아하고, 블록버스터 상업영화는 정부의 지원 속에 영화시장에서 수익을 극대화하는 상호 윈윈(win-win) 방식이 작동한 결과이다. 또한, 장르혼합, 스펙타클 장면, 특수효과 등 볼거리와 오락성을 가미한 것은 영화시장 관객의 흥미와 상업영화의 쾌락원칙(principle of pleasure)을 고려하여 배치한 새로운 스타일로 보인다. 닝하오는 한 인터뷰에서 "국내 영화시장이 팽창하고 있으며, 중국영화가 굉장히 필요한 시기이다. 이러한 때에 관중의 요구를 고려하지 않을 수 없다. 이런 과정 속에 균형감각을 잃지 않으려 했고, 위기감도 있었다, 할리우드가 이런지 모르겠다. 이런 마음 속에 되도록 빠른 시간 안에 영화를 만들었다"고 밝히고 있다. 또한, 〈황금대겁안〉은 이전의 대작 상업영화와는 달리 신인을 과감히 기용하여 제작비를 효율적으로 아꼈다. "대부분 제작비는 영화배우들이 가져간다고 듣고 있다. 그러나 나의 영화에서 제작비의 대부분은 좋은 영화를 만들기 위해 영화 속에 들어간다. 영화 속 배우들은 기본적으로 신인들이다"고 말한다.[18)]

결국 〈황금대겁안〉은 닝하오 감독의 새로운 지향점을 보여주는 전환기적 작품이다. 저예산 장르영화 감독에서 불록버스터 상업영화로

18) 「〈瘋狂〉過後以情動人」, 〈新京報〉, 2012. 4. 27. http://baike.baidu.com/view/397281.htm

〈사진12〉 하이앵글 장면

〈사진13〉 아이리스 장면

〈사진14〉 기상천외한 상상력 장면

〈사진15〉 대형 세트와 특수효과 장면

〈사진16〉 다큐멘터리 기법

〈사진17〉 사무라이 동상 장면

〈사진18〉 일장기가 찢어지는 장면

진화해나가는 과도기적 경향을 드러내는 작품이다. 이 작품은 닝하오 감독의 주제의식과 스타일이 지속될 것인지, 아니면 전환기를 맞은 것인지 새로운 쟁점을 제시하고 있다. 대중적 장르영화의 개척자로 영화시장에서 추앙받는 닝하오 감독이 이 작품을 계기로 영화시장과 수익을 지나치게 의식하는 기성 감독의 전철을 따르지 않을지 우려되는 지점에 서 있다.

(5) 닝하오 감독의 영화사적 의의

이상의 세 작품 분석을 통해 닝하오 감독의 작품 특징을 다음과 같이 정리할 수 있다.

첫째, 닝하오 감독은 '지하영화'에서 '상업영화'로 나아가는 중국 청년감독의 한 경향을 대표하고 있다. 닝하오 감독이 중국영화사에서 갖는 최고의 의의는 관객들이 좋아하는 시장친화형 장르영화를 개척했다는 점이다. 그런 점에서 닝하오 감독은 2000년대 이후 '포스트 6세대' 중에서 대중적인 영화를 지향하는 경향을 대표하는 감독이라 할 수 있다.

그렇다면 닝하오 감독은 왜 영화시장을 중시하게 되었을까? 닝하오 감독의 인터뷰를 분석해보면 크게 두 가지 원인에서 그 이유를 찾을 수 있다. 첫째, 닝하오 감독 개인의 영화철학과 취향의 변화를 들 수 있다. 닝하오 감독은 최근의 저술에서 "왜 상업영화를 찍느냐?"는 질문에 대해 "특별한 이유가 없다. 나는 그것을 좋아한다"라고 밝히고 있다.[19] 또한, 2006년 〈크레이지 스톤〉으로 부산국제영화제에 참석

19) 寧浩 林旭東 對談錄『混大成年』, 廣西師範大學出版社, 2012. 127쪽.

했을 때에는 "나의 전작 두 편(〈향불〉, 〈녹초지〉)은 다소 난해해서 관객이 극장에서 머리를 싸맸다. 이번에는 오락성에 치중하여 대중적인 영화를 만들고 싶었다"라고 영화에 대한 철학과 취향의 변화를 언급한 바 있다.[20] 두 번째는 영화환경과 시대 변화에 대한 감독의 대응이라 볼 수 있다. "지금까지 소개되었던 중국영화보다는 할리우드 영화와 가까워 보인다"는 기자의 질문에 "전통적인 중국영화는 속된 것과 고상한 것을 구분하는 문인 기질이 강했다. 그러나 중국은 변화하고 있으니, 영화 또한 변해야 한다고 생각했다"고 답변하고 있다.[21] 2008년 〈기적세계〉를 연출한 후 가진 한 인터뷰에서도 "예전의 중국은 억압받는 게 많았다. 이제 시장의 흐름이 바뀌면서 근본적인 변화를 겪고 있다. 감독의 창작성이 존중받고 배우의 선택이 자유로워졌다. 하지만 변화는 이제 시작이고 더 변화해야 한다고 본다. 시대를 반영하고 또 표현할 수 있는 영화를 만들고 싶다"고 영화에 대한 포부를 밝히고 있다.[22] 이와 같이, 닝하오 감독은 개인의 취향과 선택, 그리고 달라진 시대와 영화환경에 맞춰 스스로 '지하영화' 감독에서 '상업영화' 감독으로 변신을 시도했다.

둘째, 물질주의와 배금주의 가치관이 범람하는 중국 사회를 비판하는 일관된 주제의식을 견지하고 있다. 닝하오 감독의 작품은 코미디 장르의 특성상 오락성이 영화의 전면에 부각되지만, 영화에서 풍자하고 조롱하는 대상은 물욕을 좇는 인간군상들이다. '크레이지'라는 제목이 사용된 것처럼 돈이면 무엇이든 다 된다는 식의 물욕에 미친(crazy) 중국사회상과 인간상을 풍자하고 비판하면서 관객들에게 카타

20) 닝하오 감독 인터뷰 「부산 국제영화제에서 만난 감독들」, 〈씨네21〉, 2006. 10. 30.
21) 닝하오 감독 인터뷰 「부산 국제영화제에서 만난 감독들」, 〈씨네21〉, 2006. 10. 30.
22) 「'기적세계' 닝하오 감독 '디지털영화는 해방이다'」, 〈씨네21〉, 2008. 8. 25.

르시스를 주는 방식을 선호하고 있다. 영화 속에 빠른 속도의 추격씬과 달리는 장면이 유달리 많이 등장하는 것도 물욕을 향해 맹목적으로 질주하는 중국사회를 비판하는 한 방식으로 보인다.

셋째, 영화는 사회 밑바닥이나 소외계층의 청년을 주인공으로 내세워 청년의 욕망과 성장에 대한 이야기를 그려낸다. 〈크레이지 시리즈〉 두 편에서는 청년의 욕망을 직접적으로 드러내고 있으며, 〈황금대겁안〉에서는 청년의 욕망과 고통과 성장의 문제로 주제의식을 확장해나가고 있다. 특히, 〈황금대겁안〉은 물욕에 미친 사회상과 이에 대비되는 청년의 성장과 용기를 직설적으로 드러내면서 중국사회에 대한 감독의 꿈과 미래를 표현한다. 닝하오 감독은 인터뷰에서도 늘 청년의 성장과 꿈에 대한 이야기를 즐긴다. "〈황금대겁안〉의 주제는 성장이다. 성장의 첫 번째 단계는 욕망이고, 욕망 다음 단계는 사랑(情感)이 있다, 그리고 그다음 단계가 꿈꾸는 곳(理想)이다. 사람은 더 높은 곳으로 올라가고 싶어 하고, 그러한 사고가 성장을 하게 한다. (…) 청춘은 일대 모험이며 우스운 코미디이다. 모험을 하지 않으면 청춘이 아니며, 우스운 이야기가 아니면 청춘이 아니다."[23] 닝하오 감독의 영화는 청년의 성장과 꿈을 통해 자본주의 시장경제의 물욕에 빠져 있는 중국 사회의 새로운 변화와 희망을 얘기하는 것이다.

넷째, 자기만의 뚜렷한 영화미학을 구축하는 데 성공하고 있다. 닝하오 감독의 영화에는 몇 가지 일관된 영화스타일이 있다.

i) 일정한 패턴의 코미디 서사구조를 구축하고 있다. 닝하오 작품의 웃음 코드는 서사구조 속에서의 우연성, 황당한 시추에이션, 얽히고 설키는 복잡한 인물관계에서 나온다. 영화 속 인물들은 하나같이 주

23) 王凌, 「寧浩:我沒有多愛電影」, 『看天下』, 11期, 2012.

변 인물들과의 관계에 의해 곤경에 처하거나, 우연히 발생한 사건이나 황당한 상황에 휘말리는 서사구조의 특징을 가진다. 훔치려는 도둑들과 지키려는 보안과장이 서로 신분을 모른 채 같은 여관에서 인사하고 지낸다거나(〈크레이지 스톤〉), 우연히 텔레비전을 보다가 악당을 발견하게 되고, 또 그를 찾아가는 과정에서 우연히 발생한 마약사건에 연루되어 한바탕 추격전을 펼친다거나(〈크레이지 레이서〉), 우연히 감옥에서 만난 혁명당원에 의해 혁명의 길로 접어들고 사랑에 빠진다거나(〈황금대겁안〉) 하는 식이다.

ii) 닝하오 작품에서는 항상 소인물(小人物)이거나 아웃사이더(outsider) 청년을 주인공으로 내세운다. 중국에서 소인물(小人物)이란 일반적으로 사회적 지위가 낮은 하층민이나, 이름이 없는 보잘것없는 사람을 의미한다. 또한, 아웃사이더는 중국어로는 변원인(邊緣人)인데, 보통 사회 가장자리나 체제의 경계에서 자신이 속한 사회에 이질감을 느끼며 살아가는 사람이다. 특히, "아웃사이더는 국외자(局外者) 혹은 외지인(外地人)으로, 기성 사회의 틀에서 벗어나 독자적인 사상을 지니고 행동하며, 타인의 눈치를 보지 않고 무관심하며 자기 자신의 세계를 중시하는 사람들이다."[24] 영화 속 주인공들은 하나같이 사회적 지위가 낮거나 돈이 없는 하층민 청년(〈크레이지 스톤〉, 〈크레이지 레이서〉)이거나, 소매치기로 밑바닥 삶을 사는 청년(〈황금대겁안〉)이다. 닝하오 감독은 주인공을 소인물이나 아웃사이더 청년으로 설정하고, 이들이 스스로 어려움을 극복하고 성장하여 영웅으로 변모하는 내러티브(小人物變英雄)를 보여줌으로써, 중국사회의 소외된 약자에 대해 연민과 희망을 보여준다. 닝하오 감독 스스로도 "소인물이 성장하고 희

24) 콜린 윌슨, 『아웃사이더』, 서울대운당, 1997. 87쪽.

생하며 문제를 해결하는 영웅으로 전환하는 것이 중요한 모티브다"고 말한다.[25]

iii) 사투리를 코믹 장치로 활용하고 있다. 닝하오 작품의 주인공들은 저마다 독특한 지방 사투리를 구사한다. 〈크레이지 스톤〉에서는 충칭어, 광동어가 난무하고, 〈크레이지 레이서〉에서는 칭다오어, 산시어, 우한어, 스촨어, 심지어 타이완 민남어까지 등장하며, 〈황금대겁안〉에서는 동베이어, 다롄어, 선양어 등 다양한 지방 사투리가 유머 코드로 활용되고 있다. 〈크레이지 스톤〉에서 보안관장은 "여기가 공공화장실이냐, 생각날 때마다 들렀다 가느냐(公共厠所嗎, 想來就來想走就走)"라고 절규하는데도, 충칭 사투리로 소리를 지르기 때문에 관객들은 오히려 유머스럽게 받아들인다. 사투리의 사용은 지역 풍토와 일상 생활을 더욱 사실적으로 재현하는 효과가 있는데, 시골 출신 닝하오 감독의 풀뿌리문화(草根)에 대한 애정을 확인할 수 있는 부분이다. "초근문화는 정부영역이 아닌 민간영역이면서, 비주류문화를 의미한다. 동시에 서민성과 대중성을 강조하고, 친숙한 서민생활상을 반영하는 문화이다"[26]

iv) 영화 속 대사는 네티즌을 중심으로 청년층의 유행어가 되기도 했다. 닝하오 작품의 최고 유행어는 〈크레이지 스톤〉에서 반복적으로 사용한 '엿됐다(頂你個肺)'이다. 이 밖에, "프로페셔널해야 한다", "이 동네 악당들은 예의가 없다", "위험이 커야 돌아오는 이익도 크다(高風險才有高回報)", "담이 작으면 어떻게 일을 이룰 수 있느냐(沒有膽量, 哪來產量)" 등도 유행어가 되어 한동안 청년층의 사랑을 받았다.

다섯째, 닝하오 작품에 출연한 배우들은 일약 스타급 연기자로 급

---

25) 王陳, 「寧浩訪談」, 『大衆電影』, 2012. 9.
26) 杜文明, 「淺析寧浩瘋狂的系列電影中所蘊含的草根文化」, 『戲劇之家』, 2013. 5.

성장했다. 〈사진19〉와 같이, 〈크레이지 스톤〉의 주인공을 맡은 쉬정, 궈타오, 〈크레이지 레이서〉의 황보, 〈황금대겁안〉의 레이자인 등은 영화 이후 스타가 된 대표적인 케이스이다. 특히, 2012년 10억 위안 이상의 박스오피스 흥행을 기록하여 중국영화로는 역대 최고 흥행 기록을 달성한 〈로스트 인 타일랜드(泰囧)〉의 감독과 주연은 전부 닝하오 감독의 영화에 출연했던 배우들이다.[27] 또한 영화 〈로스트 인 타일랜드〉에 나오는 코미디의 풍격과 스타일은 닝하오 감독과 상당히 닮아 있다. 닝하오 감독이 '크레이지 시리즈'에서 시작한 코미디 장르영화의 일대 혁신이 중국영화 사상 최고의 흥행 코미디영화로 이어지고 있는 것이다. 그런 점에서 닝하오 감독은 2000년대 이후 중국 코미디 장르영화의 새로운 지평을 열었다고 평가할 수 있다.

〈사진19〉 닝하오 감독 사단 - 왼쪽부터 쉬정, 황보, 궈타오

2013년 12월 3일에는 닝하오 감독이 2009년에 제작한 〈무인구(無人區)〉가 개봉되었다. 이 영화는 중국판 서부영화로 알려져 있으며, 황보, 쉬정 등 닝하오 사단의 스타급 배우들이 출연하여 기대를 모았지

27) 中國電影家協會産業硏究中心 『2013 中國電影産業硏究報告』, 中國電影出版社, 2013. 147쪽.

만, 검열(審查)제도에 걸려 4년간 상영이 보류된 상태였다. 원래 2009년 12월 상영을 예정했다가 취소되었고, 2010년 12월 상영 준비했다가 다시 취소되었으며, 2012년에도 상영 취소가 되었다가, 드디어 2013년 12월 3일 상영되어, 첫 주간에만 1.4억 위안의 흥행을 기록했다.[28] 〈무인구〉가 검열제도에 보류된 이유에 대해 심사위원 짜오바오화(趙葆華)는 "사회 현실을 왜곡하고 있으며, 인물이 악당이고, 이야기도 지나치게 어둡다. 주인공 쉬정은 변호사로 영웅 행세를 하지만, 사실은 악당에 가깝다. 〈무인구〉에는 영웅은 한 명도 없고 전부 악당들만 등장한다"고 밝힌 바 있다.[29] 2009년 제작한 영화가 무려 4년이 지나 2013년 12월에 개봉된 것은 그 동안 정부의 검열제도에 순응하며 상업영화를 만들어온 닝하오 감독에게 거의 첫 번째 시련이라 할 수 있다. 4년이 훌쩍 지나 개봉되는 상업영화가 과연 시대의 트렌드와 대중의 취향에 부합하여 성공할 수 있을지 미지수이다. 〈무인구〉의 지각 상영 사건은 중국영화의 미래를 열어갈 '포스트 6세대' 청년감독에게 정부의 검열제도가 얼마나 큰 장애가 될 수 있는지를 단적으로 보여주는 사례이다.

(6) 시장지향형 청년감독의 기착점은 어디인가?

지금까지 닝하오 감독의 생애와 작품을 중국 영화시장과 '포스트 6세대' 청년감독이라는 사회맥락적 관점 속에 분석해보았다. 닝하오 감독은 중국영화사의 '시장화 이후의 시장화 시대'에 대중적 상업영화를 지향하는 '포스트 6세대' 청년감독을 대표한다는 데 가장 큰 시대적

---

28) 「『无人区』首周收1.4亿, 登顶上周内地票房冠军」, 『东阳新闻网』, 2013. 12. 9.

29) 바이두 검색사이트, http://baike.baidu.com/view/397281.htm#sub397281.

의의가 있다. 1978년 개혁개방 이후 정부주도의 정층(頂層, top-down) 설계에 기반한 시장시스템 도입이 1단계 시장화였다면, '시장화 이후의 시장화'란 영화시장의 주체인 산업과 관객에 의해 자발적으로 영화시장이 확장되는 2단계 시장화라 말할 수 있다.

닝하오 감독은 '지하영화'에서 시작하여 '상업영화'로 영화시장에 성공적으로 진입한 청년감독이다. 영화시장 속의 규칙과 준거에 따르면서도, 자신의 독특한 영화세계를 성공적으로 구축해나가고 있다. 또한, 중국 바링허우와 지우링허우 청년관객의 현대적이고 자유로운 소비문화를 대변하는 청년감독이기도 하다. 바우만(Bauman)이 말한 '견고한 것들을 녹이는 것(melting the solids)', '불확실하고, 역설적이며, 심지어 혼돈'으로 가는 중국의 '액체 근대(liquid modernity)' 현상을 상징하는 새로운 상업영화라 볼 수 있다.[30] 그런 점에서, 닝하오 감독은 '2000년대 이후 중국영화의 시장화'를 대표하는 청년감독, '포스트 6세대' 상업영화의 흐름을 대표하는 청년감독, 중국의 21세기를 보여주는 청년감독이라는 데 영화사적 의의가 있다.

그런데 닝하오 감독은 2012년 〈황금대겁안〉을 계기로 새로운 전환점에 서 있는 것 같다. 기존 '크레이지 시리즈'와는 달리 저예산 상업영화에서 중대형 상업영화로의 일정한 변화를 시도하고 있으며, 자신의 장기인 코미디 장르영화에서 역사극, 멜로드라마 등이 가미된 혼합장르로의 새로운 요소를 가미하고 있다. 또한, 블록버스터 영화급에서나 볼 수 있는 스펙타클 넘치는 특수효과 장면과 군중 액션씬 등이 등장하기도 한다. 주제의식에서도 사회현실 비판에서 애국주의 이데올로기가 가미되는 '중국형 블록버스터 상업영화(大片)'와 점점 닮아가고

30) 지그문트 바우만, 『액체 근대』, 강, 2009. 246-247쪽.

있다.

이러한 변화는 무엇을 의미하며, 과연 닝하오 감독은 어디로 나아가려 하는 것일까. 〈향불〉, 〈녹초지〉에서 보여준 예술영화에 대한 열정은, 〈크레이지 스톤〉 시리즈를 거치며 대중적 상업영화 성공으로 이어졌으며, 〈황금대겁안〉에 이르러서는 블록버스터 상업영화로의 욕망을 은연중에 내비치고 있다. 〈황금대겁안〉에 나타나는 변화의 조짐은 가장 우려되면서도 기대되는 부분이다. 블록버스터 상업영화로의 유혹은 정부 이데올로기 침윤으로 이어질 수 있으며, 영화시장의 수익 극대화에 지나치게 집착하게 됨으로써, 건강한 현실비판 정신이 퇴색될 수도 있다. 향후 닝하오 감독이 정부 이데올로기가 강하게 주입될 수밖에 없는 중국식 블록버스터 상업영화 제작의 유혹으로 빠져들 것인지, 아니면 예전의 자유로운 상상력과 현실 비판정신이 살아 있는 초심의 영화정신을 유지할 것인지 기대와 우려가 교차한다.

닝하오 감독은 한 인터뷰에서 "나는 지하영화(地下電影)를 찍었고, 지금에 와서야 내가 좋아하는 이야기를 찍을 수 있고, 만족스럽다. 나는 단지 이류(二流) 시대를 사는 이류 영화감독일 뿐이다"[31]라고 자신이 좋아하는 영화를 지향하겠다고 선언하면서도, "예산이 클 필요는 없지만, 작을 필요도 없다. 나의 최대 장점은 제작비를 잘 통제하는 데 있다. (…) 상업영화에서 제일 중요한 것은 제작비의 안전이다"[32]라고 상업영화의 수익가치를 강조하는 생각을 언급하기도 했다. 이런 과정을 거치면서, 닝하오 감독은 2014년 중국영화 흥행 1위를 기록한 〈심화로방〉에서는 한층 더 성숙한 코미디영화를 보여주었다. 중국 대중들이 좋아하는 흥행 코드를 넣으면서도 청년세대의 고민과 방황을 진

31) 王凌, 「寧浩:我沒有多愛電影」, 『看天下』, 11期. 2012.
32) 攀緖, 「寧浩的鍊金術」, 『時間線』, 6期. 2012.

실하게 담으려는 흔적을 찾을 수 있다.

이처럼 닝하오 감독은 영화시장에 성공할 수 있는 대중적 상업영화를 지향하면서도, 시대와 현실을 비판하는 자신만의 영화를 제작하겠다는 새로운 '성장단계'를 걷고 있다. 자기의 개성을 담아 예술성을 살리면서도, 시대와 현실을 비판적으로 재현해내며, 상업적으로도 성공하는 블록버스터 상업영화를 제작하는 것은 결코 쉬운 일이 아닐 것이다. 이러한 고뇌와 갈등은 닝하오 감독을 비롯한 '포스트 6세대' 청년감독이 공통적으로 직면한 현실적 문제로 보인다. 대중의 사랑 속에 성장해온 청년감독 닝하오가 시대와 현실을 건강한 비판정신으로 담아내고, 영화시장에서도 성공하는 새로운 대중영화를 창조해내었으면 하는 바람이 가득하다. 그것이 지하영화에서 출발하여 대중들의 사랑과 지지 속에 성장한 청년감독이 마지막으로 도달해야 할 영화마스터(大師)로의 기착점이라고 본다. 그런 점에서 닝하오는 지금도 길 위에 있는 청년감독이다.

2) 기타, 시장지향형 청년감독 - 우얼샨, 궈징밍, 쉬정, 루양 감독

■ 우얼샨(烏兒善) 감독

우얼샨 감독은 1972년 네이멍구자치구 후화하오터시에서 태어났다. 4세 때 부모님을 따라 베이징에 이사하여, 베이징 중앙미술학원 유화과와 베이징영화학원 감독과를 졸업했다. 2000년에 '523 스튜디오'를 설립하여 동료들과 단편영화와 행위예술 등 다양한 창작활동을 하였다. 2004년 장편데뷔작인 독립영화 〈연속극(肥皂劇)〉으로 부산국제영화제에서 국제평론가상을 수상한 바 있다. 20009년 '아시아스타계획'에 선정되었고, 2011년 무협코미디영화 〈도견소(刀見笑)〉를 연출하여 제48회 타이완 금마장 최우수 신인감독상을 수상하였고, 2012년에는 판타지무협영화 〈화피II〉를 감독하여 7억 위안 이상의 흥행을 기록하였다. 2014년에는 저눈, 안젤라 베이비, 황보 등 스타배우들과 함께 미스테리 모험영화 〈심용결(尋龍訣)〉을 연출하여 16억 위안 이상의 대흥행을 기록하면서, 현재 중국 대륙의 대표적인 흥행 감독으로 급부상하였다.

〈사진20〉 우얼샨 감독의 〈화피II〉

■ 궈징밍(郭敬明)

1983년 6월 6일 스촨성 즈궁에서 출생했으며, 중국의 저명 작가이자, 상하이최세문화발전주식회사(上海最世文化發展有限公司) 대표이사이자, 잡지 〈최소설(最小說)〉의 편집인이다.

1998년 고등학교 시절에 글쓰기에 흥미를 느껴 '4차원'이라는 필명으로 인터넷 소설을 쓰기 시작했고, 2001년 제3회 상하이에서 열린 전국신개념작문대회에서 1등상을 수상했다. 2003년 그의 첫 번째 소설 『사랑과 고통의 주변(愛與痛的邊緣)』을 출간하였고, 2004년 소설 『환성』를 발표했다. 2004년 작업실 '섬'을 설립했고, 잡지 〈섬〉 시리즈를 출간한 편집인으로 활동했다. 그 후, 2008년부터 2012년까지 〈소시대

〈사진21〉
궈징밍 감독의 〈소시대〉 시리즈

(小時代)〉 '3부작'을 출판해서 인기를 끌었다.

2013년 동명소설을 기반으로 영화 〈소시대〉를 연출하여 한 달 만에 4.8억 위안 이상의 대흥행을 기록하였으며, 그해 제16회 상하이국제영화제 최우수신인감독상을 수상했다. 2014년에 영화 〈소시대3〉을, 2015년에는 영화 〈소시대4〉를 연출하였고, 2016년에는 자신의 소설을 기반으로 TV드라마 〈하지말지(夏至未至)〉를 집필하였다. 현재, 중국 영화, 소설, 텔레비전 등 대중문화를 넘나들며 청년세대의 대중문화를 주도하는 아이콘으로 부상하고 있다.

■ 쉬정(徐崢)

쉬정은 1972년 상하이에서 출생하였고, 초등학교 때부터 연기를 좋아하여 연극을 보고 연기도 하다가, 1990년 상하이희극학원에 입학했다. 1998년 연극 〈주식의 얼굴〉로 제10회 바이위란(白玉蘭) 연극상에서 최우수남우주연상을 수상하였고, 2000년 연극 〈저팔계〉에서 저팔계 역을 맡았고, 2002년 연극 〈리위〉에서 리위 역을 맡았고, 2012년 텔레비전 드라마 〈대남당혼〉에서 주연을 맡았다. 본격적인 영화 출연은 2006년 닝하오 감독의 〈크레이지 스톤〉에서 조연을 맡았고, 2010년 〈로스트 인 로드(人在囧途)〉에서 주인공 리청콩 역을 맡았다.

2012년에는 자신이 시나리오, 주연배우, 감독까지 맡은 〈로스트 인

타일랜드〉에서 12억 위안의 대흥행을 기록하며 스타급 감독으로 급부상했으며, 2013년 화표장영화제에서 우수청년감독상을 수상했다. 2014년 개봉된 닝하오 감독의 〈무인구〉에서 주인공을 맡았고, 2015년 역시 감독과 시나리오와 주인공을 도맡은 〈로스트 인 홍콩〉에서 16억 위안 흥행을 기록하였다. 연기자로 출발한 쉬정은 현재 인기배우이자 코미디 장르영화의 대표적인 스타감독으로 자리 잡고 있다.

〈사진22〉 쉬정 감독 및 주연의
〈로스트 인 타일랜드〉

■ 루양(路陽)

루양은 1979년생으로 베이징영화학원을 졸업하였고, 2012년 첫 장편영화 〈맹인영화관(盲人電影院)〉이 부산영화제 뉴커런츠 부문에 상영되어, 관객상을 받았다. 2013년도 〈방차기우(房車奇遇, A Motor Home Adventure)〉를 연출했지만 공식적으로 배급하지는 않았다. 이 영화는 호화 캠핑카를 타고 여행을 떠나는 로드무비(road movie)로 알려져 있다. 그는 중앙희곡학원 영화학과 교수였던 아버지(루하이보, 路海波)의 영향으로 유년시절부터 영화에 관심이 많았으며, 청소년 시절 일본감독 기타노 다케시와 타이완의 리안 감독을 좋아했다. 본격적인 영화수업을 쌓던 베이징영화학원 시절에는 가장 존경하고 영향을 많이 받은 스승으로 티엔주앙주앙(田壯壯) 교수를 꼽고 있다. 티엔주앙주앙 교수

〈사진23〉 루양 감독의 〈수춘도〉

는 〈말도둑〉(1986), 〈푸른 연〉(1993) 등을 연출한 대표적인 5세대 감독이다. 루양의 술회에 따르면, 재학 당시에는 강의가 어려워 이해하기 힘들었지만, 세월이 흐른 후 가장 기억에 남는 강의였으며, 창작에 대한 열정을 고취시켜준 훌륭한 가르침이었다고 한다.

루양 감독은 관객과의 교류와 공감을 중시하는 대중영화를 지향하고 있다. 그는 2015년 베이징에서 가진 필자와의 인터뷰에서 "영화를 찍는 일은 매우 행복합니다. 영화를 찍으면서 모르는 사람들과 나의 감정을 교류하고, 상호 간의 감동이 일어 인정하게 됩니다"라고 말했다. 그가 가장 존경하는 동시대 감독 또한 가장 대중적이면서 흥행성 높은 영화를 만들어온 닝하오(寧浩) 감독으로, "닝하오 감독은 우리 청년감독들에게 영화시장에서 존재할 수 있는 희망을 보여주었습니다. 그의 등장 이전 영화시장에서의 청년감독의 제작환경은 매우 열악했고, 완성하더라도 관객과 만나기 어려웠습니다. 닝하오 우얼썬 감독 등이 시장에서 성공하면서 청년감독들에게 기회가 생겼습니다"라고 말한다.

2014년에는 무협영화 〈수춘도(繡春刀, brotherhood of Blades)〉를 만들어 새로운 장르영화에 도전했다. 〈수춘도〉는 중국 명나라 마지막 황제인 숭정제가 등극한 직후의 금의위를 배경으로 시작된다. 루어지엔싱(盧劍星, 왕취앤위앤 분), 선리엔(沈煉, 장쩐 분), 진이촨(靳一川, 리동쉬에 분)은 황제의 직속부대 금의위에서 결의형제한 용맹한 무사들이다. 맏형인 루어지엔싱(王千原)은 충실하고 강직한 성품을 가진 전형적인 무인이다. 아버지를 이어 금의위에 들어왔지만, 평범한 집안 배경으로 승진이 늦어지고 있으며, 가난한 집안을 일으키기 위해 출세를 하고 싶어 한다. 둘째인 선리엔(張震)은 뛰어난 무술과 젊은 혈기를 가진 무인이지만, 남들 모르게 기녀 묘통(妙彤, 리우시시 분)을 사랑하며, 언젠가는 금의위 생활을 접고 묘통과 멀리 떠나 가정을 이루고자 하는 소박한 꿈을 가지고 있다. 반면에 선리엔이 사랑하는 묘통은 선리엔에 대해 이중적인 태도를 취하고 있다. 어린 시절 모함에 빠진 아버지의 죽음을 직접 보았고, 당시 아버지를 죽인 금의위의 무사 중 한 명인 선리엔에 대해서는 공포와 증오심을 가지고 있다. 셋째 진이촨(李東學)은 정이 많고 순수한 무사로 두 형들의 신뢰와 사랑을 받고 있다. 지병 치료를 위해 자주 드나들던 의원집 딸 장옌과 사랑에 빠지게 된다. 진이촨은 과거 도둑떼에 몸담은 적이 있는 어두운 개인사를 가지고 있는데, 그의 앞에는 과거 자신이 몸담았던 도둑패 출신인 사형 딩시우(쩌우이위앤 분)가 나타나 과거를 폭로하겠다며 지속적으로 돈을 요구하고 협박한다.

그러던 어느 날 이들 3형제 앞에 금의위의 비밀지령이 내려온다. 새로 등극한 젊은 황제가 조정 권력의 최고 실권자이자 환관조직인 동창(東廠)의 우두머리인 웨이충센(魏忠賢, 진스지에 분)을 체포하라는 명을 내린다. 이들 3형제는 권력층의 음모와 계략에 빠져 죽음의 위기에 몰린다. 결국, 금의위 3형제 중에 선리엔만 남게 되고, 탈출한 선리엔은 절치부심하여 형제들의 복수를 위해 자오징충과의 마지막 대결을 벌인다.

〈수춘도〉의 시나리오 집필에 참여했던 루양은 메이지유신 직전의 일본 사무라이 조직인 '신선조(新选组)'의 조직과 우정을 참조하였다고 밝히며, "제가 제일 관심 있는 것은 이야기 속 인물의 정감(情感)입니다. 무협영화든 경찰영화든 인물의 정감과 이를 통한 관객의 몰입이 중요하다고 봅니다. 〈수춘도〉에서도 그러한 점을 부각했습니다. 〈수춘도〉는 엄밀한 의미에서 강호의 복수를 기본으로 하는 무협영화라기보다는 하위공무원(경찰) 3명의 정감과 운명에 대한 이야기에 가깝지 않나 생각합니다", "아쉬운 점은 결투장면입니다. 심사제도가 많이 완화되면서 다양한 연출이 가능해졌지만, 영화 속 피비린내 나는 리얼한 실전 결투 장면을 맨뒤로 배치한 것은 심사제도를 고려한 것입니다."라고 소회를 밝히고 있다. 루양 감독은 편집에 대한 아쉬움도 드러냈다. "원래는 극장 상영분처럼 104분이 아닌 155분이었습니다. 원래는 3형제의 이야기 비중이 훨씬 더 많았습니다. 104분으로 편집하면서 둘째 선리엔 중심으로 이야기를 다룰 수밖에 없었습니다. 원래 만형에게 더 많은 이야기와 에피소드가 있었고, 쩌우단에게도 많은 역할이 있었습니다만, 편집에서 삭제되어 아쉽습니다." 3000만 위안의 제작비가 투입된 것으로 알려진 〈수춘도〉는 2014년 8월 7일 개봉하여, 상영 2주 동안 8000만 위안의 흥행을 기록하여 제작비는 회수했지만, 비슷한 시기에 개봉한 〈소시대(小時代)3〉가 4.6억 위안, 〈다음 기회는 없다(後會無期)〉는 5.9억 위안의 흥행을 기록한 데 비한다면 기대치에 미치지 못한 것으로 평가된다. 하지만 관객들의 입소문과 호응은 대단히 좋은 편으로, "입소문과 평가는 좋은데 배급이 적극적이지 못해 중도에 하차한 것은 아쉬운 일"이라는 현지 언론보도가 많았고, 중저예산 무협영화의 새로운 가능성과 성공모델을 보여주었다는 평가가 많았다. 중국 최대의 영화사이트 투도우(土豆)에서 실시한 영화평점을 보면 개봉 때 평점 6.3점이었다가, 2주 뒤에는 7.6점으로 올랐다. 중국의 영화평론가 파오수(泡叔)는 "〈수춘도〉는 권력층의 핍박을 받는 3명의 무사, 하층공무원의 모욕과 희생과 저항을 보여주었다. 또한 기존 홍콩식 SFX무협에서 벗어나 사실적이고 실전에 가까운 무술을 보여주었다는 점에 의의가 있다"고 높이 평가하고 있다.

2014년에는 〈수춘도〉로 제10회 중미영화제 금천사상, 2015년에는 중국영화가협회 청년감독상을 수상했다.

루양 감독은 〈수춘도〉에서 기존의 과장된 SFX무협액션 스타일을 벗어나 사실적인 검술과 주인공의 내면적 갈등에 주목하는 정통무협영화의 새로운 부활을 알렸고, 중저예산 무협영화의 새로운 성공모델을 보여주었다는 점에서 향후 활약이 기대되는 대표적인 시장지향형 청년감독으로 주목받고 있다.

• **루양 감독과의 인터뷰**(2015. 2. 베이징)

Q: 최근 근황이 어떻습니까?

A: 명나라를 배경으로 하는 〈수춘도〉라는 무협영화를 편집하고 있습니다. 금의위에 대한 이야기입니다.

Q: 무협영화 장르입니까?

A: 비록 많은 무술장면이 있지만, 사실 무협영화는 아닙니다. 왜냐면 중국의 무협은 '강호'를 배경으로 협객 사이의 원한을 그린 영화입니다. 하지만 이 영화 속 인물은 대부분 공무를 맡은 사람들로, 지금으로 말하면 공무원입니다. 옛날 공안국의 경찰 이야기라 할 수 있습니다.

Q: 감독님은 이미 두 편의 영화를 찍었습니다. 첫 번째 영화인 〈맹인영화관〉은 평가가 좋았는데요, 두 번째 영화 〈차방기우〉의 평가는 어떠합니까?

A: 두 번째 영화는 국내에서 배급하지 않았습니다. 사실 두 번째 영화의 후반작업 중에 〈수춘도〉를 시작하였습니다.

Q: 〈수춘도〉의 주연은 어느 배우가 맡았습니까?

A: 타이완의 스타 장쩐이 맡았습니다. 우리 제작사는 처음으로 큰 규모의 영화에 도전하고 있기에, 새롭게 도전하는 의미로 그에게 시나리오를 보여주었고, 그가 흔쾌히 수락했습니다.

Q: 감독님은 흥행과 개성 중에 어느 것을 더 중시합니까?

A: 물론 개성이 더 중요합니다. 관객들은 다양한 장르영화를 좋아하지

만, 영화가 천편일률적인 것을 원하지 않습니다. 하지만 중국에서는 관객도 좋아하고 투자자들도 좋아하는 것이 하나의 기준입니다. 저는 영화를 찍으면서 많은 대중들과 나의 감정을 교류하기를 원합니다.

Q: 현재 중국영화는 시장시스템이라는 새로운 환경을 맞이하고 있는데요, 감독으로서 이러한 시대를 어떻게 받아들이고 계신지요? 제가 이 문제를 물어보는 이유는 지아장커 감독이 "영화 검열제도보다 더욱 위험한 것이 시장시스템이다"고 말한 것과 같은 맥락입니다. 당신과 같은 청년감독에게 이런 문제에 대하여 어떠한 생각이 있습니까?

A: 중국 영화시장은 90년대 말부터 지금까지 많은 변화를 가져왔습니다. 이는 곧 관객의 요구이기도 합니다. 90년대 말 이전에는 관객들이 볼 수 있는 영화가 제한되어 있었지만, 6세대 이후 지금은 관객들이 볼 수 있는 영화가 많아졌고, 관객들도 많이 성숙해졌습니다. 비슷한 영화가 계속되면 더 이상 관객들은 영화를 보지 않고 있습니다. 하지만 중국영화는 지금이 오히려 좋은 기회라고 생각합니다. 소수의 영화사가 독점하는 것을 제외한다면, 우리에게 제작 기회가 점점 많아집니다. 시장경쟁이 매우 잔혹하지만 말입니다.

Q: 당신에게 가장 영향을 준 감독은 누구입니까?

A: 기타노 다케시와 리안 감독입니다. 제가 영화를 시작한 것은 사실 그들의 영화를 보았기 때문입니다. 당시 저는 고등학교를 다녔습니다.

Q: 중국의 청년감독들 중 좋아하는 감독은 누구입니까?

A: 닝하오입니다. 닝하오 감독은 우리 청년감독들에게 영화시장에서의 희망을 보여주었습니다. 현재의 영화환경에서 영화를 만들고 상영

한다는 과정은 매우 어렵고 힘든 상황입니다. 닝하오와 우얼샨 감독 등과 같은 걸출한 청년감독들이 차츰 영화시장에 들어오면서 관객들에게 저명한 기존의 감독들 외에도 이런 참신하고 볼만한 영화가 있다는 것을 보여주었습니다. 많은 관객들은 이들을 통해 청년감독들을 신뢰하였고, 우리에게도 기회가 주어지고 있다고 생각합니다.

Q: 청년감독으로서 5세대와 6세대 선배세대 감독들의 공통점과 차이점은 무엇이라 생각하십니까?

A: 저의 대학 때 영화 스승은 티엔주앙주앙입니다. 그는 5세대 감독으로서 현재까지 왕성한 창작을 해오고 있습니다. 당시 우리는 그의 강의 내용을 자세히 이해하지 못했습니다. 베이징영화학원을 졸업한 이후에야 점차 그분이 말한 뜻이 무엇인가를 알게 되었습니다. 하지만 우리는 5세대 선배들과 다른 환경 속에서 자랐습니다. 우리 세대는 만화와 애니메이션, 그리고 다양한 대중문화의 유행을 느끼며 자랐습니다. 그래서 대중관객들이 좀 더 이해하기 쉽고 좋아하는 영화를 만들고 싶어 합니다.

Q: 6세대 현실주의 영화에 대해 어떻게 평가하시는지요?

A: 6세대 감독은 매우 개성 있고 우리가 모방할 수 없는 집단입니다. 그 시대에는 현실주의 영화를 창작할 만한 외부환경이 존재하고 있었지만, 사실 우리 세대는 그런 예술적 고집을 밀고 나갈 생각이 없습니다. 우리는 기본적으로 어려운 개성보다는 대중들이 보기 쉽고 좋은 영화를 만들기를 희망합니다.

Q: 그렇다면, 루촨 감독은 어떻게 평가합니까? 선배 세대입니까, 아니면 같은 청

년감독입니까?

A: 사실 예전 중국영화는 세대로 나누는 것을 수용했습니다. 하지만 6세대 이후에는 이러한 구분이 힘들어졌습니다. 지금 영화감독들의 모습은 마치 백화제방 시대 같습니다. 루촨 감독은 저와 같은 베이징영화학원 출신의 선배입니다. 다만, 지난 십여 년간의 영화학원의 커리큘럼과 교육방식에 큰 변화가 있었습니다. 예전의 영화학원은 허우사오센이나 양더창처럼 예술영화 감독을 지향하는 교육을 해왔습니다. 하지만 지금은 중국 영화시장에 변화가 오고, 대학교육에도 변화가 와서 개성 넘치는 감독을 배양하는 교육을 지향하고 있습니다. 이러한 분위기 속에 머지않아 다양한 스타일의 청년감독들이 등장할 것으로 보입니다.

Q: 방금 편집본 영화를 보니, 〈수춘도〉의 살인장면이 매우 잔혹합니다. 정부의 심사제도가 점점 좋아지고 있나요? 감독님의 창작에 어떤 영향을 주고 있는지요?

A: 정부의 심사제도는 이전에 비해 훨씬 유연해지고 있습니다. 우리 스스로도 심사제도를 의식하며 주의하고 있습니다.

Q: 최근 한국영화를 본 적 있습니까? 어떻게 느끼셨습니까?

A: 저는 한국영화를 매우 좋아합니다. 금년에도 〈7번방의 선물〉, 〈광해〉, 그리고 하정우 배우가 주연을 맡은 〈베를린〉과 〈더 테러 라이브〉를 보았습니다. 저는 두 번 한국을 방문한 바 있습니다. 지난번 부산을 갔을 때 저는 우연히 배우 송강호와 이병헌을 만났습니다. 특히, 저는 송강호를 좋아하며, 〈살인의 추억〉을 매년 한 번씩 보고 있습니다.

3

예술지향형 독립영화 청년감독

1) 시장화 시대의 반(反)시장적 예술영화 – 리뤼쥔(李睿珺) 감독론

(1) 리뤼쥔 감독의 영화 역정

이 장에서는 최근 중국의 청년감독 중에서 예술영화을 지향하고 있는 청년감독을 소개하고 분석하는 것이 그 목적이다. 특별히 최근 들어 왕성한 예술영화 창작 활동을 하고 있는 대표적인 청년감독 리뤼쥔 감독의 작품을 중심으로, 중국 청년감독들의 고뇌와 예술정신, 그리고 중국사회에 대한 생각 등을 서술하고자 한다.

이 글을 위해 리뤼쥔 감독의 영화작품 수집분석, 문헌자료 수집해제, 현지 인터뷰 등 세 가지 연구방법을 동원하였다. 특히, 리뤼쥔 감독과는 2014년 2월, 4월, 2014년 3월 세 차례 중국 현지를 방문하여 현지 인터뷰를 진행하였다. 각 인터뷰는 베이징 도심에 있는 소속사 화텐텐화영화사 21층에서 가졌는데, 그의 아내이자 영화배우인 장민이 동석하였다. 2014년 1월에는 감독의 간수성 지역 촬영으로 인터뷰가 불발되었고, 2월에는 호주영화제 출장을 마치고 귀국한 직후 베이징에서 그와 첫 대면을 가졌다. 4월 9일 베이징대학생영화제 기간에 두 번째 만났을 때, 소박하고 진실한 그의 넉넉한 인품으로 인해 우리는 이미 친구가 되어 있었다. 그는 두 번째 만남에서 그의 아내이자 영화 〈늙은 당나귀〉, 〈백학〉의 여주인공이기도한 장민을 데리고 와서 소개해주었는데, 인터뷰라기보다는 친구와의 사적인 대화를 나눈 듯한 즐거움을 느꼈다. 또한 그의 소개로 〈헬로! 수선생〉의 한지에 감독, 〈강철 피아노〉의 장명 감독, 베이징영화학원의 장센민 교수, 양진 감독, 〈아름다운 누이〉의 하오지에 감독을 만나 인터뷰를 가질 수 있었다. 인터뷰 중에 중국 독립영화협회격인 CIFF(China Independence Film Festival)를 운영하며 중국 독립영화의 대부 역할을 하고 있는 베이징영화학원의 장센민(張獻民) 교수를 인터뷰하여 리뤼쥔 감독을 비롯한 청년 예술영화감독이 처한 상황과 사회적 의미를 심도 깊게 조명할 수 있었다. 이 글에서는 리뤼쥔 감독의 영화 역정을 살펴보고, 그의 대표작인 장편영화 〈늙은 당나귀〉와 〈백학〉을 분석하는 한편, 리뤼쥔 감독의 작품세계 특징과 청년감독의 시대적 의의를 고찰하며 중국 예술영화와 청년감독의 도전을 영화사적 차원에서 조망해보고자 한다.

리뤼쥔 감독은 1983년 간수성 가오타이(高臺)에서 태어났다. 가오타이는 신장성에 인접한 조그만 소도시 농촌지역으로 동서교역로인 실크로드에서 반드시 지나가야 하는 길목, 이른바 '필경지로(必經之路)'로 불리는 유서 깊은 지역이다. 역사와 문화적 전통이 남아 있는 농촌지역으로, 그의 말에 따르면 1990년 13살이 되어서야 전기가 들어왔다고 한다. 어린 시절에는 그림과 악기를 좋아하는 평범한 시골 학생이었다. 영화와 그의 인연은 이동상영관에서 시작되었다고 한다.

어린 시절 고향에는 전기가 들어오지 않아서 텔레비전조차 볼 수 없었지만, 석유로 작동되는 발전기를 이용한 이동영화상영이 자주 있었고, 리 감독은 그때마다 매번 참석하여 아주 즐겁게 영화를 보았다고 한다. 그때까지만 해도 자신이 영화감독이 될 것이라고는 꿈에도 생각하지 못했다고 한다. 그에 의하면, "영화와 인연은 이동영화상영을 통해서입니다. 매우 즐거웠습니다. 그때만 해도 장차 영화인이 될 것이라고는 상상도 못했습니다. 영화는 나에게 멀고 신비한 존재였습니다. 저는 그저 악기와 회화를 좋아하는 소년이었고, 영화를 본격적으로 좋아하게 된 것은 대학에 들어가서입니다."

영화에 대한 본격적인 관심과 공부는 대학에 진학하면서부터 시작되었다. 2000년 국가광전총국관리간부학원(國家廣電總局管理幹部學院)을 졸업했다. 다소 생소한 이 영화영상교육기관은 산시(山西)성에 위치하고 있는데, 영화를 관장하는 국가광전총국에서 직할로 운영하는 4개 대학(베이징영화학원, 중국전매대학, 절강전매대학) 중 하나이다. 2000년부터는 국무원 고등교육체제개혁에 의해 산시광파전영전시간부학원(山西廣電幹部學院)으로 개명되었다. 당시 고등학교 선생님이 음악과 미술에 소질이 있는 학생들에게 이 학교 입학을 권했고, 리뤄쥔 감독은 영상광고학과에 입학했다. 이에 대해, "국가광전총국관리간부학원이라는 대학은 들어보지도 못했습니다. 대입수능 시험 직전에, 이 학교의 모집요강이 학교로 왔습니다. 학교에서는 음악과 미술을 잘하는 학생들에게 입시에 참여하라고 격려하였으며 입학도 비교적 쉬웠습니다. 당시 제가 선택한 전공은 광고였지 영화가 아니었습니다. 하지만 대학 시절 영화관련 수업이 많이 있어서 많은 영화들을 보면서 영향을 받았습니다"라고 말했다.

대학 시절에는 자신의 전공인 광고보다는 영화에 관심이 많아서 대부분 영화전공 수업을 듣거나 영화감상으로 시간을 보냈다고 한다. 당시 리뤄쥔이 좋아한 감독은 이탈리아 미켈란젤로 안토니오니 감독의 〈붉은 사막〉, 〈욕망(Blow-up)〉, 비토리오 데 시카 감독의 〈자전거 도둑〉, 오즈 야스지로 감독의 〈도쿄이야기〉, 〈만춘〉, 엥겔로플로스 감독의 〈안개 속의 풍경〉, 장이모우 감독의 〈인생〉, 〈추국타관사〉, 허우샤오셴 감독 등 현실주의 계열의 영화감독을 좋아했다고 술회한다. 그 중에서도 가장 큰 영향을 받은 감독은 타이완의 허우샤오셴 감독이라고 한다.

특히, 대학 시절 자신이 영화의 길을 걸어야겠다는 계기가 된 영화는 지아장커 감독의 〈소무〉, 〈플랫폼〉이었다고 술회하고 있다. "제가 대학을 다닐 때 지아장커 감독의 〈소무〉를 보았는데 기이한 느낌을 받았습니다. 저는 중국에도 이런 영화가 있는 줄 몰랐습니다. 그 영화는 중국의 영화방식을 바꾸었다고 생각합니다. 이 영화로 인해 영화에 대한 흥미가 깊어졌으며, 영화를 제작해야겠다는 생각도 갖게 되었습니다."

리뤄쥔 감독은 영화의 길로 결정한 이유에 대해, "원래 영화는 귀족예술이었습니다. 보통 사람들이 만들기 힘든 예술이었습니다. 그러나 디지털 시대가 도래하면서, 영화는 평민성을 갖추고 귀족예술에서 벗어났습니다. 영화언어 또한 풍부해졌고요. 이제는 알려지지 않은 무명의 청년감독들도 디지털카메라를 통해 자신의 재능을 발휘할 수 있습니다. 그래서 나 자신도 영화감독이 될 수 있다고 생각했습니다"라고 술회하고 있다.

리뤄쥔 감독이 좋아했던 영화와 영화감독은 공통적으로 사실주의 경향을 가진 영화들이며, 이후 이러한 사실주의 영화에 대한 경도와 찬사는 자신의 사실주의를 중시하는 창작에 일정하게 영향을 미치고 반영되었다고 할 수 있다.

대학 졸업 후 리뤄쥔은 독립영화 감독의 길을 걷기 시작했다. 졸업 3년 후인 2006년 자신이 직접 시나리오를 쓰고, 연출을 맡은 데뷔작 〈하지(夏至)〉가 제작되었고, 이 영화로 제9회 그리스독립영화제 최우수영화 특별상, 제37회 네덜란드 로테르담국제영화제 등 다수의 국제영화제에 참가하며 영화계의 주목을 받기 시작했다. 리뤄쥔 감독에 의하면, 자신의 첫 번째 영화인 〈하지〉의 제작과정에서 많은 빚을 지게 되었지만, 장셴민 교수, 양진 감독 등 중국의 청년 독립영화인들과 인적 네트워크를 구축하게 되는 계기가 되었다고 술회한다. "첫 번째 장편영화 〈하지〉의 시나리오는 제가 직접 썼습니다. 베이징영화학원의 장셴민 교수가 많은 의견을 주었습니다. 첫 번째 장편영화를 찍을 때는 나 자신도 투자를 적지 않게 하여 많은 빚을 지게 되었습니다. 사실 〈늙은 당나귀〉와 〈백학〉에 참여한 영화인들은 저의 첫 번째 영화의 투자자이기도 합니다. 세 번째 영화 〈백학〉을 상영하고 나서야 당시의 채무를 갚을 수 있었습니다. 〈하지〉를 통해 빚은 많이 지게 되었지만, 청년영화인들과의 교류가 더욱 넓어졌습니다."[1]

〈늙은 당나귀〉와 〈백학〉의 영화포스터는 리뤄쥔 감독 본인이 직접 디자인한 것이다. 어릴 적부터 회화와 서예를 좋아한 감독이 스스로 자신의 작품세계를 드러내고 싶었다고 한다.

2010년에는 그의 두 번째 영화 〈늙은 당나귀(老驢頭)〉를 연출하여, 제15회 부산국제영화제 뉴커런츠 부문에 상영되었으며, 프랑스 도빌 아시아영화제에 상영되었다. 2013년에는 그의 세 번째 영화 〈학을 타고 떠났다고 말해다오(告訴他們, 我來白鶴去了, Fly with the crane)〉를 연출

1) 2014. 2. 19. 인터뷰.

하여 2012년 부산국제영화제, 베니스국제영화제 등에 초청되어 호평을 받았다. 2014년 현재 그는 네 번째 영화 〈내 집은 어디인가?(Where is my home?, 家在水草豊茂的地方)〉 후반작업을 진행하고 있다.

〈사진1〉
리뤼쥔 감독과 아내 장민

〈사진2〉
영화 〈늙은 당나귀〉 포스터

〈사진3〉
영화 〈백학〉 포스터[2)]

리뤼쥔 감독이 평소 함께 어울리고 작업하는 동료들은 또래의 청년감독들이다. 자신의 동년배 감독 중에서는 독립영화인이자 절친한 친구 사이인 양진 감독과 펑타오 감독을 좋아하며, 특히 다큐멘터리 영화감독에 대한 존경과 깊은 애정을 가지고 있다. "우리 시대에 활동하고 있는 청년감독 중 최고의 성과를 거둔 사람은 아마도 디아오이난 감독일 것입니다. 그는 이번 2014년 베를린국제영화제에서 황금곰상을 수상했습니다. 비록 저보다 연장자이지만 우리는 같은 시기에 영화를 시작했습니다. 좋아하는 감독은 양진과 펑타오 감독입니다. 그들은 자신만의 창작을 견지하고 있습니다. 특별히 저는 다큐멘터리 감

2) 〈늙은 당나귀〉와 〈백학〉의 영화 포스터는 리뤼쥔 감독 본인이 직접 디자인한 것이다. 어릴 적부터 회화와 서예를 좋아한 감독은 영화 포스터를 통해 스스로 자신의 작품세계를 드러내고 싶었다고 한다.

독들을 존경합니다. 우리는 최소한의 투자자들이 있지만, 그들은 투자자들도 없이 혼자 카메라를 들고 촬영합니다. 현장 취재는 정치적으로 민감한 문제들을 포함하고 있기 때문에 정부의 지지가 없으면 창작하기가 매우 힘듭니다. 저는 많은 투자자들이 독립 다큐멘터리 감독들에게 투자해주기를 바랍니다"라고 말한다.

리뤄쥔 감독은 중국 사회문제의 핵심으로 고속경제성장에 따른 사회문제를 꼽고 있다. "중국의 고속경제발전은 많은 모순과 사회문제를 배태시켰습니다. 부동산, 인구노령화, 어린이 양육 문제, 물가상승, 중앙과 지방의 불균형발전 등. 이런 발전은 기형적인 것입니다. 또한 건강, 전통문화 등 많은 소중한 것들을 희생시키고 있으며, 이러한 문제점을 영화의 소재로 삼고자 합니다"라고 설명한다. 리뤄쥔 감독은 영화가 무엇이냐는 질문에 대해, "기록과 표현의 매체이다. 영화란 오락과 소비의 작품만은 아니며, 사회에 대한 책임이 있는 예술이다"라고 답하고 있다.[3)]

그런 점에서 기존 6세대 영화인들과 리뤄쥔 감독을 비교할 때, 리뤄쥔 감독은 6세대로부터 현실비판 정신이나 사실주의 풍격을 배우고 계승하고 있지만, 영화의 다양성과 관객들의 선택권을 존중하는 유연하고 합리적인 영화관을 가지고 있다고 할 수 있다. 한 인터뷰에서, 그는 "제 생각에는 바링허우('80後) 감독들의 제작방식은 오히려 중국 초창기의 3세대 감독군과 공통성을 보입니다. 4세대와 5세대는 국유영화사 체제 하에서 영화를 만들어 개성이 약한 편이고요, 6세대는 국유영화사 체제를 벗어나 스스로 영화자본을 만들어 자신의 개인의 경험을 바탕으로 영화를 제작했습니다. 바링허우 청년감독들은 디지털카

3) 李名, 『中國獨立電影導演放談』, 電子工業出版社, 2012. 49-50쪽.

메라 기술의 발달에 힘입어 기존 영화체제와는 독립적이고 관계성이 약합니다. 상영방식도 영화관뿐 아니라, 인터넷, 텔레비전, 휴대폰 등 다양한 방식을 활용하는 변화를 보이고 있습니다"라고 말한다.[4]

6세대 선배 영화인들을 비교하는 질문에서도 긍정적으로 평가하는 자세를 보이고 있다. "독립영화의 핵심은 자유정신입니다. 6세대로부터 이러한 영화정신이 시작되어, 현재 십수 년에 이르고 있습니다."[5] "6세대는 주제나 내용 면에서 최소한 5세대보다는 낫습니다. 5세대는 아주 빨리 변했고, 물론 6세대도 변하고 있습니다. 하지만 6세대는 최소한 자신만의 영화를 유지하려 합니다. 민초들에게 관심을 가지며 있으며, 개인의 인생에도 관심이 많습니다. 제가 보기에 러우예 감독은 수년간 자신만의 창작을 견지한 좋은 감독입니다. 왕샤오솨이 감독과 지아장커 감독 또한 그렇습니다. 지아장커 감독의 경우, 최근에 블록버스터 무협장르 상업영화 〈재청조〉를 찍고 있지만, 우리는 여전히 그에 대한 기대와 관심을 가지고 있습니다. 물론 그가 이후에 상업영화로 변한 5세대의 길을 따라가는 것을 걱정하는 목소리도 있습니다. 하지만 우리는 어떤 감독이 어떤 길로 가는 것에 대해 요구할 자격이 없습니다. 단지 그가 계속 예술성을 견지할 것을 희망할 따름입니다."[6]

또한 기존 6세대와는 달리 블록버스터 상업영화를 배척하지도 않으며, 관객의 선택권과 영화의 다양성을 강조하는 유연한 영화관을 가지고 있다. "저는 블록버스터 상업영화를 배척하지 않습니다. 중국 영화시장은 당연히 다양화되어야 합니다. 다만, 프랑스와 같은 영화상

4) 「用生命對土地的着念-電影"白鶴"」, 『藝術匯』, 2013. 8期.
5) 李名, 『中國獨立電影導演放談』, 電子工業出版社, 2012. 48쪽.
6) 2014. 4. 8. 인터뷰.

영 방식을 배웠으면 합니다. 최신 영화와 고전영화를 막론하고 극장에서 각 영화는 30%을 초과상영 하지 않습니다. 독점을 하면 안 됩니다. 한 편의 블록버스터 상업영화가 다른 영화상영을 막는 것은 잘못입니다. 모든 영화는 동등하게 상영공간을 줘야 합니다. 관객들이 자유롭게 자신들이 보고 싶은 영화를 보도록 해야 합니다. 하지만 현재 중국 영화시장은 관객들이 자유롭게 영화를 선택할 수 없는 상황입니다. 마치 중국 민중들이 자유롭게 자신의 정당을 고르지 못하는 것과 같습니다. 영화시장은 다양화되어야 합니다."[7]

특별히 리뤄췬 감독은 한국과도 인연이 깊다. 영화 〈하지〉가 2007년 서울 디지털영화제에 상영되어 첫 방문한 이래, 2010년과 2012년 부산국제영화제에 〈늙은 당나귀〉와 〈백학〉이 각각 상영되어 부산을 찾는 등 세 번 이상 한국을 방문한 적이 있다.

리뤄췬 감독은 특별히 부산국제영화제에 깊은 관심과 감사를 표시했다. "저는 현재 후반작업 중인 네 번째 영화가 완성된다면 최대한 10월 부산국제영화제에 참가하고 싶습니다. 저의 이전 영화들은 부산국제영화제 프로그래머들이 선택해주었습니다. 부산국제영화제는 아시아에서 매우 중요한 영화제입니다. 계속해서 새로운 예술감독을 발굴하고 양성해왔습니다. 지아장커, 장명 감독도 모두 부산영화제에서 시작하였습니다. 이런 점은 대단히 존경스러운 점입니다".

리뤄췬 감독은 그의 데뷔작부터 현재 네 번째 작품까지 일관되게 농촌지역과 농민을 중심에 둔 예술영화를 창작해왔다. 자신이 자라온 고향 간수성 가오타이의 체험을 바탕으로, 감독 자신이 생각하는 농촌, 인간, 자연, 중국 사회현실 등의 문제를 사실주의 풍격으로 표현해오고

---

7) 2014. 4. 8. 인터뷰.

있다. 리뤄쥔 감독은 이제 갓 서른을 넘긴 신진 청년감독이지만, 자신의 체험을 바탕으로 진지한 성찰과 비판의식 속에 중국사회를 그려나가고 있는 몇 안 되는 젊은 예술영화감독이다.

다음 장에서는 구체적으로 그의 작품과 인터뷰를 중심으로 독립예술영화의 길을 걷고 있는 그의 작품세계와 가치관, 그리고 예술영화감독으로서의 내면을 살펴보고자 한다.

(2) 대표 작품 분석

① 〈늙은 당나귀(老驢头, Old Donkey)〉(2010)

이 영화는 리뤄쥔 감독의 두 번째 장편영화로 20만 위안으로 만든 저예산 영화이다. 이 영화는 네덜란드 로테르담 허버트 발즈 국제영화제(Hubert Bals Fund of the International Film Festival)에서 3만 유로를 지원(2009년에는 시나리오 지원, 2010년에는 후반작업 지원)을 받은 작품이다. 2010년 난징시에서 열린 중국독립영화상영전에서 최고상을 받았고, 2010년 부산영화제 뉴커런츠 부문에서 상영되었다. 리뤄쥔 감독에 의하면, "이 영화로 인해 국내외의 주목을 받았고, 현재 소속사인 '텐화화텐영화사'에서 제안이 들어와 계약체결을 하게 되었습니다. 그리하여 세 번째와 네 번째 영화를 제작할 수 있었습니다"라고 술회하고 있을 만큼 자신의 영화 역정에서 중요한 영화로 손꼽고 있다.

이 영화는 중국 간수성 사막 근처 시골 농촌에서 살고 있는 73세 농부의 말년을 그리고 있다. 늙은 당나귀와 같이 생활한다고 해서 일명 라오뤼토우(늙은 당나귀)라는 별칭을 가진 농부 마(馬) 노인은 순박한 전형적인 시골 촌로이다. 마 노인에게는 3남 2녀가 있지만, 딸을 제외한 나머지 자식들은 대부분 농촌을 떠나 소도시로 나가 일을 하고 있다. 어느 날 마 노인은 꿈에서 돌아가신 어머니와 아버지를 만나고, 사막화와 모래바람 속에 곧 사라질 위기에 처한 부모님 무덤을 지키기 위해 매일 무덤가에 풀을 심고 경작을 한다. 마 노인에게 부모님 무덤과 땅은 자신의 삶의 기반이자 생명같은 존재이다.

어느 날, 마을의 공산당 서기는 정부의 토지개혁 방침을 발표하며, 마을에 화학공장을 유치하기 위해 장용푸라는 사업가에게 마 노인의 땅을 포함한 마을 경작지를 팔기로 결정했다고 발표한다. 마 노인과 동네 노인들은 땅을 개간하기 위해 경운기와 트랙터를 몰고 온 기업인들과 맞서 싸우며, 그 와중에 몇몇 마을 노인들은 맞아 쓰러진다. 마 노인은 우공이산(愚公移山) 이야기를 나누며, 매일같이 부모님 무덤가에 풀을 심고, 물을 준다. 겨울이 찾아와도 나귀를 벗 삼아 얼음을 깨서 물을 주고 일하다가, 결국 몸살로 쓰러진다. 마을에 남아 있던 딸은 급히 의사를 부르고, 근처 도시에 있는 큰 병원으로 옮기지만 병원 측은 보증금 2,500위안을 요구하고, 딸은 이를 구하기 위해 동분서주한다. 급히 도시에 나가 있는 오빠를 찾아가지만, 오빠는 관심이 없고 올케는 박대하며, 혼잣말로 "노인을 위해 돈을 쓰는 것은 낭비이다"라고 말한다. 겨우 마을 친구에게 돈을 빌린 딸은 마 노인을 치료하고 집으로 귀가한다.

병원에서 돌아온 뒤에도 마 노인은 계속해서 부모님 무덤가에 풀을 심으며, 딸에게 "자신이 죽으면, 부모님 옆에 있는 아내 무덤과 합장해 달라"고 말한다. 며칠 뒤 땅을 팔기 위해 모인 마을 회관으로 가다가 마 노인은 숨진다. 마 노인이 죽은 뒤, 마을 이웃들과 친척들이 모이고, 아들딸들은 서로를 탓하며 싸운다. 장례식을 치르고 난 이듬해, 마을에 남아 있던 딸은 청명절(淸明節)을 맞아 오토바이를 타고 마 노인의 무덤을 찾는다. 마 노인이 누워 있는 무덤가에는 사막의 거친 흙바람이 덮치고 있지만, 조금씩 자란 푸릇한 풀들이 빛을 발하며 새로 살아나고 있다.

이 영화에서는 중국 농촌의 현실과 해체되는 공동체문화를 그대로 드러내기 위해 사실주의 스타일의 풍격을 유지하고, 그 바탕 위에 몇 가지 리뤄쥔 감독만의 독특한 영화스타일을 보여주고 있다.

첫째, 극단적인 클로즈업을 배제하고 전체적으로 롱쇼트(long shot)와 고정된 카메라를 사용함으로써, 객관적 다큐멘터리 기법의 사실주의 풍격을 보여준다. 〈사진4〉과 같이, 영화 속 장면은 롱쇼트 사이즈, 고정된 객관적 카메라, 현장 녹음, 마을 주민의 아마추어 연기를 통해 농촌의 현실과 마 노인의 심리를 사실적이고 객관적으로 드러낸다.

둘째, 극단적인 5:1의 화면구도를 빈번하게 활용하여 자연과 인간과의 관계를 드러낸다. 〈사진5〉과 같은 구도는 자연과 농촌 속에 순응하며 살아가는 마 노인의 순박한 인간상을 드러내는 동시에, 자연 속에 살아가는 인간의 덧없음과 미미한 존재를 일깨우는 효과를 준다. 이 기법은 천카이꺼 감독과 장이모우 촬영감독의 〈황토지(黃土地)〉(1983년)에서 산시성(山西省)의 고원과 그 속에 살아가는 답답한 농민들을 극단적인 구도로 잡아내는 미장센과 닮아 있다. 그러나 〈황토지〉의 구도가 자연에 갇혀버린 농민들의 척박한 삶과 우매함을 표현하는 효과를 보여주는 반면, 리뤄쥔 감독의 구도는 자연 속에 갇혀 있는 것이 아니라 자연과 더불어 살아가는 마 노인의 유유자적한 삶을 드러내며 하늘보다는 땅을 믿고 사는 사람들의 심성을 표현하고 있어, 마치 자연 속의 한 점 그림자로 보이는 마 노인의 모습은 아름답게까지 느껴진다.

셋째, 마오쩌둥 사진을 빈번하게 규칙적으로 등장시킴으로써, 개혁개방 이후 급속히 자본주의화되어가고 있는 농촌사회가 마오쩌둥 시대의 사회주의 이상과 괴리감을 보이고 있다는 현실을 비판적으로 은유하고 있다. 〈사진6〉에서와 같이, 마 노인의 집, 마을 식당, 공산당 사무실 등에 걸려 있는 마오쩌둥의 초상화를 화면프레임 중심에 위치시킴으로써, 사회주의의 이상이 실현되는 농촌 혁명을 꿈꾸었던 마오쩌둥 시대와 개혁개방 이후 물질주의 가치관이 팽배하고 있는 현재의 농촌을 대비하며 현 시대의 모순상황을 비판적으로 보여준다.

〈사진4〉 객관적 사실주의 기법

〈사진5〉 자연과 인간의 5:1 화면구도

넷째, 고정된 카메라 속으로 주인공이 들어오고 나가는 장면을 빈번하게 사용하고 있다. 〈사진7, 8〉에서와 같이, 고정된 카메라 프레임 속으로 주인공이 들어갔다가 나가는 식의 장면전환이 빈번히 나타나는데, 이러한 카메라 기법은 이탈리아 모더니즘 영화의 거장 미켈란젤로 안토니오니가 즐겨 사용하던 수법이다. 안토니오니 감독은 〈정사〉(1960)에서 카메라의 틸팅(tilting)과 패닝(panning)으로 황량한 섬과 풍경을 롱테이크 움직임 속에 담고, 그 속에서 주인공 인물이 들어가거나 나오는 기법을 자주 사용함으로써 주인공의 고독함과 소외감을 드러내고 있다. 리뤼쥔 감독은 인터뷰에서 자신이 젊었을 때 안토니오니

영화를 좋아했고, 영향을 많이 받았다고 술회한 바 있다. 그러나 리뤼쥔 감독은 안토니오니와는 달리 삼각대에 고정된 카메라 롱테이크 속에 농촌과 자연 풍경을 담고, 그 속에 마 노인과 나귀가 들어가고 나가는 장면을 자주 연출함으로써, 고독감이나 소외감보다는 자연 속에 마 노인이 자연스럽게 어울리며 하나가 되는 이미지를 부각시키는 효과를 준다.

〈사진6〉 마오쩌둥 사진

〈사진7, 8〉 고정된 카메라와 주인공의 인 - 아웃

다섯째, 사선 구도를 빈번하게 사용하여 위태위태한 마 노인과 농촌의 현실을 드러낸다. 〈사진9〉과 같이, 부모님의 무덤이 있는 언덕의 풀모양을 사선으로 잡아 위기에 처한 마 노인의 모습과 대비시킨다.

이러한 장면은 마 노인과 마을 주민이 절박하고 위태한 상황이라는 내면적 심리상황을 표현하는 것이다.

여섯째, 마 노인과 늙은 당나귀가 자주 메타포로 병치시키고 있다. 〈사진10〉과 같이, 마 노인과 당나귀를 빈번하게 투샷으로 잡는 장면은 늙은 나귀의 처량하면서도 우직한 모습이 마치 마 노인의 성격과 가치관을 그대로 투영하고 드러내는 은유적 장치와 효과로 활용된다.

〈사진9〉 사선구도

〈사진10〉 나귀와 노인의 병치

일곱째, 사운드의 오버랩(overlap)을 통해 농촌 현실과 관료주의 문화를 비판적으로 드러내고 있다. 마 노인이 마을 친구를 찾아가 마을 공산당위원회의 토지개혁에 의해 분노 어린 대화를 나누는 장면에서, TV뉴스보도('정부 당국에 의해 농촌개발이 성공적으로 진행되고 있는 소식')의 사운드가 배경으로 깔린다. 또한 마을 노인들과 마 노인이 식당에서 농촌을 떠나야겠다는 이야기를 나눌 때에도, '농촌이 발전되고 있다'는 TV뉴스보도와 오버랩된다. 이러한 사운드의 중첩은 정부의 농촌발전계획과 실제 농촌에서의 생활이 얼마나 큰 차이를 보이는지를 비판적으로 보여준다. 또한 사회주의 신(新)농촌을 선전하는 마을 회관의 스피커 사운드 속에 마 노인이 선전포스터를 찢는 장면을 병치시킴으로써, 정부의 선전보도와 농촌 현실이 충돌하는 실상을 보여준다. 이러한 병치는 한국영화 〈워낭소리〉에서 한미FTA협정 반대 시위를 하는 마을 시위대 앞으로 노인과 소가 느릿하게 걸어나가는 병치 기법을 연상시킨다.

여덟째, 농촌 현지의 마을 주민들을 연기자로 활용하여 사실성을 더 높였다. 주인공 마 노인을 비롯한 이웃 주민들은 실제 리뤄쥔 감독 고향의 이웃들로서, 전문적인 연기수업을 쌓지 않은 평범한 농민들이다. 리뤄쥔 감독은 아마추어 연기자들인 마을 주민들에게, "매일 소형카메라로 이들과 함께 생활하였고, 찍은 장면을 그들에게 보여주기도 했다. 그러자 얼마 안 가서 마을 주민들이 카메라에 익숙해져 자연스런 연기가 가능했다"고 연기지도에 대한 방법을 밝히고 있다. 정식 연기 훈련을 받지 않은 마을 주민들의 등장과 자연스러운 모습은 영화를 더욱 사실적이고 농촌 현실을 직시하게 하는 효과를 보여준다. 비전문배우 기용에 대해, "영화 속 마을 주민들은 아마추어 연기자들입니다. 지금까지 저의 모든 영화에 아마추어 연기자를 활용했고 전문적인 연기 훈련을 거치지 않았습니다. 그들은 영화연기를 처음 하기 때문에 카메라 앞에서 굉장히 긴장을 했습니다. 저는 평소 소형카메라로 그들을 찍었고 곧 익숙해졌습니다. 연기 연습할 때에도 카메라로 촬영하여 매일 그들에게 보여주었습니다. 곧 카메라에 익숙해졌고 긴장감은 사라졌습니다. 연기 또한 점점 더 좋아졌습니다"라고 말한다.

이 영화의 주제의식은 명료하다. "친척들과 가족들에게 감사드린다"는 프롤로그 자막에서도 알 수 있듯이, 이 영화는 감독 자신과 고향 농촌마을의 실제 상황과 이야기를 다루고 있다. 등장인물 또한 자신의 친척이거나 이웃 사람들인데, 여주인공은 감독의 아내이며, 주인공 마 노인은 자신의 마을에 살고 있는 외할머니의 친동생이며, 감독의 친형 리뤄치(李睿琪)가 제작을 맡고 있다.

이 영화는 마 노인으로 대변되는 중국 농촌과 농민의 고단하고 순박한 삶을 그리는 데 그치지 않고, 개혁개방 이후 직면한 전통미덕 대 물질주의 가치관, 허구의 농촌 대 실제의 농촌, 개발 대 자연이 충돌하는 중국 농촌현실과 관료주의의 폐해를 생생히 재현해내고 있다.

정부의 토지개혁에 의해 마 노인의 땅은 기업가에게 강제로 팔리고, 화학공장 부지로 사용되어야 하는데, 이러한 관료주의적 결정 과정에 마 노인과 농민들은 철저히 무시되거나 소외되어 있다. 또한 영화 속에는 효도, 경로사상 등 농촌의 전통미덕이 새로운 물질주의 가치관과 충돌하고 있는 현실 세태를 비판하기도 한다. 농촌마을에 남아 있는 딸의 효심과 도시에 살고 있는 오빠 언니들의 이기주의적인 태도를 대비시키고 있으며, 마 노인의 장례식날, 오빠들은 서로 "아버지를 돌보지 않았다"고 욕하고 장례비를 누가 댈 것인지를 놓고 갈등을 빚는다. 이는 개혁개방 이후 도시화가 진전되면서 농촌 공동체가 해체되고, 전통 미덕인 효도와 경로사상이 소멸되는 위기에 처한 농촌 현실을 그대로 드러내는 장면이다. 개혁개방 이후의 도시화와 개발은 농민들에게 물질적 풍요를 제공했는지는 모르지만, 돈을 숭상하는 물질주의 가치관이 만연하게 되었고, 그 결과 효도, 경로사상, 친환경 등 농촌 공동체의 소중한 전통미덕은 상실되는 폐해를 가져온 것이다.

따라서, 이 영화는 개혁개방 이후 도시화와 자본주의 문화가 중국 농촌 공동체에 침투하면서, 전통미덕은 물질숭배 가치관으로 변모하고, 공동체정신 대신 행정관료제도가 정착하며, 자연을 중시하는 친환경적 삶의 기반이 훼손되고 있는 중국 농촌의 현실을 그대로 재현하고 비판하는 영화적 성취를 보여준다.

이 영화의 제작에서 흥미로운 점은 중국을 대표하는 독립영화인들이 대거 작업에 참여하고 있는 것이다. 리뤄쥔 감독은 이 영화의 연출, 시나리오, 미술을 맡았으며, 영화의 제작은 베이징영화학원(BFI) 문학과 교수이자 중국독립영화페스티벌(中國獨立影像年度展, CIFF)의 실질적 집행을 담당하고 있는 저명 독립영화인 장셴민(張獻民) 교수가 맡았다. 촬영감독은 리뤄쥔 감독의 절친한 친구이자 〈얼동(二冬)〉(2008), 〈칭찬을 기대하지 마라(Don't Expect Praises)〉(2012)를 연출한 중국 신진 청년감독인 양진(楊瑾) 감독이 맡았으며, 시나리오 작업에 〈유리(流離)〉(2008년)를 연출한 청년감독 펑타오(彭韜) 감독도 참여하였다.

"〈늙은 당나귀〉에 동참한 많은 스태프들이 나의 첫 장편영화 〈하지〉의 투자자였고 제작자들이었습니다. 오랫동안 저는 이들의 돈을 갚기 위해 힘든 생활을 하였습니다. 세 번째 장편영화인 〈백학〉을 상영하고 나서야 당시의 채무를 모두 갚을 수 있었습니다. 첫 번째 영화 〈하지〉를 완성한 이후, 나에게 투자했던 양진, 펑타오 감독 등 친한 독립영화인들과 술을 마시면서 다시 미래의 계획에 대하여 토론하였습니다. 내가 두 번째 영화 〈늙은 당나귀〉 계획을 말하자 양진 감독은 흥미를 보였으며 공짜로 촬영을 맡겠다고 나섰습니다." "한편, 두 번째 영화 〈늙은 당나귀〉의 여자주인공은 나의 아내인 장민입니다. 제작자로 참여한 리뤄치는 나의 친형님으로 현재 방송국에서 편집과 촬영 일을 하고 있습니다. 촬영을 맡기로 한 펑타오 감독은 베이징전영학원 장셴민 교수를 찾아가 촬영설비를 빌리자고 제안했습니다. 장셴민 교수를 알게 된 것은 첫 장편영화 〈하지〉를 찍을 때였습니다. 그는 제작자로 참여하였고, 그 과정에서 많은 것을 배울 수 있었습니다. 그와 더욱 친해진 것은 두 번째 영화 〈늙은 당나귀〉를 통해서입니다. 그는 나와 같이 두 번째 영화를 기획했는데, 우리가 필요로 하는 장비들을 제공해주기도 했습니다."[8]

이처럼, 리뤄쥔의 〈늙은 당나귀〉는 제작진, 촬영, 시나리오 등 전 과정에 중국을 대표하는 독립영화인들과 청년감독이 대거 참여하고 있으며, 날카로운 현실 비판정신과 청년감독들의 연대감 속에 제작된 청년영화이다.

② 〈하얀 학을 타고 떠났다고 말해다오(告訴他們, 我乘白鶴去了, Fly with the crane)〉(2013)

이 영화는 리뤄진 감독의 세 번째 장편영화이다. 영화는 중국 작가 쑤통(蘇童)의 원작소설「하얀 학을 타고 떠났다고 말해다오(告訴他們, 我來白鶴去了)」를 리뤄쥔이 직접 각색하고 연출한 것이다. 쑤통은 1963년생으로 현대 중국문학계를 대표하는 저명 작가이며, 소설「처첩성군」은 장이모우의「홍등」으로 영화화되었고,「이혼지침서」,「나, 제왕의 생애」등은 한국에도 번역되어 있다.

애초에 리뤄쥔 감독은 수통의 동명 단편소설을 읽고, 아이가 노인의 죽음을 돕는 이야기에 감명을 받았다고 한다. 노인의 땅에 대한 애착과 아이의 천진난만함이 자신을 울렸다고 한다. 2010년 난징시에서 열린 중국독립영화상영전에서 〈늙은 당나귀〉가 상영된 후, 소설가 수통을 아는 지인을 만나 수통의 소설을 영화화하겠다는 소망을 피력했고, 이 이야기를 들은 수통이 허락하여, 2011년 4월에 두 사람이 만나게 되었다. 마침 〈늙은 당나귀〉를 관심 있게 보았던 독립영화사 '텐화화텐영화사' 측에서 영화제작 지원 의사를 밝혀, 리뤄쥔 감독, 수통,

8) 2014. 2. 19. 인터뷰.

텐화화텐영화사 3자가 의기투합하여 〈백학〉을 제작할 수 있었다. 리뤄쥔 감독에 의하면, 이 영화의 제작비는 100만 위안 정도 들었다고 한다.[9] 〈백학〉은 2013년 제20회 베이징대학생영화제에서 예술탐색상, 2014년 제5회 중국영화감독협회 올해의 청년감독상을 수상하였으며, 2012년 부산국제영화제에서 초청 상영되었다.

이 영화는 전편 〈늙은 당나귀〉와는 다른 이야기 구조를 갖추고 있지만, 등장인물과 배경이 동일하다는 점에서 어떤 의미에서는 후속편의 느낌을 준다. 영화 속 공간배경은 전편과 같은 리뤄쥔 감독의 고향 깐수성 농촌마을이며, 주인공을 맡은 마싱춘(馬興春)과 장민(張敏)은 전편에 등장한 주인공들이기도 하다. 촬영감독 또한 전편과 같이 감독의 친구인 양진 감독이 맡았고, 중국 독립영화계의 대부이자 베이징영화학원 문학과 교수인 장셴민, 그리고 소설가 수통이 제작자로 참여했다.

영화는 농촌 마을의 목수인 73세 마 노인의 일상을 다루고 있다. 마 노인은 딸의 마을에 사는 조 노인과 함께 장례식에 사용되는 관재를 만드는 일을 하며 산다. 장례식에 대한 정부 방침이 화장(火葬)으로 결정되면서, 더 이상 그들을 찾는 사람은 없다. 조 노인은 죽음 직전에 자신이 들어갈 관재를 부탁하고, 마 노인은 정성스럽게 관재에 하얀 학을 그려 넣는다.

마을은 평화롭고 순수해 보인다. 마 노인은 동네 아이들과 굴뚝을 막는 장난을 하고, 손자와 아이들이 모래 속에 마 노인의 얼굴을 묻는 숨참기 놀이를 한다. 〈사진11〉과 같은 이러한 장난과 놀이는 죽어서 땅에 묻히고자 하는 마 노인의 욕구가 실현되는 〈사진13〉과 같은 결

9) 「用生命對土地的着念-電影〈白鶴〉」, 『藝術匯』, 2013. 8期.

말 부분의 복선으로 작용한다.

추석이 다가오자 마 노인은 딸의 집에 명절을 쇠러 오고, 마을 노인들로부터 조 노인이 이미 세상을 떠났다는 이야기를 전해 듣는다. 조 노인의 시신을 마을 연못가에 비밀리에 매장했으나, 곧 마을 이장과 경찰들이 들이닥쳐 강제로 조 노인의 관을 파내고 화장시킨다. 화장을 하려는 공무원과 경찰은 이를 막아 매장하려는 농민들과 충돌하고, 마 노인은 먼발치서 이 장면을 바라본다.

곧이어 마을에는 한바탕 오리사냥이 시작된다. 호숫가 수풀을 제거하며 오리의 터전을 공격하는 마을 주민들을 마 노인은 말리지만 힘에 부친다. 수풀이 베어진 호숫가를 거니는 마 노인의 모습은 고독하고 처량하다. 마을 주민들은 잡은 오리를 집에서 먹고, 어린 손자는 천연덕스럽게 오리고기를 오리에게 강제로 먹인다. 마 노인은 마을 주민들의 집 굴뚝을 막아 자신의 분노를 표출한다.

마 노인은 자신이 죽은 뒤 연못가 무덤 속에 묻히길 원하나, 가족들은 듣지 않는다. 마 노인은 나무 밑에서 손자에게 말한다. "화장하면 학을 볼 수 없다. 땅에 묻혀야 하얀 학이 찾아올 수 있고, 하얀 학이 하늘나라로 데리고 가는 것이다", "내가 온갖 고생을 하며 네 아버지, 네 삼촌, 네 고모를 키웠다. 그들은 오히려 연기처럼 변해버렸다. 나는 하얀 학을 타고 하늘나라로 떠나고 싶다"고 말한다. 마 노인은 어린 손자에게 땅을 파줄 것을 부탁하고, 손자는 땅에 묻히기를 원하는 할아버지를 위해 연못가 나무 밑에 웅덩이를 판다. 마 노인은 손자가 판 땅으로 자발적으로 들어간다. "돌아가서 그들에게 말하라, 백학을 타고 날아갔다고." 마 노인이 묻힌 나무 위에 어디선가 하얀 학의 깃털이 날아온다.

마 노인의 마지막 남은 소망은 그저 땅에 묻히는 것이지만, 이마저도 새로운 사회규범 속에 거부당한다. 손자가 파놓은 구덩이로 들어가는 마 노인의 모습은 마치 구시대, 전통문화, 오래된 삶이 새로운 세대에 의해 종언을 고하는 문화적 상징으로도 읽힌다. 영화는 자신의 죽음조차 자유롭게 선택할 수 없는 힘없고 무기력한 농촌 노년의 삶을 보여주면서, 인간에 대한 존엄이 무엇인가를 되묻고 있다.

이 영화의 이야기는 간단한 단선적 내용이지만, 전체적으로 화면이 구축한 농촌 풍경과 색채와 사운드가 영화의 이야기를 정서적으로 환기시켜주는 특징이 있다. 인물 또한 순박하고 선량하다. 효성스런 딸과 순수하고 착한 손자 손녀가 마 노인을 둘러싸고 있다.

〈사진11〉

〈사진12〉

〈사진13〉

영화 속에는 다양한 은유적 장치가 들어 있다. 마지막 장면에서 매장 직전에 머리에 꽃을 꽂은 마 노인(〈사진12〉)과 손자, 손녀들의 모습은 일종의 장례식을 은유하는 것으로 보인다. 또한 〈사진14〉와 같이 마지막 장면에서는 아무도 없는 나무 위로 백학 깃털이 날리면서, 몽환적 사실주의 분위기를 연출하고 있다.

영화의 하이라이트는 마지막 25분 동안 진행되는, 마 노인이 스스로 땅에 들어가 묻히는 장면이다. 특히, 6분간이나 진행되는 롱테이크 장면은 화장 대 매장, 사회주의 문화 대 전통문화, 문명 대 자연, 관료주의 대 농민 등의 충돌 속에 변모해가는 농촌의 진실을 보여주는 명장면이다. 스스로 땅에 묻혀 죽는 마 노인의 모습은 현재 중국사회가 가지고 있는 아프고 슬픈 현실을 드러낸다. 이와 같이, 영화의 이야기 구조는 수통의 소설을 각색해서인지 전편과 비슷하면서도 훨씬 더 우화적이고 은유적이며 문학적이며 정서적인 울림이 있다.

리뤄쥔 감독은 〈백학〉에서도 전작 〈늙은 당나귀〉와 유사한 영화 스타일을 보여주고 있다. 첫째, 〈사진16〉과 같이, 고정된 카메라와 풀샷(full shot)을 사용한 객관적 다큐멘터리 기법과 사실주의 풍격을 견지하고 있다. 둘째, 〈사진15〉와 같이, 하늘과 땅의 1:5 구도를 빈번하게 사용하고 있다. 셋째, 고정된 카메라 프레임 속에 주인공이 들어가고 나오는 식의 방식을 지속하고 있다. 넷째, 사운드의 오버랩 사용을 활용하고 있다. 클로즈업된 마 노인의 모습과 TV 속 뉴스보도를 오버랩하면서 문명 대 순박한 마 노인, 실제 대 허구의 농촌을 대조시킨다. 다섯째, 아마추어 인물들의 연기를 바탕으로 질박하면서도 사실적인 분위기를 연출한다. 특히, 리뤄쥔 감독은 인터뷰에서 마 노인 역을 맡은 고향 친척 할아버지인 마싱춘의 에피소드를 전하며 깊은 감회를 들려내기도 했다.

"2014년 2월 호주영화제에 〈백학〉이 초청되어 아주 큰 환대를 받았습니다. 마 노인 역을 맡은 마싱춘 할아버지가 그 영화제에서 최우수

남자배우상을 받았습니다. 또한 한 영화잡지사의 주관으로 관객 투표를 했는데, 저의 아내인 장민이 인기여자배우로 뽑혔습니다. 저는 인기감독상으로 선정되었고요. 〈백학〉은 호주의 시드니 등 2개의 도시에서 상영되었습니다. 저, 장민, 마싱춘 할아버지 등이 초청되어 시드니로 갔습니다. 마싱춘은 영화를 찍기 전에는 평범한 농민이었습니다. 이번 출국은 그의 생애 최초의 해외 출국이었습니다. 2편의 영화에 출연한 이후 마싱춘은 간수성 미디어에 인터뷰를 많이 하여 간수성의 유명인이 되었습니다. 그는 대단히 감개무량해 합니다. 서부의 농촌에는 평생 도시에 못 가보거나 비행기를 타보지 못한 사람들이 많습니다. 마싱춘 할아버지는 자신의 인생을 헛되이 살지 않았다고 무척 기뻐했습니다."

〈사진14〉

〈사진15〉

〈사진16〉

〈사진17〉

이와 같이, 스타일 면에서 〈백학〉은 전작 〈늙은 당나귀〉와 같이 중국 농촌의 사실적 삶과 진실을 다큐멘터리적 영상으로 보여주는 특징을 그대로 이어가고 있다. 그러나 〈사진14〉와 같이, 마 노인이 땅에 묻히고 아이들이 떠난 자리에 백학의 깃털이 날리는 장면 등의 몽환적 사실주의 기법을 도입하거나, 〈사진17〉과 같이 클로즈업을 빈번히 사용하여 주인공의 내면을 강조하는 등 감성적 스타일을 더욱 부각하려는 새로운 스타일을 선보이고 있다.

〈백학〉은 주제의식 면에서도 중국 농촌의 진실과 사회현실의 모순을 꼬집는 비판정신을 담고 있다. 화장을 강제하는 정부정책과 이에 맞서는 농민들의 충돌하는 장면을 통해서는 중국 관료주의의 병폐를 비판하고 있으며, 마을 주민들이 수풀을 베고 오리를 잡아먹는 환경파괴에 대해서도 비판적 시선으로 바라본다.

또한 우매한 농촌 주민들의 삶을 풍자하기도 한다. 영화 속에서는 마을 주민들이 수풀을 베어내고 오리를 사냥한 후 요리해서 먹는 원시적 삶을 그대로 보여준다. 특히 잡은 오리를 집에서 요리해 먹다가, 외손자가 살아 있는 오리에게 강제로 오리고기를 먹이는 장면은 자연스럽다기보다는 가슴 아프고 잔인해 보인다. 리뤄쥔 감독은 인터뷰에서 이 장면을 '잔인한 천진함'을 통해 농촌사회의 실상을 보여주고 싶었다고 했다. 이에 대해 "오리에게 오리고기를 먹이는 잔인한 장면은 내가 계획한 것입니다. 나는 시나리오에 사람이 가진 모호하면서도 신비한 분위기를 보태고 싶었습니다. 극 중의 외손자 꼬마아이는 매우 단순하면서도 천진난만함이 있습니다. 외손자가 오리고기를 오리에게 먹이는 장면은 잔인하면서도 천진난만한 것입니다. 나는 천진난만함과 잔인함이 한 가닥 차이라는 것을 보여주고 싶었습니다"라고 언급하고 있다.

(3) 6세대 사실주의 미학의 계승과 농촌과 변방의 현실을 다시 보여주다

지금까지 리뤼쥔 감독의 최근 2개 장편영화를 중심으로 작품의 특징과 주제의식을 중심으로 살펴보았다. 리 감독의 대표작인 〈늙은 당나귀〉와 〈백학〉은 3년 간격을 두고 상영되었는데, 짧은 기간 동안 주제의식과 영화미학에서 일정한 변화가 감지되고 있다.

먼저, 주제의식을 살펴보면, 전편 〈늙은 당나귀〉가 중국의 간수성 농촌 현실을 직접적이고 사실적으로 재현하고 진실을 포착하려는 '비판적 현실주의 영화'를 표방했다면, 〈백학〉은 중국 농촌의 현실에 대한 직접적이고 객관적인 비판보다는 촌로(村老)인 마 노인의 생명, 죽음, 인생, 자연, 삶에 대한 질문 등 '인생에 대한 성찰'로 주제의식이 확장되는 경향을 보인다. 이에 대해, 감독은 "〈늙은 당나귀〉와 〈백학〉은 내용은 다르지만 연관성은 있습니다. 먼저, 공통점으로는 첫째, 중국의 '지역'에 대한 영화입니다. 영화 두 편은 공히 같은 지역을 배경으로, 같은 사람들에게서 일어난 일입니다. 둘째, 농촌 노인에 대한 이야기입니다. 하지만 분명하게 다른 점도 존재합니다. 〈늙은 당나귀〉는 인생 말년에 자신을 둘러싼 생활의 개선, 즉 물질적 측면에 집중한 반면, 〈백학〉은 죽음 이후 어디로 가는가에 대한 정신적 측면에 더욱 집중했습니다. 영화 두 편은 내용상으로는 직접적인 연관이 없으나 중국의 농촌 지역과 노인을 다루고 있다는 점에서 연관성을 가진다 할 수 있습니다." 또한, 감독은 두 편의 영화와 5세대 감독인 천카이꺼의 초창기 작품 〈황토지〉(1984)를 비교하여 농촌의 변화와 각성에 대한 해석도 덧붙이고 있다. "중국의 영화비평가들은 두 편의 영화가 1984년 천카이꺼의 초기작인 〈황토지〉와 비교할 수 있다고도 합니다. 〈황토지〉 또한 중국 서부 농촌과 토지와 노인에 대한 이야기를 다룹니다. 비록 만들어진 시간은 다르지만 영화를 비교해보면 미묘한 관련이 있습니다. 30여 년의 시간이 흐르면서, 중국 농민, 토지에 대한 관념, 국가 정책에 일정한 변화가 있었습니다. 〈황토지〉 속의 농민은 무식하고 수동적이며 스스로 자신의 권익을 쟁취할 줄 모르는 형상을 보여줍니다. 반면, 〈늙은 당나귀〉와 〈백학〉에서의 농민은 이미 각성된 존재이며, 스스로 쟁취하고 항의하는 것을 배웠습니다."[10)]

다음으로 두 편의 작품에는 주제의식의 변화와 같이 영화미학과 스타일상에도 일정한 변화를 보여주고 있다. 전편에서는 고정카메라와 롱샷이 결합된 객관적 다큐멘터리 스타일을 기본 영화미학으로 삼고 있는 반면, 〈백학〉에서는 움직이는 주관적 영상(이동카메라)의 등장과 클로즈업을 활용한 사이즈 변화를 통해 정서적 효과를 강조하는 변화하는 영화미학을 보여준다. 즉, 다큐멘터리적인 '객관적 사실주의'에서 내면의 진실과 정서적 효과를 부각하는 '주관적 사실주의'로 조금씩 변모해나가고 있다.

영화미학의 변화는 영화스타일에 그대로 나타난다. 첫째, 〈사진7〉과 〈사진14〉에서 비교하는 것과 같이, 고정카메라와 롱샷의 결합이라는 사실주의 기법은 지속적으로 견지되고 있으나, 〈백학〉에서는 등장인물의 얼굴을 빈번하게 클로즈업하여 다큐멘터리적 객관성보다는 마 노인의 내면적 풍경을 보여주는 정서적 감성적 효과를 부각하는 새로운 시도를 하고 있다. 둘째, 전편의 고정된 정지카메라는 〈백학〉에서 조금씩 움직이는 이동카메라로 촬영스타일이 변화하고 있다. 특히, 〈백학〉에서는 ①롱테이크와 이동카메라로 마 노인을 따라가다가

---

10) 2014. 4. 8. 인터뷰.

→ ②다시 고정시킨 후 고정카메라에 풀샷으로 마 노인을 집중시키는 식의 심리적 내면의 움직임을 일정한 패턴으로 반복하고 있다. 셋째, 〈사진2〉와 〈사진12〉의 비교에서 알 수 있듯이, 화면의 색채가 전편에 비해 훨씬 밝아지고 있다. 전편에서는 회색 혹은 어두운 갈색풍의 화면이 주를 이루었지만, 〈백학〉에서는 초록색 호숫가, 숲, 하늘 등 영화 속 농촌 공간은 밝고 맑아지고 있다.

이에 대해 감독은 "〈늙은 당나귀〉는 토지와 사막 황사에 맞서는 마 노인의 이야기를 다룹니다. 인류는 자연계에서 매우 미미한 존재입니다. 제일 중요한 표현은 생존환경과 생존방식이었기 때문에 클로즈업을 되도록 절제했습니다. 또한 중국은 도덕적으로 많은 것이 사라졌습니다. 예컨대 자녀들이 부모를 보살피지 않는 것은 사회적 질병으로 변하였습니다. 개인은 어떠한 항전을 하여도 실현되기 어려운 일이며 이상적인 일이 되었습니다. 카메라는 그러한 측면에 주목했습니다. 반면, 〈백학〉은 조금 다릅니다. 마 노인이 내면적으로 어떤 생각과 표정을 가지는지를 나타내려 했고, 관객들로 하여금 그러한 내면과 감정의 변화를 체험하도록 하고 싶었습니다"라고 설명하고 있다.[11)]

결국, 두 편의 영화는 중국의 지역과 농촌 노인을 다루고 있다는 공통점을 가지고 있지만, 주제의식에 대한 감독의 가치관에 변화가 일고, 관객들과 공감하고 소통하는 시도 속에 영화스타일과 미학에 일정한 변화를 보이게 된 것이다.

리뤼쥔 감독에 대한 중국 현지의 평가를 보면, 일반 대중들에게는 인지도가 낮았지만, 영화인들 사이에서는 높은 인기를 얻고 있었다. "〈하지〉부터 〈백학〉까지의 2부작은 중국 서북 지방의 농촌을 다룬 새

11) 2014. 4. 8. 인터뷰.

로운 청년세대 '향토감독'의 출현을 의미하며, 근래 보기 드문 우수한 중국의 예술영화라 평가할 수 있다."12)

지금까지 두 편의 영화를 통해 나타나는 리뤄쥔 감독의 주제의식과 영화미학을 정리해보면 다음과 같은 영화적 특징과 시대적 의미를 보여준다.

첫째, 로컬(locality)의 시선으로 중국 공동체 전체를 바라보고 비판한다. 그의 영화는 중국 변방인 간수성의 로컬리티적 요소인 농촌, 민간, 소외를 통해 현대 중국 사회가 허구적으로 상상하고 있는 농촌공동체의 낭만적 이상주의를 깨뜨리고 있다. 리뤄쥔 감독은 관객들에게 지역 대 중앙, 농촌 대 도시, 민간 대 국가, 소외 대 중심이라는 대칭적 위치에서 영화를 바라보게 하고, 로컬리티를 통해 중국공동체라는 허구적인 상상의 공동체를 정면으로 드러내는 비판방식을 보여준다. 영화 발화자(發話者)의 주체는 중국 → 간수성이 아니라, 간수성 → 중국이다. 이러한 발화주체로서의 로컬리티의 시선은 지아장커 감독이 초창기 작품 〈소무〉에서 서부 지역 산시성의 한 농촌마을을 배경으로 소외된 주인공을 통해 중국사회 전체의 현실을 드러내는 방식을 연상하게 한다.

둘째, 리뤄쥔 감독은 중국 변방의 농촌 실상을 다큐멘터리 기법으로 사실적으로 묘사하면서, 중국의 이른바 삼농(三農)의 문제를 영화적 진실로 드러내고 있다. "삼농문제는 중국 인민대학의 원테쥔(溫鐵軍) 교수가 1996년에 제기한 개념으로 '농촌, 농업, 농민'의 현실을 지적한 것으로 2000년대 초부터 주목받기 시작했다. 개혁개방 이후 시

12)「獨家專訪李睿珺:拍〈白鶴〉不想模倣第五代風格」,『鳳凰網』, 2013. 10.「讓人歎息的鄉土題材電影: 評〈白鶴〉」,『文學報』, 2013. 7. 25.

장주의체제가 농촌으로 유입되면서, 중국 농촌사회는 청장년 노동력이 비농업부문으로 대거 유출(net outflow)되어, 농촌인구의 노령화와 여성화 추세가 심각한 지경에 이르렀다. 결과적으로 농촌의 토지, 노동력, 그리고 자금 등의 요소가 순유출되는 현상이 나타나게 되었다. 공업화와 도시화가 빨라질수록 순유출은 더욱 들어난다. 노동력의 자본화된 수익을 대부분 도시나 자본이 점유하게 되고, 이에 따라 집단문화적인 향촌사회의 토대가 붕괴되는 삼농문제가 필연적으로 등장하게 된 것이다."[13]

두 편의 영화는 토지의 자본화, 노동력 유출, 수익의 감소, 집단문화의 붕괴 등 와해 직전의 농촌의 실상을 마 노인과 주변 사람들의 시선을 통해 적나라하게 보여준다. 영화는 서북 지방의 농촌에 살고 있는 마 노인의 삶과 죽음을 다큐멘터리 기법으로 따라가면서, 개발과 물질주의에 병들어가는 농촌사회의 진실을 드러내고, 농촌이미지를 고향이라는 낭만적 환치로 소비하고 있는 중국인들의 통념을, 혹은 전통미덕이 살아 있는 허구적 이상향으로 묘사하고 있는 중국사회의 거짓서사(fabulation)와 허위의식(false consciousness)을 정면으로 깨뜨린다.

셋째, 리뤼쥔 감독은 자연과 인간의 조화로운 삶에 대한 근본적 질문을 던지고 있다. 영화는 죽음을 앞둔 노인을 주인공으로 등장시켜, 탄생과 죽음으로 이어지는 자연으로서의 삶에 대한 진지한 성찰을 보여준다. 〈늙은 당나귀〉에서 농토를 공장부지로 개발하려는 도시화의 흐름은 결국 농촌의 기반을 해체하고, 〈백학〉에서 화장을 장려하는 정부정책과 맞서 스스로 매장하여 죽는 마 노인의 모습은 자연과 조화

13) 원테쥔, 『백년의 급진』, 돌베개, 2013. 13쪽, 114-115쪽.

를 이루지 못하는 개발주의적 사회발전에 대한 일종의 은유적 비판이다. 또한, 마을 사람들이 오리를 잡기 위해 호숫가 수풀을 베어내고, 잡은 오리를 요리하여 어린 손자가 천연덕스럽게 집오리에게 강제로 먹이는 그 잔인하면서도 천진한 장면은 인간과 자연의 조화로운 삶이 가능한가에 대한 근본적 질문을 던진다. 감독은 자연과 함께 살아가고 죽을 수밖에 없는 인간의 숙명과 그 엄숙성에 대해 진지하게 관객들에게 되묻고 있다.

넷째, 민간(民間)의 입장에서 서서 정부의 관료주의를 비판하고 있다. 중국 정부의 상명하달식 행정체제(관료제)가 농촌 현실과 어떻게 배치되고 있는가를 영화는 적나라하게 고발하고 있다. 〈늙은 당나귀〉에서는 삶의 터전인 밭을 화학공장으로 강제적으로 귀속하려는 지방정부가 등장하며, 〈백학〉에서는 전통적 장례식인 매장을 폐지하고 화장을 강제하는 정부정책이 등장한다. 영화는 중앙과 정부의 관료주의적 행태가 농촌 현실에서 어떻게 괴리되어 폐해로 나타나고 있는지를 지적하며, 이에 맞서는 농민들의 자주적인 민간 차원의 저항을 주요 내러티브의 중심에 넣고 있다. 정부의 상명하달식 관료주의와 민간의 자율적인 다운-탑(down-top)식 의지가 충돌하는 지점을 통해, 정부 관료주의와 획일화된 사회체제를 비판하고 있다.

다섯째, 리뤄쥔 감독은 여느 예술영화와 달리 다수의 관객과 함께 가려는 건강한 대중주의를 추구하고 있다. 리뤄쥔 감독은 예술영화 창작에 따른 대중성의 결여와 자본회수의 문제점을 잘 이해하고 있었다. 〈백학〉을 제작한 이후 새로운 배급과 상영 모델을 추구하고 일정한 성과를 거두었다고 한다. 리 감독은, "중국의 영화사이트 또우반(豆瓣)과 공조하여 인터넷 홍보를 적극 추진했으며, 국내 중소도시 재개봉(二線城市) 프로젝트, 이른바 '후창영화(後窗電影)' 상영에 적극 나섰다. 후창영화란 매주 주말 황금시간대에 1~2편의 예술영화를 상영하는 프로젝트를 말한다. 중국 지방 중소도시에 있는 영화관을 중심으로 후창 상영을 추진했고, 인터넷 또우반 사이트에서는 우리 영화의 상영시간과 장소를 적극 홍보해주었다. 또한, 국영중앙방송국 영화채널(CCTV-6)을 플랫폼으로 활용하여, 영화채널에 판권을 넘기고 방영하게 했다. 이러한 활동을 1년간 지속해왔고, 그 결과, 국내에 상영되지 못한 예술영화를 관객들에게 제공할 기회가 늘고, 영화관객도 증가하였다. 인터넷 방영, 극장 방영, 영화채널 방영 등을 통해 〈백학〉의 경우 전체 투자자본의 60% 이상을 회수할 수 있었다"며 새로운 모델을 추구하려는 예술영화인들의 노력과 성과를 설명해주었다. 반면, 해외시장 진출에 대해서는 회의적이었다. "해외 영화시장 진출을 사실상 아직은 힘든 상황이다. 심지어 지아장커 감독의 작품도 유명 영화제작자인 쩌우챵(周强)이 노력했음에도 불구하고 큰 성과를 보이지 못하고 있는 실정이다"라고 말하고 있다. 이들은 청년감독으로 일정한 명성을 쌓은 후, 블록버스터 상업영화로 전향하거나 영화시장의 주류로 자리잡았던 기존 5세대 6세대 선배 감독들과는 다른 모델을 추구하는 것이다. 리뤄쥔 감독은 자신의 예술관을 지키면서도 관객들과 함께 가려는 건강한 욕망과 새로운 배급모델을 시도하고 있었다.

여섯째, 리뤄쥔 감독은 예술영화인들과의 연대감과 인적 네트워크를 통한 독특한 영화제작 방식을 고수하고 있다. 리뤄쥔 감독은 자신과 비슷한 가치관과 예술관을 공유한 청년감독끼리 인적 네트워크를 만들었고, 그것을 예술영화 창작의 동력으로 삼는 제작방식을 가지고 있다.

현재 리뤄쥔 감독, 양진 감독, 펑타오 감독, 하오지에 감독 등 청년예술감독들은 텐화화텐영화사에 소속되어 있다. 리뤄쥔에 따르면, "텐화화텐영화사는 로우웨이화(婁維華)라는 대표가 투자를 한 영화사입니다. 그는 젊은 시절 인민해방군에서 영화상영병으로 근무하면서 영화를 좋아하게 되었고, 나중에 건설과 부동산으로 큰 부자가 되었습니다. 그는 영화를 좋아했기 때문에, 영화를 찍고 싶어 하는 젊은 감독들에게 제작비를 투자하거나 지원해주면서 저예산영화를 제작할 기회를 제공해주고 있습니다. 영화사는 시나리오나 장르에 대해 간섭하거나 제한을 두지 않고, 청년감독들의 입장을 지지해줍니다. 영화수익에 대해서도 비교적 의연한 편입니다. 만약 새로운 영화 제작비의 투자자금이 부족하면, 다른 회사를 찾아서 공동투자를 추구하며 영화가 제작될 수 있게 도와주고 있습니다. 저의 네 번째 영화도 여러 투자자들을 주선하여 제작비를 마련해주었습니다. 현재 제가 소속해 있는 '텐화화텐영화사'는 수익이 적자 상태입니다. 최근 영화사에서 유일하게 수익을 거둔 영화는 양진 감독의 애니메이션 한 편뿐입니다. 〈백학〉도 관객은 들었지만, 적자였습니다".

〈늙은 당나귀〉와 〈백학〉의 기획과 제작 파트는 중국 독립영화의 대부 격인 베이징영화학원의 장셴민 교수가 맡았으며, 현장 제작은 자신의 친형이거나 동료 감독이 맡고, 촬영감독은 자신의 절친한 친구인 양진 감독이, 시나리오는 역시 동료감독인 펑타오와 작업했으며, 주인공은 자신의 아내인 장민이 맡는 등 인적 네트워크를 활용한 독특한 제작방식을 보여주고 있다. 결국, 가치를 공유한 연대의식과 네트워크 활용은 경제적으로 어려운 제작환경 속에서 창작활동을 지속하게 하는 동력으로 작용하고 있었다. 리뤼쥔 감독의 술회에 의하면, "제가 베이징영화학원 장셴민 교수를 알게 된 것은 첫 영화 〈하지〉를 연출할 때부터입니다만, 긴밀히 합작하게 된 것은 두 번째 영화 〈늙은 당나귀〉부터입니다. 그는 〈늙은 당나귀〉의 기획을 맡았고, 우리가 필요로 하는 영화 장비들을 구해주었습니다. 그 당시, 저의 영화 스태프는 아내 장민, 친형인 리뤄치, 친구인 양진 감독과 펑타오 감독, 그리고 장셴민 교수 등 겨우 7명이었습니다. 또 한 분의 조언자는 베이징영화학원 교수이자 영화평론가인 추이즈언(崔子恩)입니다. 그가 저에게 네덜란드 로테르담 HBF에 지원금을 신청해보라고 제안하여, 선정되었고 3만 유로를 지원받게 되어 영화창작의 동력을 얻게 되었습니다."

일곱째, 리뤄쥔 감독은 사회현실 비판 정신과 예술성을 강조하면서도, 자신만의 영화스타일과 개성을 영화 속에 표현하고, 관객들과 함께 향유하고 싶어하는 대중적 작가감독을 지향하고 있다. 리뤄쥔은 기존 6세대 감독들의 사실주의와 현실비판 정신을 존경하고 계승하면서도, 감독의 예술성과 표현력을 중시하는 작가영화를 지향하고 있으며, 상업영화와 예술영화의 경계를 나누지 않고 영화의 다양성과 관객과의 대중적 교감과 소통을 희망하는 유연한 영화관을 보여주고 있다. "현재 우리 동년배 청년감독들은 다수가 상업영화로 방향을 틀고 있습니다. 그리고 그들의 빈 자리에는 후배 청년감독들이 들어와 채울 것입니다. 마치 5세대가 집단적으로 상업영화로 전환한 뒤, 6세대가 독립영화를 찍기 시작하듯이. 많은 사람들이 저한테 이런 질문을 합니다. 상업영화로 방향을 바꾸지 않을 것이냐고. 하지만, 제 영화의 길은 다시 돌릴 수 없습니다. 물론 제가 평생 상업영화를 찍지 않는다는 보장은 못합니다. 궁핍한 가정환경을 고려하면, 저도 우리 가정의 생활이 더 좋아지기를 희망하고 있기 때문입니다. 저는 한국의 박찬욱 감독의 〈올드보이〉, 봉준호 감독의 〈살인의 추억〉을 아주 좋아합니다. 저도 기회가 된다면 〈살인의 추억〉과 같은 영화를 찍고 싶습니다. 상업성과 예술성이 결합된 수준 높은 영화를 찍는 것이 저의 희망입니다. 앞으로 제가 상업영화을 만들고 싶고, 그 이야기도 제 마음에 든다면 상업영화를 찍을 것입니다."[14]

이와 같이, 리뤄쥔 감독은 변방 지역, 농촌, 민간, 자연이라는 로컬리티적 시선을 영화 내러티브의 주체로 삼아 관료주의, 도시화, 환경파괴라는 중국의 사회적 의제를 정면으로 비판하는 과감하면서도 용기 있는 예술영화를 창작하고 있다. 또한, 예술영화의 관객 확산을 위해 새로운 배급모델을 추구하고 있으며, 제작방식에서도 예술영화인들과의 인적 네트워크를 활용한 독특한 방식을 시도하고 있다.

(4) 반(反)시장적 예술영화의 미래

지금까지 중국의 청년감독 리뤄쥔과 그의 작품 세계를 분석해보았다. 중국의 청년감독이 대부분 영화시장을 향해 질주하는 시장(市場)의 시대에 예술영화를 지향하고 있는 리뤄쥔 감독의 존재는 반갑고 경이롭기까지 하다. 리뤄쥔 감독은 1983년생으로 이제 겨우 서른을 갓 넘긴 청년감독이다. 이 글을 준비하면서, 이제 겨우 세 편의 장편영화를 제작한 청년감독을 학술적으로 조명하기에는 좀 이르지 않나 자문해보았지만, 중국 현지에서 리뤄쥔 감독과 그 친구들을 직접 만나고, 또 그의 작품에 대한 분석과 국내외 영화인의 평가를 재확인하면서, 최근 중국영화의 새로운 동향을 고려할 때 리뤄쥔 감독과 그의 동료 청년감독에 대한 연구는 충분한 학술의의가 있으며, 중국 예술영화를 새롭게 주도해나가는 이들의 노력에 대한 학술적 조명이 오히려 때늦은 시도일지도 모른다는 판단이 들었다. 리뤄쥔 감독을 만나고 연구

---

14) 2014. 4. 8. 인터뷰.

하면서 최근 중국 예술영화의 새로운 흐름과 특징을 확인할 수 있었던 것이 가장 큰 성과였으며 개인적으로도 중국영화에 대한 이해의 폭을 넓혀 나갈 수 있는 좋은 기회였다.

리뤼쥔 감독을 위시한 예술영화를 지향하는 중국의 청년감독은 중국사회와 공동체에 대한 진실을 추구하려는 용기와 영화정신을 가지고 있다. 인간과 사회에 대한 예술적 성찰력을 바탕으로 당대 중국사회의 허구에 맞서고 있으며, 시대와 불화하면서도 굽히지 않은 저항정신을 보여주고 있다. 한편으로는, 현실비판적 시선을 배면에 깔면서도 감독 자신의 주관적 감성과 예술적 성찰을 중시하며 자신만의 새로운 영상스타일로 표현하려는 예술가 본연의 자세도 갖추고 있었다.

리뤼쥔 감독은 2014년 네 번째 장편영화인 〈내 집은 어디인가?(家在水草豐茂的地方, Where is my home?)〉를 연출했다. 이 영화는 2011년 홍콩영화제(HKIFF)의 HAF(the Hong Kong-Asia Film Financing Forum, 부산국제영화제의 PPP와 같은 영화제작 지원프로그램임)에서 시나리오상을 받으며 지원받은 영화이다. 앞의 영화와 마찬가지로 자신의 고향인 간수성 농촌을 배경으로 두 소년이 낙타를 타고 다니면서 일어나는 일을 다룬 일종의 로드무비로서, 자신이 기획한 '고향 3부작'의 마지막 작품이라고 한다. 그리고 어린아이 문제를 다룬 다섯 번째 영화, 노인문제를 다룬 여섯 번째 장편영화를 계속해서 창작할 것이라고 한다.

리뤼쥔 감독은 왜 그렇게 예술영화의 길을 걷느냐는 인터뷰 질문에 대해, "만약 어느 날 내게 투자할 사람이 없어진다면, 나는 카메라를 메고 다큐멘터리를 찍으러 갈 것입니다. 기존의 독립영화 청년감독들이 블록버스터나 상업영화 쪽으로 돌아섰지만, 나는 계속 저예산 독립영화를 견지할 것입니다. 왜냐하면, 투자액이 클수록 투자자로부터 더 많은 제한을 받기 때문입니다. 그렇게 되면, 감독 스스로의 창작의 자유를 보장받지 못할 것입니다. 상업영화를 배척하는 것이 아니라 영화시장의 수요는 원래 다원화되어야 하며, 상업영화, 다큐멘터리 등 여러 감독들이 다양한 종류의 영화를 만들기를 원할 뿐입니다. 하지만, 내겐 상업영화가 훨씬 더 어렵습니다. 왜냐하면 예술영화는 나의 이야기를 하면 되지만, 대중영화는 대중의 욕망을 이야기해야 하기 때문입니다"라고 답하고 있다. 관객들이 찾지 않는 예술영화를 왜 만드느냐는 질문에 대해서도, "저는 개인의 영달을 위해 영화를 만들지 않습니다. 시나리오를 쓸 때부터 많은 관객들이 저의 영화를 보러 오지 않을 것이라는 점을 잘 알고 있습니다. 지금 관객들은 중국사회의 여러 문제와 스트레스로 인해 재미있고 웃는 영화를 보고 싶어 합니다. 마치 KFC와 맥도널드를 찾는 것과 같습니다. 많이 먹으면 몸에 이롭지 못한 것을 알면서도, 매번 찾아가서 먹습니다. 저는 사람들이 그런 인스턴트 식품을 실컷 먹고 질린 후 떠올리고 찾는 한 그릇의 국수와 같은 영화를 만들고자 합니다. 그때쯤 저를 찾는다면 그것으로 만족합니다"[15]라며, 관객들에게 유익한 영화를 만들겠다는 의지를 밝히기도 했다.

현재 중국영화는 2012년부터 세계 2위로 올라섰으며, 제작편수, 관객수, 영화관 등 영화산업 인프라는 매년 평균 30% 이상 팽창해나가는 발전기를 맞고 있다. 영화산업의 급성장에 따른 시장중심주의가 영화계를 지배하는 시장의 시대에, 다수의 청년감독들이 영화시장의 욕망 속으로 질주하려는 이 시대에, 시류에 정면으로 맞서며 물질적 성공보다는 진실과 인간을 우선적 가치로 내세우는 리뤄쥔 감독의 예술정신은 높이 살 만하다.

15) 2014. 4. 8. 인터뷰.

시장화 시대에 시장과 불화하는 반(反)시장적 영화정신과 분투는 돈으로 환산할 수 없는 우리 시대의 소중한 영화자산이다. 자본과 정부이데올로기의 홍수에 빠진 중국영화에 순수하고 비판적인 예술정신과 열정을 가진 중국 청년감독의 존재는 놀랍고 경이로운 현상이다. 그들의 눈물 어린 분투와 노력이 관객들로부터 인정받아 중국영화가 예술적 수준에서도 한 단계 더 발전해나가는 데 크게 기여하기를 기대한다.

2) 기타, 예술지향형 청년감독 - 하오지에, 양진, 장센민, 펑타오 감독

■ 하오지에(郝杰)

〈사진18〉
하오지에 감독의 〈아름다운 누이〉

1981년 허베이성 장자커우 출신의 중국 청년감독으로, 2004년 베이징영화학원에 입학하였다. 2010년 장편영화 〈노총각들〉로 데뷔하였으며, 타이베이영화제와 홍콩국제영화제 특별전 등에서 상영되었으며, 일본 도쿄FILMEX국제영화제에서 심사위원상, 한국 전주국제영화제 영화촉진상, 중국 FIRST청년영화제 최우수감독상 등을 수상하였다. 〈노총각들〉은 베이징에서 150킬로미터 떨어진 산촌을 배경으로 마을 사람들을 성심껏 돌보아온 촌장과 결혼하지 않은 남성들의 신산한 삶과 사회현실 문제를 다루고 있다. 2013년에는 〈아름다운 누이(美姐)〉로 제49회 타이베이금마장영화제에서 넷팩상, 2014년 FIRST청년영화제에서 최우수감독상, 최우수연기상, 시나리오상, 미술상 등을 수상했다. 〈아름다운 누이〉는 문화대혁명 시기를 배경으로 주인공 티에단의 굴곡진 사랑이야기를 다루고 있다. 2015년에는 〈나의 청춘기〉를 연출했다.

• 하우지에 감독 인터뷰

Q: 감독님의 최근 근황이 궁금합니다.

A : 지금(2015년) 세 번째 영화 〈나의 청춘기〉를 준비하고 있습니다. 이전 영화 〈노총각들〉과 〈아름다운 누이〉는 저예산 독립영화인데, 이번 세 번째 영화는 상업성을 추가하여 영화시장에 배급하려 합니다. 세 번째 영화의 투자규모는 천만 위안 이상입니다.

Q: 〈노총각들〉과 〈아름다운 누이〉의 제작비와 흥행은 어떠합니까?

A: 〈노총각〉은 지하영화(地下電影)라서, 흥행 기록이 전혀 없습니다. 〈아름다운 누이〉는 정부 허가를 받은 영화이지만, 흥행은 그다지 좋지 않습니다.

Q: 영화의 주제에 남녀관계, 섹스 등의 문제가 많은데 이런 주제를 선택한 이유가 있는지요?

A: 간단합니다. 제가 섹스를 좋아하고 관심도 많기 때문입니다.(웃음)

Q: 감독님 영화 주제가 정부의 심사제도와 충돌되는데, 문제가 없었는지요?

A: 문제가 있었습니다. 심사단계에서 정치문제가 제일 큰 문제였습니다. 심사제도는 감독들에게 생략하거나 추가해야 하는 등 연출에 영향을 줍니다.

Q: 당신의 고향은 어디입니까? 어떻게 영화를 택했습니까?

A: 제 고향은 허베이 장자커우입니다. 저의 영화의 배경이기도 합니다.

2004년 베이징영화학원에 진학하며 베이징으로 왔습니다.

Q: 소속 영화사가 예술영화배급사인 '텐화화텐영화사'입니다. 리뤄쥔 감독과 같은 소속인데 현재 같이 일하고 있습니까?

A: 나, 리뤄쥔 감독, 양진 감독, 완마차이단 감독 등은 같은 소속입니다.

Q: 시장화 시대에 어떤 영화를 지향하고 있습니까? 독립영화를 지속하실 것인지요?

A: 저는 예술성과 상업성을 결합한 영화를 만들고자 합니다.

Q: 선배 세대인 6세대 감독들에 대해서는 어떻게 평가하십니까?

A: 제가 볼 때 그들은 모두 예술영화를 만듭니다. 우리 세대와의 차이점은 그들은 엘리트 영화교육을 받은 감독들로서 예술성이 강하다는 점이고, 우리는 영화환경도 혼란스럽고 다양한 영화를 추구한다는 점입니다.

Q: 5세대 감독의 경우, 지하영화에서 시작하여 블록버스터 영화로 나아갔는데, 이러한 방식에 대해 어떻게 생각하는지요?

A: 성공하면 돈을 법니다. 예술영화나 상업영화를 찍는 사람들은 모두 같습니다. 인간성의 장점과 단점이 동시에 존재합니다. 예술하는 사람들 중에도 나쁜 사람들이 많습니다. 이런 점에서 모든 사람들은 비슷하다고 봅니다. 한국 사람들과 중국 사람들도 같습니다. 물론 제도가 다르고 경제발전 정도가 다르지만 지구의 사람들은 모두 같습니다. 그럼 점에서 5세대 감독들을 바라보고 있습니다.

Q: 세 번째 영화의 편집을 한국인이 맡고 있는데요?

A: 편집자가 한국인입니다. 백성훈이라는 사람으로 부산영화제 측과도 친분이 있으며 지아장커 감독과도 프로젝트를 같이 수행한 적이 있는 사람입니다.

Q: 감독님에게 제일 큰 영향을 준 감독은 누구입니까?

A: 지아장커 감독입니다. 그의 영화 〈소무〉를 보면서 저 자신의 정체성을 되찾았습니다. 저도 시골 출신입니다. 〈소무〉를 통해 주변의 보통 사람들을 영화 속에 넣을 수 있다는 것을 발견했습니다.

Q: 지금 감독님 세대 청년감독들 중에서 누구를 제일 좋아합니까?

A: 잉량 감독입니다. 그는 지금 정부와 맞서면서 홍콩에 있습니다. 상업영화냐 예술영화냐는 중요하지 않습니다. 그 감독은 기개가 대단하고 저는 감복했습니다. 저는 상업영화를 찍더라도 그런 감독이 되고자 합니다.

Q: 닝하오 감독의 〈황금대겁안〉과 같은 블록버스터급 상업영화를 찍을 기회가 생긴다면 연출하시겠습니까?

A: 물론입니다. 하지만 〈황금대겁안〉은 예술성이 없는 영화입니다.

Q: 이전에 부산국제영화제에 초청된 적이 있으시죠?

A: 네, 김지석 수석프로그래머 덕분입니다. 사실 그는 저보다 리뤄쥔 감독에 대해 호의를 보였지만요. 하하. 리뤄쥔 감독은 아주 예술성이 강한 감독입니다. 저는 리뤄쥔과 닝하오의 중간쯤 됩니다.

■ 양진(楊瑾)

〈사진19〉 양진 감독의 〈얼동〉

양진 감독은 1982년 산시성에서 출생했다. 원청고등학교를 졸업하고 산시예술직업학원을 졸업했다. 2002년에는 다큐멘터리 〈꿈을 쫓는 사람〉, 2003년에는 다큐멘터리 〈농촌 사람들〉을 연출하였고, 2004년 디지털카메라로 가난한 중국 농촌 초등학교를 배경으로 하는 장편 독립영화 〈젖소〉를 찍어 제19회 스위스 프리버거국제영화제(Fribourg International Film Festival)에서 문화상(Ecumenical Jury Award)을 수상했다. 2008년에는 중국 농촌의 청년 얼동의 성장기를 다룬 150분 장편독립영화 〈얼동〉을 연출했으며, 2012년에는 어린 소년 양진의 농촌 체험기를 다룬 〈어떤 사람은 지혜로움을 찬미하지만, 어떤 사람은 아니다〉를 연출했다. 양진 감독은 중국 매체와의 인터뷰에서 "자신의 영화는 심사제도에서 통과되지 않아, 극장에서 볼 일이 없다. 하지만, 신경쓰지 않는다. 나의 영화는 오락성이 가주 낮은 편인데다, 오락성을 위해 만든 것이 아니기 때문이다"라고 말하고 있다. 양진 감독의 영화는 철저지 자기경험과 기억에 기반한 자기반영적 영화를 즐겨 연출한다. 영화의 배경은 주로 자신의 고향이며, 등장인물의 이름도 감독과 비슷하거나 같은 양씨를 가진 청년이다. 또한, 양진 감독은 동시대 예술지향적 독립영화 청년감독과 끈끈한 연대의식을 가진 감독이다. 특히, 리뤄퀀 감독 대다수 작품에서 영화촬영을 담당하는 등 예술영화 청년감독들과의 공동 제작을 즐기는 청년영화인이기도 하다.

• 양진 감독 인터뷰

Q: 한국을 방문하신 적 있으십니까?

A: 네 번 갔고, 그중에서 부산국제영화제에 세 번 참가했습니다.

Q: 최근 영화 활동 근황을 부탁드립니다.

A: 저는 현재 네 번째 작품을 준비하고 있습니다. 멜로 장르영화입니다. 이전의 작품과 비교하면 상업성을 많이 가미했습니다. 중국 감독이 일본영화제에 참여했다가 겪는 사랑이야기로서, 일본 도쿄에서 촬영할 계획입니다. 예산은 대략 천만 위안이며 소속사인 '텐화화텐영화사'에서 제작비를 투자합니다.

Q: 당신의 영화 〈어떤 사람은 지혜를 찬미하…〉는 예술성이 강한 영화입니다. 이번에 멜로 장르영화를 연출하는 이유가 있는지요?

A: 원인은 중국영화를 매우 좋아하는 일본친구 때문입니다. 그는 이발재료 무역상인데, 중국에서 원자료를 일본으로 판매하여 큰돈을 벌었습니다. 그는 베이징독립영화제에서 자원봉사자로 일하면서 많은 중국 영화감독들을 알게 되었습니다. 이 친구의 이야기를 영화로 만들고 싶었습니다. 이야기 내용은 한 중국감독이 일본영화제에 와서 언어불통으로 교류에 어려움을 겪다가 일본여성을 좋아하게 되는 이야기입니다.

Q: 독립영화제작사인 '텐화화텐영화사'와 어떻게 계약하고 있습니까?

A: 2년 기간입니다. 영화사 사장이 영화를 아주 좋아합니다.

Q: 당신의 많은 동년배 감독들이 지하영화에서 영화시장 영화로 변신을 시도하고 있습니다. 혹시, 닝하오에 대해 어떻게 평가하십니까?

A: 상업영화를 하는 것은 예술영화보다 더욱 어려운 일입니다. 그 이유는 상업영화는 더욱 많은 사람들의 흥미에 맞게 영화를 만들어야 하기 때문입니다. 능력이 있는 감독들은 상업영화로 옮길 수 있다고 봅니다만, 저의 능력은 이러한 부분에서 취약합니다. 상업영화 감독들은 대중의 심리를 연구해야 하지만 독립영화 감독들은 자신의 개성과 취향에 집중하는 경향이 있습니다.

Q: 감독님의 고향은 어디입니까?

A: 산시성입니다. 지아장커, 닝하오, 한지에 등과 같은 고향입니다.

Q: 영화를 위해 처음 베이징에 왔을 때 기분이 어땠나요?

A: 용기가 있었습니다. 저는 이미 타이위앤에서 3년 동안 공부를 하였고, 베이징사범대학에 합격하여 베이징에 오게 되었습니다. 닝하오, 한지에 등도 베이징사범대학을 나왔습니다. 저에게 가장 큰 영향을 준 영화교육기관은 베이징사범대학입니다.

Q: 아까의 화제를 계속 이어가겠습니다. 감독님의 영화를 지아장커, 왕사오솨이 등 6세대 감독들과 비교하면 어떤 차이과 공통점이 있다고 보십니까?

A: 제가 보기에 차이점은 저는 저 자신의 이야기를 영화로 만들었고요, 6세대 감독 대부분은 주변 사람들의 이야기를 영화로 만든 것이며, 5세대 감독들은 중국민족의 이야기를 영화로 만든 점이 차이라고 봅니다. 하지만 사회와 시대의 감성을 영화로 표현한 것은 공통점이라고 생각됩니다.

Q: 최근 지아장커 감독이 블록버스터급 무협영화를 제작한다고 합니다. 이런 경향에 대해 어떻게 생각하는지요?

A: 중국의 무협영화 감독이 되기 위해서는 무술에 대한 연구가 있어야 합니다. 예를 들면, 베이징영화학원 교수인 쉬하오펑 감독은 무술의 유래와 기술 등을 잘 알고 있기 때문에 그런 부류의 영화를 만들고 있는 것입니다. 무술에 대해 잘 알고 있다면 누구나 영화감독이 될 수 있다고 봅니다.

Q: 만일 블록버스터급 상업영화 제안이 들어오면 어떻게 하실 것인지 궁금합니다.

A: 그럴 가능성이 있을까요. 하하. 대규모 투자자는 그에 맞는 감독들을 선택합니다. 최근에는 스타배우들이 감독으로 데뷔하고 있습니다. 쉬정의 〈로스트 인 타일랜드〉, 자오웨이의 〈청춘에게〉 등이 대표적인 사례입니다. 스타배우들이 감독을 하게 되면 그들의 친구 스타들이 영화에 출연하게 되고, 관객들은 많은 스타를 보러 영화관을 찾기 때문에, 투자자들은 이와 같은 방식을 선호하고 있는 것입니다. 그런 점에서 이야기만 가지고 있는 저와 같은 감독들에게 블록버스터 상업영화는 제안이 오지 않을 것입니다.

Q: 이번 멜로 장르영화에는 스타배우가 나옵니까?

A: 현재로선 스타배우가 출연할 계획은 없습니다. 제작사 일부에서 대규모 투자사에 요청해서 천만 위안을 더 들여서라도 스타배우들을 요청한다고 합니다만. 하지만 저는 무조건 시나리오와 잘 어울리는 배우면 됩니다. 무서운 것은 스타와 시나리오 인물이 괴리감이 생기는 것입

니다.

Q: 감독님이 제일 좋아하는 감독으로 일본의 이마무라 쇼헤이를 얘기했습니다. 왜 좋아하게 되었는지요?

A: 대학 다닐 때 해적판을 많이 보았죠. 〈간장선생〉을 매우 좋아하였습니다. 그는 평범한 보통사람을 영화로 찍습니다. 그의 스승인 오즈 야스지로 감독도 보통사람의 이야기를 다루지만, 뭐랄까 일종의 부자연스러운 감성이 들어가 있다고 느꼈습니다. 하지만 이마무라 감독이 찍은 농촌이나 길가에서 쓰레기 줍는 사람 등의 모습은 자연스러워서 좋아합니다.

Q: 동년배 청년감독 중 누구를 좋아합니까?

A: 완마차이단 감독입니다. 칭하이의 티벳인입니다. 그는 소설가로서 시나리오 능력이 탁월하며, 통속적이지도 않습니다.

Q: 한국에도 80년대, 90년대 출생한 청년감독들이 있습니다만, 저는 진심으로 당신과 같은 중국 청년감독들의 열정에 감동받았습니다. 한국영화를 어떻게 평가하십니까?

A: 최근 홍상수 감독의 영화를 많이 보았습니다. 그는 매우 자연스럽게 현실을 묘사하더군요.

■ 장센민(張獻民)

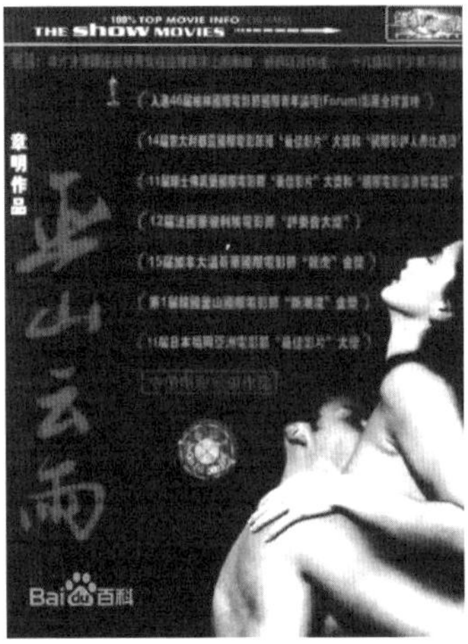

〈사진20〉 장센민 교수의 〈무산운우〉

베이징영화학원 문학과 교수이자 독립영화인이다. 1985년 베이징 외국어대를 졸업한 후 1987년 프랑스 파리 3대학에서 석사학위를 받았다. 중국 독립영화를 대표하는 중국독립영상상영전(中國獨立影像年度, CIFF)의 실질적인 리더이기도 하다. 영화 저작으로는 〈개인의 영화〉(중국청년출판사) 등이 있으며, 다큐멘터리 〈베이징에 집이 있다〉 등을 연출하였으며, 〈무산운우〉, 〈이화원〉 등의 영화에 출현해 연기자로도 활동하고 있다. 베이징영화학원의 교수로 재직하면서, 중국 독립영화의 제작 및 국제교류에 앞장서고 있는 대표적 인물이다.

• 장센민 교수 인터뷰

Q: 교수님은 최근 어떤 일을 하고 계신지요?

A: 저는 프랑스에서 영화전공을 한 후 귀국하였습니다. 현재 베이징영화학원에서 시나리오 수업을 맡고 있는 교수입니다. 대략 1999년부터 독립영화 제작을 시작하였고, 영화평론도 시작하였습니다. 2002년도에는 부산국제영화제에서 중국 청년감독 토론회를 주관한 바 있으며, 2003년도부터 중국독립영화상영전(CIFF)을 창립하였습니다. 2005년에는 '영제(影弟)영화사'를 만들어 일부 청년감독 독립영화를 제작하였습니다. 개인적으로는 현재까지 대략 15개의 작품을 제작하였고, 3개 작품에 출연하였다. 이것이 간단한 개인 상황입니다.

Q: 최근 근황은 어떠십니까?

A: 최근 CIFF 제10기를 준비하고 있습니다. 15개 단편영화를 전국 16개 도시를 돌면서 방영하려 합니다. 2014년 계획은 농촌에 관한 새로운 상황을 다큐멘터리로 찍고 이를 방영하는 국제적인 프로그램을 준비 중입니다. 저는 매년 1회 정도 유럽에 가는데, 올해에도 5월부터 영국에서 런던, 노팅험, 뉴캐슬 3개 도시에서 CIFF 상영전을 가지려 합니다. 또한 7월에는 중국 단편학생영화 상영전을 준비하고 있으며, 타이완영화자료관과 10월에 중국 다큐멘터리회고전을 가지려 합니다.

Q: 중국 독립영화 제작과 배급 상황은 열악한데요, 어떻게 헤쳐나가고 있습니까?

A: 비록 생존환경은 열악하지만 죽을 수 없죠. 지금도 의연히 당신과

함께 같이 앉아 토론하고 있습니다.

Q: 열악한 환경은 시장시스템입니까, 정부의 심사제도입니까?

A: 저의 어려움은 주로 정부의 심사제도입니다. 청년감독의 열악한 조건은 매 개인에 따라 다릅니다. 예를 들면, 지아장커 감독은 시장의 압력이 그렇고요.

Q: 제가 보기에는 독립영화의 어려움은 시장에서 나왔다고 봅니다. 관객들은 독립영화를 그닥 찾질 않습니다. 최근 저는 여러 명의 청년감독들을 만나보았습니다. 대부분의 사람들은 시장을 중시하고 독립영화의 앞길이 낙관적이지 않다고 합니다. 이들 청년감독을 어떻게 평가합니까?

A: 이것은 그들의 생각일 뿐입니다. 작품창작이 제일 중요합니다. 각 사람은 생각과 이해가 다른데 그들은 자유롭게 선택할 수 있습니다. 나는 나의 독립영화를 만들어가고, 그들은 그들 나름의 영화를 하는 것이며 모두 문제가 없다고 봅니다.

Q: 한국 독립영화 상황은 영화시장의 문제입니다. 관객들이 많이 찾질 않습니다. 중국의 상황은 어떠한지요?

A: 중국의 독립영화 시장은 큰 변화가 없이 5년이나 10년까지 갈 것으로 예상됩니다. 정부의 정책은 앞으로도 더 엄격해질 것입니다. 관객들은 오직 큰 상업영화를 주로 찾을 것입니다. 비록 정책이 풀리더라도 독립영화가 영화관에 들어가기는 어려울 것입니다. 영화배급사와 영화관들은 정부 정책과 경제적 수익 문제로 독립영화에 반대합니다. 지금도 나에게 전화가 옵니다. 제발 독립영화 좀 그만 만들라고요.

Q: 한국 관객들에게 중국의 최근 좋은 작품을 소개해주실 수 있는지요?

A: 베를린국제영화제에서 황금곰상을 받은 디아오이난 감독의 〈백일염화〉와 자오다용 감독의 〈귀신같은 나날〉이 좋습니다. 디아오이난은 좋은 감독이죠. 두 편 영화 모두 CIFF에서 방영했습니다. 한지에 감독도 괜찮습니다. 장멍 감독의 〈강철 피아노〉도 좋은 작품이라 생각합니다.

Q: 학생들에게 독립영화 교과목 수업을 어떻게 가르치나요?

A: 다큐멘터리 수업 시간에는 제일 먼저 돈 문제를 설명합니다. 대략 얼마 벌 수 있고 어느 기구에서 돈을 구하여 만들 것인가 등등. 어느 기구에서 다큐멘터리를 방영하며 시장상황 가격에 대해 학생들에게 똑똑히 알게 하여 자신의 상황에 의거하여 선택할 수 있게 합니다.

■ 펑타오(彭韜)

〈사진21〉 펑타오 감독의 〈매미〉

베이징 출생으로 베이징영화학원 문학과를 졸업했다. 2002년 단편 〈겨울이야기〉를 연출했으며, 2004년에는 35mm 필름단편 〈안녕, 어린시절〉을 연출했다. 2007년 질병에 걸린 거지 소녀의 이야기를 그린 〈매미(Little Moth)〉를 연출하여 카이로국제영화제에서 금상, 홍콩국제영화제 아시아디지털다큐멘터리 은상 등을 수상했다. 2012년에는 〈장례사(焚屍人)〉의 시나리오와 연출을 맡았다. 이 영화는 로테르담영화제 HAF기금의 지원으로 제작되었으며, 2012년 중국독립영화상영전(CIFF) 심사위원상을 받았으며, 제17회 부산국제영화제에 상영되었다.

• 펑타오 감독 인터뷰

Q: 영화 〈장례사〉 이후 최근 근황이 어떠한지요?

A: 저는 3년간 영화를 만들지 못했습니다. 현재는 범죄영화의 시나리오를 완성했는데, 여전히 제작비 조달의 어려움을 겪고 있습니다. 고정적인 투자자가 없는 상황인 데다가, 이전 작품들은 심사제도를 통과하지 못한 바 있습니다. 저는 계속 중국에서 영화를 찍을 것이며, 심사제도에 통과되는 영화를 만들 것입니다.

Q: 이전 작품들에 대해 스스로 어떻게 평가하고 있는지요?

A: 이전 영화들은 아주 자유로운 작가주의 영화였습니다. 거의 아무도 간섭하지 않았고, 저는 제가 원하고 상상하는 영화를 만들어왔습니다. 영화의 주제는 주로 중국 현실사회에서 찾았고요, 언론보도를 자주 참조했습니다. 현재 중국사회의 진실을 영화로 만들고 싶었습니다.

Q: 중국 청년감독의 영화정신은 무엇이라고 생각하십니까?

A: 어려운 질문이군요. 각자의 사상, 태도가 다를 것인데요. 제 생각에는 청년세대의 '꿈과 이상'을 추구한다는 점에서 공통점이 있다고 봅니다.

Q: 왜 영화를 만드는지요? 감독님의 영화철학을 알고 싶습니다.

A: 항상 영화에 대한 꿈이 있기 때문입니다. 이 꿈이 나를 지탱하고 있습니다. 디지털 시대를 맞아 누구나가 저예산으로 영화감독이 될 수 있습니다. 이런 시기에 중국 독립영화가 국제적으로 주목받고 있는 것

같습니다. 나의 영화철학이 무엇인지 곰곰이 생각해보니, 저의 살아온 인생과 생각과 연관이 있습니다. 저는 도시 출생이었지만, 내면적으로는 농촌사람이 아닌가 생각합니다. 대부분 독립영화 감독들은 자신들의 생활환경과 고향을 배경으로 합니다. 비록 저는 농촌 태생이 아니며 성장환경과는 멀리 떨어진 곳이었지만, 뼛속까지 농촌에 대한 공감과 감성이 있고 또 그것을 통해 우리 시대를 표현하고 싶었습니다.

Q: 중국이 2001년 WTO 가입 이후 영화시장에도 급속한 시장시스템으로의 변화가 일고 있습니다. 영화시장에 대한 감독님의 견해는 무엇인지요?

A: 저는 중국 영화시장이 아주 양호한 상황이라 봅니다. 창작환경이 아니라 박스오피스 차원에서는 말이죠. 하지만 투자와 배급 면에서는 중국 영화산업은 아직 완성되지 않았다고 봅니다. 중국 영화시장 주요 관객층은 15~35세입니다. 결혼한 이후에는 아이를 양육하고 직장에 치여 영화관에 올 여력이 없어 보입니다. 따라서 대부분 영화는 이들을 겨냥한 상업영화가 만들어집니다. 애정영화 장르가 대표적인 사례입니다. 제가 영화사를 찾아가 투자를 요청했을 때, 그들은 시나리오가 좋냐 나쁘냐가 아니라, 박스오피스를 먼저 걱정하는 분위기가 있습니다.

Q: 중국 심사제도에 대해서는 어떤 생각을 갖고 계십니까?

A: 지아장커 감독이 쓴 글을 보니까, 자신이 국제영화제에 참가했을 때, 갑자기 한국감독 주변에서 함성이 들려 물었더니 한국의 심사제도가 완전 폐지되었다고 합니다(아마도 영상물등급제도 관련한 개선 정책이었을 것으로 추정된다-필자). 그 후 그 한국감독은 좋은 작품을 들고 국제영화제를 찾더라고 쓰고 있습니다. 저는 중국의 심사제도가 폐지되

는 것을 상상하며 즐거워한 적이 있습니다. 하지만 늘 현실에서는 무기력했습니다.

Q: 감독님 같은 청년감독들과 6세대, 5세대 감독들과는 어떤 점에서 차이가 있습니까?

A: 제 생각에는 5세대 감독들은 중국영화를 가지고 국제로 진출한 첫 감독들이라 생각합니다. 세계영화계에 중국영화의 존재를 알린 세대입니다. 제가 영화공부를 막 시작했을 때에는 후세대에서 5세대 감독들을 넘어설 수 없을 것이라고 보았습니다. 재능도 뛰어난 분들입니다. 다만 5세대 감독들이 활동한 시대의 분위기가 그런 영화를 창작할 수 있는 배경이 되었고, 지금은 시대가 달라졌기 때문에 그런 기회가 없지 않나 생각합니다.

5세대와 6세대 감독들은 공통적으로 베이징영화학원 졸업생들입니다. 그들의 활동은 교육제도와 밀접한 관계가 있어 보입니다. 당시에는 전국에 유일한 영화대학이었기 때문입니다. 5세대 감독들은 국가의 전폭적인 교육지원과 물적 지원을 받을 수 있는 행운이 있었지만, 6세대 감독들에게는 그러한 기회와 행운이 없었고, 스스로 분투하며 창작활동을 한 세대라고 평가합니다. 또한, 당시에는 35mm 필름으로 영화를 제작할 때라 훨씬 더 창작에 어려움이 있었을 것입니다.

현재는 디지털카메라가 대량 보급된 시대입니다. 저예산으로 얼마든지 영화를 만들 수 있습니다. 현재 청년감독들은 다양하고 복잡한 양상을 보이고 있습니다. 전문 영화학과를 졸업한 감독도 있지만, 소설가도 있고, 시인도 있고, 화가도 감독을 하고 있습니다. 그럼에도 불구하고, 왕사오솨이 감독은 우리들에게 "청년감독들 너희들은 우리 세대보다 영화환경이 좋지 않아. 당시 우리 세대는 항상 언론보도의 주목을 받아왔지만, 지금 시대에는 오직 상업적인 관심만 갖지, 예술에는 관심이 없어졌다"고 말한 바 있습니다.

Q: 현재 중국사회의 가장 큰 문제점이 무엇이라고 보십니까?

A: 경제적 수익을 추구하는 물질주의 세태가 가장 큰 문제라고 봅니다. 물질주의 가치관이 사회적 신분이나 정체성의 표준이 되었고, 개인의 의지나 능력은 점점 영향력이 작아지고 있습니다.

Q: 좋아하는 감독은 누구입니까?

A: 저는 일본의 미조구치 겐지 감독을 좋아합니다. 잔혹한 미학 속에 현실을 잘 담아내는 장점이 있는 감독입니다. 중국 감독으로는 지아장커 감독을 제일 존경합니다. 그는 우리 시대의 중국사회를 영화로 재현해낸 대표적인 감독입니다.

3) 예술과 시장, 경계 선상의 청년감독들 - 한지에, 장멍 감독

■ 한지에(韓杰)

1977년 산시성 사오이(孝義)에서 출생했다. 1996년 운남성 쿤밍지질학원 컨퓨터공학과를 마친 후, 2002년 베이징사범대학 예술학과를 졸업했다. 2002년 졸업작품으로 단편영화 〈과년(過年)〉을 연출하여, 베이징대학생영화제 최우수감독상을 수상했으며, 그 후, 〈세계〉, 〈스틸라이프〉, 〈무용〉 등 지아장커 감독의 조연출로 일했다. 2006년 장편영화 〈뢰소자(賴小子)〉로 로테르담국제영화제 금호랑이상을 수상한 바 있으며, 2011년에는 〈헬로! 수선생〉을 연출하여, 2014년 제14회 상하이국제영화제에서 최우수감독상과 심사위원상을 수상하였다. 지아장커 감독의 조연출 출신으로 현재 상업성과 예술성이 결합되는 영화를 준비하고 있다.

〈사진22〉
한지에 감독의 〈헬로! 수선생〉

• 한지에 감독 인터뷰

Q: 최근 근황을 소개해줄 수 있습니까?

A: 최근 상업영화를 준비하고 있습니다. 이전의 저의 영화에서 투자자들의 별다른 요구는 없었고, 저의 연출을 존중해주었습니다. 그러나 최근 영화시장이 확대되면서 투자자들은 예술성보다는 오락성을 원합니다. 관객들이 보다 진일보된 영화관념을 가져주었으면 합니다.

Q: 새 영화는 예술성과 상업성을 결합한 영화입니까?

A: 조금은요. 저는 기존의 영화 풍격에 코미디와 액션을 추가하였습니다. 중국 관객들은 코미디와 액션 영화를 좋아합니다. 우리들은 시나리오 단계에서 이러한 점을 준비하고 있습니다. 저예산 영화인데, 중국에서는 대개 2,000천만 위안 정도를 저예산의 기준으로 삼습니다.

Q: 영화의 제목은 결정되었습니까?

A : 네, 〈차마포(車馬炮)〉입니다. 사실 저의 전편 영화 〈헬로! 수선생〉은 예술성과 상업성을 결합한 영화였지만, 예술성이 강했다고 평가합니다. 그래서, 일부 관객들은 무엇을 찍었는지 모호하다고 말하는 분들도 있었습니다. 흥행도 몇백만 위안에 머물렀습니다.

Q: 한국의 영화평론가들은 그 영화를 매우 좋게 보았는데요.

A: 중국 관객들은 진중하고 깊은 주제를 그다지 좋아하지 않습니다. 그들은 비교적 간단한 이야기를 더욱 좋아합니다.

Q: 사실 오늘 인터뷰 주제는 청년감독의 철학입니다. 감독님은 언제부터 어떠한 원인으로 상업성을 고려하고 상업성을 결합하는 영화를 찍어야겠다고 생각하신 것인지요?

A: 저는 사실 어려움을 겪고 있습니다. 마치 넘을 수 없는 큰 산처럼 말입니다. 진정으로 영화를 좋아하는 감독이더라도 작품을 통해 돈을 벌지 않으면 다음 작품을 찍을 수가 없습니다. 2000년대에 당신이 중국에 왔다면 예술영화를 찍는 많은 감독들을 볼 수 있었을 것입니다. 하지만 지금은 많은 감독들이 상업영화로 전향하였습니다. 제작비가 충당되어야만 직업을 유지할 수 있고 가능성을 더욱 발굴할 수 있는 상황입니다.

Q: 5세대, 6세대 선배들을 보면 지하영화(Underground Film)로 시작하여 점차 상업영화로 변신하였습니다. 이런 모델이 반복되는 원인은 무엇입니까? 감독님은 이러한 모델을 어떻게 보십니까?

A: 많은 감독들이 처음 시작할 때에는 자신이 찍고 싶은 영화를 찍습니다만, 시간이 흐르면서 견지하기가 어려운 것이 현실입니다. 예컨대 닝하오 감독은 예술영화로 시작하였는데, 그 후 그 자신이 예술영화에 적합하지 않다고 느껴 상업영화를 찍는 것이 최고의 선택이라 생각합니다. 그런 연유로, 지난 십여 년간 상업영화를 찍었습니다. 하지만 그는 실제로는 예술영화를 지향하는 듯합니다. 그의 최신 영화에는 상대적으로 예술성이 강조되어 있습니다. 지금 중국은 전통 예술형식이 해체된 후 할리우드 영화와 한국영화도 수입되면서 새로운 변화를 맞고 있습니다. 영화산업적으로도 상업영화를 요구합니다. 감독 입장에서는 이러한 변화된 상황을 수용하여 이런 유형의 영화를 찍을 줄 알아야 한다고 봅니다. 이러한 대목에서 한국의 봉준호 감독이 대단하다고 생각합니다. 그는 상업영화와 예술영화 사이의 형식을 알며 이러한 방면

을 잘 조화하여 연출하고 있습니다.

Q: 영화의 심사제도와 영화시장에 대한 감독님의 견해를 듣고 싶습니다.

A: 영화의 역사는 시장의 역사입니다. 영화는 상품이기도 합니다. 상품을 소비할 때 기쁨을 얻고 감동을 얻을 수 있습니다. 나는 상업적인 영화를 지향하는 것에 대해 반대하지 않습니다. 사실 저는 작년 리안 감독 인터뷰를 본 이후 이런 생각을 했습니다. 그의 말처럼 한 명의 감독이 만일 자신만의 게임을 생각한다면 관객들과 나눌 수 없습니다. 영화는 대중활동이므로 금년부터 그렇게 추구하려 합니다.

Q: 부산국제영화제 프로그래머들 또한 중국의 예술영화가 점점 적어지고 상업영화가 많아진다며 우려하고 있습니다.

A: 영화사를 보면, 영화사의 대감독들은 영화 흥행에서도 성공하였습니다. 저는 상업적인 성공이 창작의 자유를 침범하지 않는다고 봅니다.

Q: 최근 닝하오 감독의 영화를 보았습니다. 그리고 〈로스트 인 로드〉 또한 좋은 상업영화라고 생각합니다. 이러한 흥행 영화들을 어떻게 평가하시는지요?

A: 저는 매우 긍정적으로 평가합니다. 중국의 관객이 80년대, 90년대 본 영화는 대부분 공산당 선전영화이며, 형식이나 사상은 매우 낡았습니다. 중국의 개혁개방은 비교적 늦게 시작되었습니다. 따라서 관객들이 최근에 흥행하는 상업영화를 보는 것에 익숙하지 않을 수도 있습니다. 하지만 최근 3년간 이러한 흥행 영화가 대량 만들어졌고 관객들도 익숙해졌습니다. 이것은 매우 좋은 일입니다. 기쁨과 감동을 줄 수 있는 영화면 충분합니다. 관객들도 기뻐합니다.

Q: 예술영화는 점점 주변화되어갑니다. 예술영화의 운명은 어떻게 될까요?

A: 이것은 마치 사람의 성장과정과 같습니다. 한 계단에서 다음 계단으로 옮겨갑니다. 예술영화도 마찬가지입니다. 80년대와 90년대 두 차례 인기가 있었습니다. 이것은 사실 중국의 역사와 밀접한 연관이 있습니다. 개혁개방 초기 문화대혁명을 겪고 난 후 일부 감독들은 이 시대를 반성하였습니다. 이를 예술의 탐색으로 표현한 것입니다. 반면, 지금 청년들은 잔혹한 생존문제를 맞이하고 있습니다.

Q: 닝하오 감독의 〈무인구〉가 심사제도 문제로 3년 늦게 개봉되었습니다. 제가 보기는 지금의 심사제도가 많이 좋아진 것으로 압니다만, 이 문제에 대해 어떻게 생각하시는지요?

A: 확실히 심사제도는 좋아졌습니다. 〈무인구〉는 특별한 사례입니다. 2009년 촬영 당시 중국 신장지역에 많은 살인 사건이 발생했고, 정부에서는 엄격히 그곳을 통제하였습니다. 그런데 닝하오 감독은 신장에서 살인사건을 다루는 영화를 연출한 것입니다. 이런 배경 속에서 그의 영화가 몇 년간 상영되지 못했습니다. 금년에 와서야 나쁜 운명이 좋은 기회로 변했습니다. 그의 영화가 2009년에 예정대로 상영되었다면 지금처럼 흥행이 좋지는 않았을지도 모릅니다. 왜냐면 당시 주인공 배우들의 인기는 높지 않았지만 현재 이들의 인기는 대단히 높아졌습니다. 어쨌든 정부의 심사제도는 부단히 개선되고 있습니다.

Q: 중국의 청년감독으로 당신은 어떤 영화를 찍기를 원합니까? 주선율, 예술영화, 상업영화 중 어디를 지향하는지요?

A: 제가 희망하는 것은 중저예산 영화이며, 주선율이거나 상업영화입니다. 저는 중소예산을 좋아합니다. 그 이유는 투자 자본이 크면 클수

록 받는 제약이 더 많아지기 때문입니다. 중저예산 영화에는 전위적인 형식과 독특한 풍격을 표현할 수 있습니다. 그런 점에서, 저는 블록버스터 영화를 거절합니다. 장래에 만일 기회를 준다면 저는 완전히 작가주의 풍격의 예술영화를 만들고 싶습니다.

Q: 새 영화 〈차마포〉는 어떤 내용인지요?

A: 현재 시나리오 수정 단계입니다. 주요 내용은 2차대전 시기 일본이 중국 동북지방을 침략하던 만주국 시대를 배경으로 합니다. 그들은 일본과 대적하기에는 총과 포탄이 적었습니다. 이에, 중국 민중들은 차마포를 제작하여 일본에 항전한다는 내용입니다. 전쟁영화라기보다는 코미디영화입니다.

Q: 최근 한국영화를 보았습니까?

A: 꽤 좋아합니다. 우리는 지금 한국영화에게서 배우고 있습니다. 그 이유는 개방화한 것도 빠른 데다가, 비교적 빨리 할리우드를 학습하였기 때문입니다. 중국영화도 이런 점을 배워야 합니다. 김지운, 봉준호, 박찬욱 감독 등 한국의 영화감독들은 중국감독들에게 좋은 자극을 주고 있습니다. 특히, 봉준호는 상업성과 예술성을 아주 잘 결합하였습니다. 그는 나의 모델입니다.

Q: 중국 청년감독 중에서 어느 감독을 좋아합니까?

A: 티벳인 감독 완마차이단을 존경합니다. 그는 저보다 연장자로. 지아장커와 연배가 비슷합니다. 영화에는 늦게 입문하였고, 이전에는 작가였습니다. 그는 자신의 민족과 영화를 일치시키며 매우 현대적인 방식으로 표현합니다. 지아장커 감독 또한 존경합니다. 지아장커 감독은

6세대에 비해 조금 늦게 출발했습니다. 그는 독특한 영화미학에서 6세대를 앞지르고 6세대를 넘어서는 전위적 영화형식을 보여주었습니다. 루촨 감독도 존경합니다. 루촨 감독은 지아장커 감독에 비해 늦게 시작했고, 저보다는 빨리 영화를 시작하였습니다. 그가 〈잃어버린 총〉을 찍을 때 우리는 대학생이었습니다. 그의 영화 〈커커시리〉를 보면 순수하지는 않습니다. 하지만 그는 매우 총명합니다. 그는 아버지 세대의 공산당 이데올로기와 문화를 자신의 작품과 결합하는 경향이 있습니다.

Q: 인터뷰 전에 감독님에 대한 자료를 보았습니다. 감독님, 지아장커, 닝하오 모두 산시성 출신입니다. 왜 산시성에 청년감독들이 많을까요?

A: 하하하. 데뷔한 감독이 대략 5~6명쯤 됩니다. 우리 자신들도 산시성에는 두 개의 특산품이 있는데, 그중 하나는 석탄이고 다른 하나는 감독이라고 농담합니다.

■ 장멍(張猛) 감독

〈사진23〉 장멍 감독의 〈강철 피아노〉

장멍은 1974년 리아오닝성 티에링에서 출생했다. 베이징 중앙희극학원 무대미술과를 졸업했으며, 베이징영화학원 영화문학반에서 연수를 했다. 아버지는 저명한 극본가 장헤이중(張惠中)이며, 어머니는 배우 천페이원으로 부모님의 영향을 많이 받아 일찍부터 글에서 재능을 보였다. 아버지 장헤이중은 주로 현실주의 계열의 극본을 써온 작가인데, 장멍 감독은 아버지의 영향 속에 현재까지도 서민들의 이야기를 주로 영화적 소재로 삼고 있다. 어릴 적부터 미술에 소질을 보여 그림을 그리다가, 중앙희극학원 미술과를 진학했다. 대학 진학 후에 극본에 흥미를 보여, 극본 작가로 활동하기 시작했고, 대학 졸업 후에 방송국 무대미술 담당으로 일하다가 베이징영화학원에 다시 진학하여 영화를 공부했다. 2004년 중국 최고의 코미디언 자오번산(趙本山)이 주도한 설날특집극(春晩)에서 극본을 담당하여 전국적으로 유명한 극본가로 알려지게 되었다. 2008년에 장편영화 〈귀에 복이 있다(耳朵大有福)〉로 데뷔했으며, 제11회 상하이국제영화제에서 아시아신인상을 받았다. 2011년에는 〈강철 피아노〉의 시나리오와 연출을 맡아 제14회 중국영화화표장에서 우수신인감독상을 수상했으며, 홍콩국제영화제에서 "아시아영화계의 미래의 빛"이라는 찬사를 받았다. 2014년에는 감옥에서 출소한 남성의 이야기를 다룬 〈승리〉를 연출하여, 제17회 상하이국제영화제에서 심사위원대상을 수상했다. 한국영화계와도 인연이 깊어, 〈귀에 복이 있다〉는 부산국제영화제의 제작지원을 받은 작품이며, 〈강철 피아노〉에서는 한국의 곽재용 감독이 제작감독으로 참여한 바 있다. 장멍 감독은 자신의 고향과 성장을 배경으로 과거를 회상한 영화 〈귀에 복이 있다〉, 〈강철 피아노〉, 〈승리〉라는 '동베이 3부작'을 완성하였다. 그는 자신의 고향인 중국 동베이지방의 중소도시 서민들의 현실과 삶에 주목하면서도, 미술전공 영화감독답게 자신만의 독특한 미장센으로 표현해내는 독특한 영화를 창조해왔다. 또한, 자신만의 영화언어를 추구하면서도 흥미와 쉬운 영화로 관객들에게 더 가깝게 다가서려는 예술성과 대중성의 결합을 시도하고 있는 미래가 촉망되는 청년감독이다.

• 장멍 감독 인터뷰

Q: 최근 근황은 어떠십니까?

A: 최근 중국 동베이 지방의 공업도시를 다룬 영화 〈승리〉 촬영을 마쳤습니다. 늘 한국영화인들과 합작을 했는데, 이번에는 아닙니다. 〈승리〉는 사람의 이름입니다. 현재 후반작업 중입니다. 〈강철 피아노〉는 한국에서 후반작업을 하였습니다. 한국에서 비용을 제공해주었고, 부산의 동서대학교에서 특수효과 작업을 하였으며, 곽재용 감독이 프로듀싱을 하였습니다.

Q: 〈강철 피아노〉는 독특하고 신선한 미장센을 가진 영화였는데요, 왜 이 영화를 연출하게 되었는지요?

A: 원래 소재는 실직한 노동계층의 문제를 다룬 것입니다. 중국의 동베이지역은 중공업단지인데, 시대가 발전하면서 점차 잊어버린 지역이 되었습니다. 강철 피아노라는 소재 속에 그런 노동계급의 우정과 사랑을 표현하고 싶었습니다. 영화적 배경은 선양입니다. 저의 첫 작품 〈귀에 복이 있다〉는 창춘영화제작소와 한국의 공주대학이 합작한 영화입니다. 그들은 80만 위안을 지원했고, 촬영감독도 한국인이며, 투자와 판권은 최광석 사장이 가지고 있습니다.

Q: 한국과의 인연이 이렇게 깊은 줄 몰랐습니다. 이번의 〈강철 피아노〉는 이전의 〈귀에 복이 있다〉와는 풍격이 다른데요. 특히, 음악에서 독특한 특징이 보입니다.

A: 〈강철 피아노〉의 음악은 초현실적 스타일입니다. 사회주의 문화권의 음악, 즉 러시아와 동유럽 음악을 많이 사용하였습니다. 왜냐하면

지금 우리 시대는 이미 사회주의를 멀리하고 있고, 사회주의 냄새를 맡을 수 없습니다.

Q: 왜 과거 시대를 영화로 찍었습니까?

A: 저는 그곳에서 학교를 다니고 성장했습니다. 예전 선양은 영화 속과 같은 지역이었습니다. 대다수 학교 친구들 가정은 노동자 가정이었죠. 제가 16~17살 때 1990년대 초에 시대가 변화하여 실업과 퇴직이 이어졌습니다. 하지만 동베이인들은 낙관적 기질이 있는데, 〈강철 피아노〉는 그들의 얼굴과 의지를 보여준 것입니다.

Q: 〈강철 피아노〉는 〈귀에 복이 있다〉보다 더욱 상업적으로 보이는데, 영화에 변화를 준 것인지요?

A: 현재 중국의 영화환경이 매우 복잡해졌습니다. 〈강철 피아노〉을 찍을 때에는 상업적인 요소를 더욱 강화하기로 하였고, 여주인공 또한 출연료가 비싼 친하이루로 교체했습니다. 〈강철 피아노〉의 제작비는 500만 위안에서 780만 위안으로 증가되었습니다.

Q: 현재의 중국 영화시장에 대해 어떻게 보십니까?

A: 지금 영화시장은 매우 좋습니다. 하지만 우리는 투자자본에 좌지우지 당하고 있습니다. 예컨대 베를린영화제에서 수상한 디아오이난 감독처럼 7년 동안 하나의 영화를 만들 수는 없습니다. 생활을 해야 합니다. 어쩔 수 없이 자본에 휩쓸려 상업영화를 찍게 됩니다만, 그 속에서도 감동있고 이야기가 들어 있는 남다른 상업영화를 만들 것을 꿈꾸고 있습니다.

Q: 감독님은 상업영화와 예술영화 사이에서 어떤 선택을 하고 있는지요?

A: 영화시장이 클수록 영화에 대한 투자도 더 커집니다. 제일 중요한 것은 '영화가 관객에게 어떤 것을 전달해 주는가' 입니다. 저는 상업영화에 예술성을 결합하는 영화를 할 생각입니다.

Q: 영화시장의 요구와 감독의 예술성이 갖는 모순이 있을 텐데요?

A: 제일 중요한 것은 그래도 예술성을 견지하는 것입니다. 예컨대, '완미세계영화사'가 저에게 투자하고 있는데, 그들은 제가 상업영화를 찍기를 원합니다. 하지만 제가 찍는 영화는 돈을 벌기 위해서가 아닙니다. 가능한 동베이 지역의 문화를 담는 것입니다. 지금 폐기된 공장을 만일 지금 찍지 않는다면, 곧 사라지고 새로운 건물이 들어설 것입니다. 그렇다면 누가 이 시대 문화를 기록하겠습니까? 당연히 저도 책임이 있습니다. 영화사 대표들은 이런 문화적 안목이 있어야 합니다. 영화는 경제적 수익뿐 아니라 시대를 기록하는 기능도 있습니다. 제가 보기에 우리는 책임이 있습니다. 만약 상업성과 이런 것이 모순이 생길 수 있겠지만, 그래도 이런 점을 견지해야 합니다.

Q: 감독님의 아버지는 저명한 극본가인데요, 영향이 어떠했는지요?

A: 매우 큰 영향을 받았습니다. 아버지도 중앙희극학원을 졸업했습니다. 하지만 저와는 의견이 매우 갈립니다. 〈귀에 복이 있다〉와 〈강철 피아노〉에서 아버지는 시나리오를 보고 이런저런 표시를 해서 알려주었습니다.

Q: 감독님의 고향인 티에링은 어떠한 곳입니까?

A: 아주 신기한 곳입니다. 아버지의 말에 의하면, 예전 문화대혁명 시

기에 당시 상하이영화제작소에서 대규모 인원을 하방하여 티에링으로 보냈다고 합니다. 그래서 도시는 작지만 예술과 문화 발전이 빨랐다고 합니다.

Q: 감독님은 현재 어느 회사에 소속되어 활동하시는지요? 창춘영화제작소입니까?

A: 3~4년전 〈귀에 복이 있다〉를 연출할 때에는 창춘영화제작그룹 소속의 감독이었습니다. 지금은 '완미세계영화사'와 계약을 체결했습니다. 앞으로 3편의 영화를 같이 하기로 계약한 것이지요. 영화사는 우리에게 영화제작실 운영비용과 기본 임금을 지불해줍니다. 그리고 각 영화의 수익에 따라 일부 수익을 나눕니다. '완미세계영화사'는 덩화타오 등 유명한 감독들과의 계약을 체결하고 있습니다.

Q: 감독님이 찍은 영화의 배급 또한 영화사가 결정하는지요?

A: 아닙니다. 우리가 결정합니다. 다만, 영화사가 50% 이상 투자할 경우에는 영화사가 결정하도록 했습니다.

Q: 가장 큰 영향을 준 감독은 누구입니까?

A: 지아장커 감독입니다.

Q: 감독님의 동시대 청년감독 중 누가 우수하다고 평가하십니까?

A: 제가 보기에는 한지에 감독이 우수합니다. 그의 작품을 모두 좋아합니다.

Q: 작년 부산영화제에서 만난 적 있습니다. 지아장커 감독은 지금 블록버스터급

영화를 준비하고 있는데요, 그의 예술성과 상업성을 결합을 어떻게 평가합니까?

A: 평가하기 쉽지 않습니다. 상업영화에는 상업성의 리듬이 있으며, 예술영화를 한다면 예술적 감각이 빠져서는 안 됩니다. 상업영화에 예술적 감각을 넣을 수는 없기 때문에 매우 어렵습니다.

Q: 6세대 감독들은 5세대 감독들이 상업영화계로 가는 것을 비판한 바 있습니다. 하지만 6세대 일부 또한 상업영화 노선으로 가고 있는데요.

A: 제 생각에는 우리 청년감독들은 5세대 감독들과 같이 흐름을 따라갈 것으로 보입니다. 하지만 저는 최소한의 노력과 표현을 하려 할 것입니다. 하지만 이런 영화환경 속에서 예술성을 견지한다면 배급도 어렵고 우리도 생존하기 어렵습니다. 만일 예술영화를 찍고 정부와 대결한다면 어떻게 생존할 수 있겠습니까.

Q: 새 영화 〈승리〉를 한국에 소개해주실 수 있습니까?

A: 내용은 감옥에서 방금 출소한 남성에 대한 이야기입니다. 그는 10년 전에 이 도시가 휘황찬란할 때 다른 사람과 흉기로 싸우다가 감옥에 들어갔습니다. 출소한 이후 이 도시로 돌아왔지만, 도시가 예전과는 달리 메말라 있습니다. 이곳에서 그는 다시 사랑을 찾고 일자리도 찾는다는 내용입니다. 이번 영화에서도 음악이 결정적인 역할을 하고 있습니다. 이 영화는 〈귀에 복이 있다〉, 〈강철 피아노〉에 이른 '동베이 3부작' 중 마지막 영화입니다.

4

중국영화의 특이한 빛
- 페마 체덴과 '티벳영화'

1) '중국영화', 혹은 '티벳영화'라는 이중적 속성

이 장에서는 중국 티벳 출신 영화감독 페마 체덴(혹은, 완마차이단)에 대한 작품을 소개하고 그의 '티벳영화'에 대한 사회맥락적(context) 의미를 분석하여 제시하는 데 목적이 있다. 여기서 '티벳영화'란, 영화 제작의 주체로서 티벳인들이 티벳 지역을 영화 속 배경으로, 티벳인들의 문화, 가치관, 문화정체을 스스로 재현하는, 티벳어로 만들어진 영화로 정의할 수 있다.

'티벳(Tibet)'은 지리적으로는 현재 중국 영토인 서장자치구(西藏自治區), 칭하이(青海)성, 쓰촨(四川)성 일대에 살고 있는 티벳인들의 거주 지역을 총칭하는 말이다. 티벳은 지금의 서장자치구라 불리우는 티벳 고원 지역에 대부분 집중 거주하고 있으며, 칭하이(青海), 쓰촨(四川), 깐쑤(甘肅), 윈난(澐南) 등에 분산 거주하고 있다. 티벳 고원지대의 정식 행정명은 서장자치구이며, 동쪽으로 쓰촨성, 남동쪽으로는 칭하이성, 북서쪽으로는 신장웨이우얼자치구, 남쪽으로는 인도, 네팔, 부탄, 미얀마와 경계를 이루고 있다.

문화정체성이라는 기준에서 볼 때 '티벳영화'라는 명명(命名)은 중국 내 특정한 지역을 일컫는 로컬(local)영화의 호칭으로서는 유효한 명제이지만, 이를 국적 개념으로 환원한다면 중국-티벳 사이의 역사적 정치적 현실 문제와 중첩되면서 복잡한 문화정치학적 개념 정의가 요구된다. 티벳은 현재 민족국가 수립을 하지 못한 '조국 없는 디아스포라(stateless diaspora)' 지역이기 때문이다. 국적으로 '티벳영화'를 정의하자면, 현재 티벳은 실정법상 중국의 영토이므로 명백한 '중국영화'이며, '중국영화'의 하위개념이자 로컬영화 개념이라 할 수 있다. 하지만 이러한 국적에 입각하여 역사·사회학적 관점에서 접근해본다면 '중국'과 '티벳'이라는 수직적 복속관계로는 쉽게 환치되지 않는다.

역사적으로 티벳은 9세기 토번 왕국이 몰락한 이후부터 지금까지 1천 년이 넘도록 독립적인 국가를 세운 적은 없다. 그렇지만 티벳 특유의 고립된 고원지대를 중심으로 독립적인 문화정체성과 민족성을 유지해왔다. 토번(吐蕃, 630~842년) 시대에는 통일된 왕조가 건립되어 국가정체성이 확립되었다. 특히, 송첸 감포(Srong-Btsan-Sgan-Po, 618-649)왕이 집권하면서는 수도를 현재의 라싸(Lhasa)로 옮기고, 티벳문자를 제창하고, 영토를 확장했다. 이 시기 세력이 확장되자 당 태종은 문성(文成) 공주를 시집보내고, 네팔에서는 티춘(Khri Btsun) 공주가 시집오면서 불교가 유입되었고, 그때 세운 소조사(小照寺)가 지금도 라싸 포탈라궁 옆에 남아 있다. 두 왕비의 불교 헌신에 힘입어 불교는 적극 권장되었고 전통 토착 무속신앙인 뵌뽀교가 결합된 독특한 티벳불교의 기초가 정초되었다. 토번(吐蕃)국의 '번'의 어원은 티벳 고대 무속신앙 뵌뽀교의 '뵌(Bon)'에서 나왔다고 한다. 티벳불교는 인도 후기불교의 하나인 밀종과 티벳 토착종교인 뵌교가 결합하여 형성된 특수한 종교이며, 보통은 '라마교'라 부른다.

토번 왕조 몰락 이후에는 호족들과 티벳불교가 결합된 정교합일(政敎合一) 체제라는 독특한 정치지배질서를 갖춰왔다. 몽골과 원나라의 세력이 밀려오자, 원나라 세조 쿠빌라이칸을 티벳불교로 개종시키고 "종교적 스승과 정치적 후원자(rèligious teacher and political suppter, 帝師關係)"라는 독특한 정치적 관계를 맺어왔다.

티벳에서는 이러한 특수관계를 정치적 예속관계로 보지 않고, 종교중심의 공시(供施)관계로 본다. 이러한 신정체제는 청나라 옹정제 이후에는 암반(amban, 만주족 언어로 대신이라는 뜻)이라는 관료를 상주시키게 함으로써 티벳은 청나라의 직접 보호령 아래 들어간다. 티벳 지역에서는 전통적으로 원청(元淸)과의 관계는 밀착된 반면에, 상대적으로 한족 국가와의 관계는 미약한 관계를 유지하는 전통을 보여왔다. 학계에서는 이러한 원인을 북방이민족인 몽골, 만주족과의 문화친연성과 종교적 밀착관계에서 기인한 것으로 본다. 몽골 초원과 티벳 고원과 중국 서부 간쑤, 칭하이, 신장 일대에 이르는 지역은 유목문화를 기반으로 동일한 생활양식을 공유한 '반월형 문화벨트' 지역이었다고 지적한다.

청 말에 이르러, 1890년에 영국의 동인도회사가 티벳에 진출하였고, 1904년 영국군이 라싸를 강제 침략하기도 했지만, 1908년 '중·영 협약'을 통해 티벳의 영토적 주권이 중국에 있음을 재확인하였다. 1911년 청나라가 멸망하자, 티벳은 1913년 '티벳협약'을 통해 독립국가를 선포하고 내각을 구성하여 근대국가의 기틀을 마련했지만, 1937년 중일전쟁 이후 장제스의 국민당정부에 의해 중국 관할로 편입되었고, 다시 1947년 2차 세계대전 이후 독립을 선포하기도 했다. 1949년

사회주의 정권 수립 이후에는 1950년 티벳을 무력으로 장악하였고, 1951년에는 중국과 티벳 사이에 '17개 조항' 협약을 맺어, 군사 및 외교권을 포기하고, 대신 민족자치권과 종교적 자유를 보장받는 선에서 중국/티벳 관계가 합의되었다. 이후 민족자치권 문제를 놓고 중국 중앙정부와 줄곧 대립하다가 1959년 제14대 달라이가 인도로 망명을 하였고, 지금의 인도 다람살라 티벳 임시정부(The Government of Tibet in Exile)를 구성했다.

개혁개방 이후에도 중국 정부는 티벳문제를 주권문제가 아닌 자국의 통일문제라고 주장하고 있으며, 티벳 임시정부는 신정(神政)을 바탕으로 하는 완전한 자치권을 요구하고 있다. 1987년 달라이가 미국의회연설 이후 평화 5조안을 발표하면서 티벳의 승려들을 중심으로 반정부 시위가 일어나기도 했으며, 1989년에는 달라이 라마가 노벨평화상을 수상하면서 티벳의 독립문제는 전 세계인의 관심사가 되었다. 그러나 사회주의 종교관과 중화민족단결을 주장하는 중국 정부와 신정 자치권을 주장하는 티벳 임시정부 사이에는 합의할 수 없는 간극이 존재하고 있다.

사회주의 사상에서 볼 때 티벳의 신정체제는 전근대적이고 불합리한 정치체제로 여겨질 수 있으며, 특히 중국 내 55개 소수민족과의 중화민족단결을 국체로 내건 중앙 정부로서는 완전한 신정체제로의 자치권을 요구하는 티벳 임시정부의 요구는 수용하기 어려운 것이 현실이다. 중국 정부는 달라이 라마에 대항하기 위해 아미타불의 환생으로 달라이 라마 다음의 영적 세속적 권위를 인정받는 제11대 판첸라마를 베이징에 억류하고, 중국 측이 새로 옹립하는 등 강경한 대응을 보여왔다. 이러한 과정 속에서 중국 정부의 사회주의 현대화 정책과 서부대개발(西部大開發) 정책은 티벳 전통문화의 해체와 급속한 한족화(漢

族化)를 초래하였고, 2008년에는 티벳 라싸 지역과 쓰촨성을 중심으로 베이징올림픽을 겨냥한 3월 14일 이른바 '3·14 시위'가 일어나기도 했다.

이와 같이, 역사적 맥락에서 형성된 중국/티벳 간의 주권관계를 고려할 때, '티벳영화'라는 기표는 문화정치학적으로 문제적 개념이 될 수밖에 없다. '티벳영화'라는 개념은 '중국영화'의 하위개념으로 존재하는 중국 내 소수민족영화로 바라볼 수도 있지만, 역사적 맥락에서 알 수 있는 독립 투쟁과 분규, 특히 인도 다람살라에 위치한 달라이라마와 임시정부의 존재를 고려한다면, '티벳영화'를 '중국영화' 안에 포함하는 것이 어딘가 자연스럽지가 않다. '티벳영화'를 '중국영화'이라는 국적 안에 귀속시켜 소수민족의 다문화라는 관점에서 접근해야 할지, 아니면 문화정체성과 주권투쟁에 근거하여 별개의 '티벳영화'로 분류해야 할지는 여전히 문제적이다. '티벳영화'는 국적으로는 하나이지만 문화정체성으로는 중국/티벳이라는 이중신분을 가진 특수한 영화이기 때문이다.

2) 페마 체덴(Pema Tseden)이냐, 완마차이단(萬瑪才旦)이냐 – 중국 티벳 감독의 어떤 이름

페마 체덴 감독은 바로 이러한 특수한 지점에 서 있다. 스스로 티벳영화를 호명(interpellation)하지 못했던 과거의 영화와는 달리, 티벳을 배경으로 티벳인 배우와 함께 티벳인 스스로 자신의 문화정체성을 호명하며 티벳어로 발화(發話)하는 진정한 의미에서의 '티벳영화'를 제작하고 있는 것이다.

그렇다면 과연 페마 체텐 감독과 그의 작품에는 '티벳영화'로서의 어떠한 내용과 주제의식을 표출하고 있을까. 그리고 이러한 '티벳영화'는 사회맥락적으로 어떤 의미를 가지고 있을까. 이 장은 페마 감독과 그의 '티벳영화'에 대한 이러한 문제의식에서 비롯되었다. 특히, 중국 베이징과 부산을 오가며 만난 세 번에 걸친 최근의 교류에서 보다 구체적으로 시작되었다.

지난 2014년 10월 부산국제영화에서 처음 그를 만났다. 그가 연출한 다섯 번째 장편영화 〈오색신전(The Sacred Arrow)〉이 부산영화제 '아시아영화의 창' 부문에서 방영되었고, 그날 GV(Guest Visit) 담당자로 그와 첫 번째 만남을 가졌다. 그는 페마 체텐(Pema Tseden) 혹은 완마차이단(萬瑪才旦), 두 개의 이름을 가지고 있었다. "페마 체텐이 좋으냐, 완마차이단 이름이 더 좋으냐"라는 첫 질문에 그는 조용히 웃으며 둘 다 '나'라고 답했다. 이것이 그와의 첫 만남이었다. 이 장에서는 완마차이단이라는 중국어로 음역된 이름보다는 원래의 티벳 이름인 페마 체텐을 공식적인 감독명으로 사용하고자 한다.

본격적인 첫 인터뷰는 2014년 10월 7일 12시 부산 센텀호텔 앞에서 진행되었다. 그가 감자탕을 좋아한다고 해서 둘이 감자탕을 먹은 후, 가을 뭉게구름이 피어오르는 해운대 모래사장을 같이 걸으며 서로의 가족과 영화에 대해 얘기를 나누었다. 페마 감독은 목소리가 작고 조용하고 신중한 성격을 가진 문인형 인물이었다. 실제 그는 이미 40여 편의 소설을 발표한 작가이기도 하다. 첫 인터뷰에서 그는 티벳에 관한 나의 질문에 말을 아끼거나 직접적으로 표현하지 않고, 살짝 은유적으로 드러내는 식의 독특한 화법으로 답했다. 그날 〈오색신전〉 GV가 시작되었을 때에, 관객들은 예민한 티벳 관련 정치와 전통문화에 대해 쏟아지는 질문을 하였지만, 그는 역시 말을 아끼고 직접적인 표현을 하지 않으며, 그저 "영화에서 드러나는 바와 같다"는 답변을 하였다.

두 번째 만남은 2014년 11월 21일 중국 베이징에서였다. 베이징전매대학에서 열린 제1회 아시아대학생영화제 참석차 베이징에 갔을 때, 만나자는 연락이 왔다. 베이징영화학원 건너편 커피숍 위앤딩(園丁)에서 간단한 2차 인터뷰를 한 다음, 우리는 시내에 있는 티벳전통식당에서 그의 영화 스태프(티벳인)와 만나 티벳음식과 술을 먹었다. 나와는 중국어로 대화하고 스태프들과는 낯선 티벳어로 대화를 나누었는데, 새삼 그의 이중신분을 확인할 수 있었다. 그것이 그와의 두 번째 만남이었다.

두 번째 만남에서는 작정하고 예민한 정치, 문화, 종교 문제를 질문했다. 영화 속에 등장하는 티벳 전통 불교문화와 사회주의 종교관은 서로 충돌하지 않느냐, 가난하고 궁핍한 불교 신정체제보다는 사회주의 현대화가 경제적으로는 더 풍요롭고 주민들에게 도움이 되지 않은지, 또 티벳 독립에 대해서는 어떤 의견을 가지고 있는지, 심지어 취중을 빌려 중국과 티벳 사이에 갈등이 일어난다면 당신의 조국은 어디인지와 같은 예민한 질문도 던졌다. 그는 항상 평상심을 잃지 않고, 가끔 손목에 찬 불교염주를 만지기도 하면서 조용히 웃으며 "영화 속에서 표현한 바와 같다"는 짧은 답변을 하였다.

세 번째 만남은 2015년 1월 10일부터 이틀간 서울 아트씨네마에서 중국영화포럼이 주최한 〈티벳영화: 페마 체덴 특별전〉의 '관객과의 대화'를 맡음으로써 이루어졌다. 페마 감독은 상영전을 마친 다음 날 1월 12일 한국외대 대학원 브릭스홀에서 열린 '제2회 중국영화포럼 전국학술대회'에서 〈페마 체덴의 소설과 영화〉 섹션에 참석하였는데, 그때 발표자와 방담자로 네 번째 만남을 이어갔다. 페마 감독과의 네 번에 걸친 만남과 인터뷰 속에 '티벳영화'에 대한 학술적 고민이 본격화

되었고, 그것이 이 글을 쓰게 된 배경이 되었다.

'티벳영화'는 중국뿐 아니라 한국과 세계영화사적으로도 여전히 미지의 영역이다. 과연, '티벳영화'란 존재할 수 있는 용어일까, 또 '중국영화'와의 관계를 어떻게 정립해야 하는 것일까. 페마 감독은 왜 '티벳영화'를 만들고 싶어 했으며, 티벳에 대해 어떤 이야기를 하고 싶었던 것일까. 또한, 중국/티벳 관계가 갖는 외재적(外在的) 현실이 '티벳영화'와 중첩되어 의미화되는 우리 시대에 페마 감독의 영화와 예술정신은 무엇을 지향하는 것일까. 누군가 폄하한 대로 중국 정부의 민족단결 이데올로기에 포섭된 소수민족 출신의 중국영화일까, 아니면 티벳의 정신과 문화를 내세워 현재 티벳의 정치적 종교적 염원을 표출해내는 티벳영화일까.

따라서 이러한 문제의식 속에 중국 티벳 출신 페마 체텐 감독의 작품을 작가주의(Auteurism) 관점에서 접근하여 분석하는 동시에, 중국/티벳과의 외부적 환경 속에 '티벳영화'가 독해되고 소비되는 방식을 사회맥락적(context) 방법론으로 분석하는 것이 이 글의 목적이다. 작가주의(Auteurism)란 영화제작의 주체로서 감독을 중심에 두고 감독의 작품 속에 드러나는 일관된 주제, 세계관, 스타일에 주목하는 연구이다. 1950년대 트뤼포 감독 등 프랑스 누벨바그 그룹에서 시작한 주장으로, 구조주의적 현대영화이론에 의해 주관적 비평이란 비판을 받으면서 과학적 비평담론으로는 다루지 않고 있다. 콘텍스트 분석은 영화와 그것을 둘러싼 사회맥락적 의미를 분석하는 비평방법론이다. 이 글에서는 작가주의 입장에서 페마 체텐 감독과 작품을 고찰하고, 동시에 사회맥락적으로 분석하는 두 가지 층위의 방법론으로 연구를 진행하고자 한다.

이를 위해 페마 감독의 영화 역정을 살펴본 후, 대표적인 장편영화

세 편을 집중 분석하고자 한다. 또한 중국 현지와 한국의 티벳영화 관련 문헌자료를 참조하고, 3회에 걸친 인터뷰 내용을 바탕으로, 페마 감독과 그의 작품이 갖는 주제의식과 사회맥락적 의미를 분석하고자 한다.

페마 감독 이전에도 티벳과 관련한 영화들은 있었다. 크게 '서구', '중국 대륙', '티벳 출신'에서 만든 영화로 대별할 수 있다. 먼저, '서구'에서 만든 티벳 관련 영화로는 1997년 프랑스의 장 자크 아노 감독이 연출하고 미국 배우 브래드 피트가 출연했던 〈티벳에서의 7년(Seven Years in Tibet)〉과 같은 해 마틴 스콜세지 감독이 연출한 〈쿤둔(Kundun)〉 등이 있다.

〈티벳에서의 7년〉은 실존 인물인 오스트리아 등반가 하인리히 하러(Heinrich Harrer)의 실화를 바탕으로, 1950년 중국의 무력침공과 1959년 달라이 라마의 인도 망명에 이르는 역사적 사실을 영화로 재현하고 있으며, 〈쿤둔〉은 인도 다람살라에 망명정부를 세운 제14대 달라이 라마의 일대기를 다루고 있다.

'중국 대륙'에서는 티엔주앙주앙 감독이 1986년 연출한 〈말도둑(盜馬賊)〉과 2004년 연출한 〈드라무(德拉姆)〉, 1997년 펑샤오닝(馮小寧) 감독이 연출한 〈홍하곡(紅河谷)〉, 청년감독 루촨이 2004년에 칭하이성에서 산양 밀렵군과 맞서 싸우는 티벳자경대를 다룬 중국어 영화 〈커커시리(可可西里)〉 등이 있다. 하지만 이 영화들은 모두 티벳인이 아니라 비(非)티벳인이 관찰자적 시선으로 만든 영화라는 점에서 본격적인 '티벳영화'로 보기에는 무리가 따른다. 한편, '티벳 출신'이 만든 영화 중에서 국제사회에 널리 알려진 영화는 티벳계 부탄 영화감독인 키엔체 노르부(Khyentse Norbu)를 들 수 있다. 부탄의 스님이자 영화감독인 키엔체 감독은 티벳 불교의 환생자인 린포체로 알려져 있으며,

1999년 티벳어로된 부탄 영화 〈컵〉을 만들었으며, 2012년도에는 〈바라: 축복(Vara: A Blessing)〉을 연출하여 제17회 부산국제영화제 개막작으로 상영된 바 있다. 2005년에는 인도의 티벳 망명자 공동체를 다룬 리투 사린(Ritu Sarin)의 영화 〈꿈꾸는 라사〉가 있었고, 페마 감독의 〈늙은 개〉 촬영감독이었던 손타르 지알이 페마 감독의 영향 속에 2011년 자신의 첫 장편영화 〈태양의 길목〉을 연출하였고, 2012년에는 인도 다람살라에서 성장해서 미국 뉴욕에서 활동 중인 텐진 체탄 초클리 감독의 〈아버지의 땅〉이 개봉되었다. 최근에는 2008년 티벳 다큐멘터리 〈공포를 극복하고(Leaving Fear Behind)〉를 만들다가 촬영지에서 체포되어 6년 징역형을 선고받은 톤툽 원첸 감독이 복역을 마치고 2014년에 석방되어 새로운 움직임을 보일 것으로 기대된다. 하지만 이들 영화 또한 중국 외부에서 만든 영화가 대부분이며, 이에 비해 페마 감독은 티벳을 배경으로 티벳인 스스로가 자신의 문화정체성을 표현한 티벳어 영화라는 점에서 차별성을 갖는다.

본격적인 첫 '티벳영화'라는 영화사적 의의는 있지만, 현재 페마 체덴 감독과 '티벳영화'에 대한 학술적 선행연구는 그다지 많지 않다. 국내에서는 중국영화연구자 이병민이 2014년 티벳독립과 연관된 관점에서 쓴 「완마이단 영화의 문화의 재구성 고찰」과 인도에서 활동 중인 티벳 문화평론가 텐징 소남(Tenzing Sonam)이 분석한 「페마 체덴과 티벳영화의 출현」[1]이 최근의 성과이며, 중국 현지에서도 페마 감독의 영화 개봉 시기에 맞춰 〈전영예술(電影藝術)〉이나 〈당대전영(當代電影)〉

1) 이병민, 「완마이단 영화의 문화의 재구성 고찰: 티벳에서의 억압 정책에 대한 저항의 관점에서」, 『중국어문학논집』, 76호, 2014년. 텐징 소남(Tenzing Sonam), 「고요한 폭풍: 페마 체덴과 티벳영화의 출현」, 『발리우드 너머의 영화들』, 전주국제영화제 편저, 2013년. 146-147쪽. 텐징 소남은 인도 다람살라에서 활동하고 있는 티벳영화인으로 2012년부터 열린 다람살라 국제영화제 집행위원장을 맡고 있다.

등에서 몇 편의 소개글이 있을 뿐이다.

다행히 한국에서는 '중국영화포럼학회'와 '(사)한국씨네마테크협의회'에 의해 2015년 1월 10일부터 2014년 1월 11일까지 서울아트씨네마에서 페마 체덴 감독 영화상영전이 열렸으며, 본격적으로 한국에서도 '티벳영화'에 대한 소개가 시작되었다. 이번 상영전에서는 그의 영화 7편(단편 2편, 장편 5편)이 상영되어 한국 관객들과 만났다.

이러한 점에서, 이 글은 사실상 최초의 티벳영화감독이라 할 수 있는 페마 체덴과 그의 작품 전반을 학술적으로 접근한다는 점에서, 그리고 문화의 종다양성 보존과 문화정치학적 개입을 하는 실천적 연구라는 측면에서 의의가 있다 할 수 있다. 특히, 중국/티벳이 갖고 있는 정치적 현실이 영화에 중첩되어 투영되는 외재적 상황 속에서, 중국이나 티벳이 아닌 한국인이라는 자유로운 입장에서 '제3자적 글쓰기'가 가능하다는 점도 이 글이 갖는 의의라 할 수 있다.

다음 장인 3장에서는 페마 체덴 감독의 생애와 영화이력에 대해 살펴보고, 4장에서는 그의 대표적인 장편영화 〈성스러운 돌〉(2005), 〈늙은 개〉(2011), 〈오색신전〉(2014)을 구체적으로 분석하여 주제의식과 영상미학의 특징을 고찰한 후, 5장에서는 페마 감독과 '티벳영화'가 사회문화적으로 갖는 시대적 의미를 살펴보고, 마지막 장에서는 페마 감독 영화의 의의와 전망을 살펴보고자 한다. 구체적 분석을 위해 위의 세 편을 고른 이유는 페마 감독의 대표작인 이른바 '고향 3부작'(〈성스러운 돌〉, 〈쿤둔을 찾아서〉, 〈늙은 개〉)과 최근 새로운 장르적 변화를 시도하고 있는 〈오색신전〉을 분석함으로써, 페마 감독의 연출 경향과 변화하는 모습까지 분석해볼 수 있기 때문이다.

3) 페마 체덴의 영화역정

페마 체덴 감독은 1969년 12월 칭하이(青海)성 하이난장족자치주(海南藏族自治州) 구이더(貴德)현에서 태어났다. 그의 고향은 흔히들 티벳의 중심지로 알려진 포탈라궁과 라싸시가 있는 서장자치구가 아닌 칭하이성 동북쪽 내륙 변방 해발 2000미터 고원지대이며, 티벳에서는 그 지역을 암도(Amdo, 安多)라고 부른다. 원래 암도라고 불렸지만, 1950년 중국 정부의 무력 침공에 의해 칭이성으로 귀속되었다. 티벳인은 중국어로 장(藏)족이라 하며, 다시 티벳 고원지대에 사는 라싸(拉薩)인을 중심으로 캄바(康巴)인, 암도(安多)인으로 나뉜다. 이들은 각기 다른 방언을 쓰고, 생김새와 성격도 다르다. 암도인은 간쑤(甘肅), 칭하이(青海), 쓰촨(四川)에 흩어져 사는데, 페마 감독은 암도인이라는 문화적 배경을 가지고 있다.

감독의 고향인 암도 지방의 구이더현은 전형적인 다민족 거주지역이다. 구이더현에는 티벳인들 외에 한족, 선비족 등이 함께 살아오면서 티벳문화와 중원의 한족문화, 그리고 다양한 소수민족들이 서로 융합하고 교차하는 다문화 지역이다. 또한, 유교, 도교, 불교 등 다양한 소수민족의 종교가 혼용되어 발전한 문화적으로 다채로운 곳이기도 하다. 구이더현은 '고원지대의 작은 강남(高原小江南)', 칭하이성의 성도에 해당하는 '시닝(西寧)시의 화원(後花園)'으로 불릴 정도로 풍광이 아름답고 다양한 색채의 문화가 숨쉬는 지역이다.

중국 대륙에서는 페마 체덴 감독을 한자어로 음차한 완마차이단(萬瑪才旦)으로 부르고 있다. 티벳의 심장부에서 멀리 떨어진 칭하이성 변방의 한 티벳 마을에서 성장한 페마 감독은 아무래도 정치행정의 중심인 라싸 중심의 티벳인으로서보다는 암도 지역 농촌 마을의 문화환경 속에서 성장했다고 볼 수 있다.

페마 감독의 고향과 유년시절은 그의 영화 속에서 주요한 위치를 차지하고 있기 때문에 자세히 살펴볼 필요가 있다. 페마 감독의 '티벳영화'는 대부분 자신의 고향을 배경으로 촬영하고 있다. 중국 독립영화인이자, 페마 감독의 2011년 작품 〈늙은 개〉의 제작에도 참여했던 베이징영화학원의 장셴민(張獻民) 교수는, "페마 감독의 고향이 서장자치구인 라싸 지역이 아닌 칭하이성 암도 변방(구이더현)이라는 점은 그의 주제의식과 연계되어 중요한 위치를 차지한다. 특히, 티벳 독립을 포함한 정치적 문제에 대한 감독의 시선은 티벳 중심지인 서장자치구의 시선과 차이가 있다. 직접적이고 저항적인 정치적 색채보다는 티벳의 전통문화와 정신세계를 보다 강조하려는 그의 태도는 그의 고향이자 유년시절을 보낸 고향 암도 지역의 문화환경과 직접적인 관련이 있어 보인다"고 말한다. 실제, 암도 지역의 언어와 라싸 지역의 언어는 같은 문자를 사용하지만 발음이 다르다. 페마 감독의 영화에 사용하는 티벳어는 정확하게는 암도 지방의 말이다.

이처럼, 페마 감독은 티벳 정치와 행정의 중심지인 서장자치구가 아닌 다양한 소수민족과 다원화성 문화배경을 가진 암도 지역에 성장한 것이 그의 작품 세계의 중요한 모티브가 된다. '티벳영화'를 지향하지만, 서장자치구 중심지 티벳인이 갖는 정치적 성격보다는 칭하이성 내륙 변방의 티벳 마을의 투박하고 진솔한 전통문화를 더 강조하려는 성향을 보이는 한 요인이 되었기 때문이다.

페마 감독의 부모님은 평범한 농민이었다. 부모님은 밭을 갈거나 양을 기르는 일로 생계를 유지했고, 집은 대체로 가난하고 궁핍했다. "나의 고향은 쌀은 나지 않았지만, 소고기, 양고기, 돼지고기, 과일이 풍부한 지역이다. 초등학교, 중고등학교, 대학교까지는 돈을 쓸 일이

거의 없었다. 그렇지만 입고 먹는 것은 늘 궁핍했다. 특히, 책을 사 보거나 가까이할 기회가 거의 없어서, 교과서 같은 책은 바깥에 책커버를 따로 입혀 보호해가며 여러 번 반복해서 커버가 헤지도록 읽었다. 어린 시절에는 책, 음식, 사탕 등 거의 모든 것이 부족했다. 그래서 그 시절을 떠올리며 나의 아들에게 책을 많이 사주는데, 물론 잘 읽지 않더라." 그는 초등학교 때 읽은 〈백설공주〉를 "하늘이 내게 주신 선물"이라고 말할 정도로 좋았다고 기억하고 있으며, 중고등학교 시절에는 발자크, 톨스토이 등을 열심히 읽었다고 술회한다.

그의 고향과 어린 시절의 추억은 창작의 원천이라고 말한다. "어린 시절의 추억은 나에게 대단히 중요하며, 영화창작에 심대한 영향을 주었다. 10대에 접어든 이후 그리워하는 모든 것이 고향과 관련이 있다. 지금 나의 좋은 친구들은 어린 시절 사귀었던 친구들이다. 대다수가 대학에 진학하지 못하면서, 지금은 몇몇 친구만 만나고 있다."(1차 인터뷰 중에서, 2104년 10월 7일)

페마 감독이 영화와 인연을 맺게 된 것은 야외 이동상영관의 영화를 보면서부터이다. "초등학교 시절 집 근처에 황하가 있었고, 그 옆에 수력발전소가 있었는데, 그곳에서 상영되는 야외영화를 보면서 영화에 대한 꿈을 키웠다. 그 시절에는 해마다 열 몇 편 되는 영화들이 야외의 대형 스크린으로 방영되었다. 중학교 진학을 위해 구이더현에 가니 영화관이 있었다. 당시에는 대부분 학생들이 영화관에 가서 영화보는 것을 좋아했다. 어린 시절 전쟁영화를 좋아했는데, 당시에는 주로 일본군, 혹은 국민당과 싸우는 영화를 많이 보았던 것 같다"고 회상한다.

감독은 북한영화에 대해서도 언급했다. "가장 인상적인 것은 북한영화 〈꽃파는 아가씨〉이다. 아마 김정일 국방위원장이 연출한 것 같았는데, 그 영화를 완전히 이해한 것은 아니었지만, 영화를 보는 내내 울음이 그치질 않았다. 어린 시절 내게 가장 큰 영향을 준 영화는 찰리 채플린의 〈모던 타임즈〉이다. 그 영화는 다른 영화와는 완전히 차원이 다른 영화였다. 나에게 풍부한 상상력과 환상적인 공간을 보여주었다. 중학교 시절에는 주로 인도영화를 좋아했다. 인도와 티벳의 문화는 아주 유사하다. 지리적으로나 문화적으로 아주 가까워서 많은 티벳인들이 인도를 좋아했고 인도영화를 즐겨 보았다. 나 역시 그런 분위기 속에서 중학교 시절에는 인도영화를 많이 보았다."(1차 인터뷰 중에서. 2104년 10월 7일)

페마 감독은 초, 중, 고등학교를 한족 학교가 아닌 티벳인 학교를 다녔고, 그곳에서 중국어도 배웠다고 한다. 평소 문학과 영화를 좋아하던 그는 간수성 란저우시에 있는 시베이민족대학(西北民族大學, Northwest University for Nationalities) 티벳어문학과에 입학하였다. 시베이민족대학은 1949년 사회주의정권이 들어선 이후 최초로 설립된 소수민족을 위한 고등교육기관이다. 시베이민족대학 시절에는 문학을 전공하면서 티벳어를 전공했고, 대학을 마친 후 초등학교 교사와 공무원 생활을 잠시 하다가, 2000년에는 티벳문학에 대한 공부 열망이 커서 시난대학 대학원까지 진학하여 티벳어와 중국어 번역을 전공하여 석사학위를 받았다. 대학원 시절에 기금회의 장학금을 받아 그토록 바라던 영화공부를 할 기회를 얻게 된다. 2002년부터 2년간 베이징영화학원에 진수생(進修生)으로 들어가게 된 것이다. 진수생 제도는 일종의 편입학 제도로서 학위는 주지 않고 1년 혹은 2년간 수업을 듣고 수료하게 하는 제도인데, 지아장커(賈樟柯) 감독 역시 베이징영화학원 진수생으로 학교를 다닌 바 있다.

페마 감독은 영화 창작에 앞서 작가로서 문학 활동을 먼저 시작하였다. 1991년부터 티벳어와 중국어를 사용하여 이미 40여 편의 중단편 소설을 발표해왔다. 티벳어로 쓴 소설로는 「유혹(誘惑)」, 「도시생활(城市生活)」 등이 있으며, 중국어 소설로는 「유랑가수의 꿈(流浪歌手的夢)」과 최근에 나온 「마니석, 고요하게 울린다(嘛尼石, 靜靜的敲)」 등이 있고, 중국어로 번역한 글로는 「티벳: 다하지 못한 이야기(西藏: 說不完全的故事)」가 있다. 그는 티벳어와 중국어라는 두 개의 언어로 글을 쓰는 것에 대해, "티벳어와 중국어 사이의 글쓰기는 상호보완 관계와 같다"고 긍정적으로 말한다.[2] 그의 문학작품의 우수성은 평단에서 이미 인정받아왔는데, 칭하이성이 주관하는 제4회 문예창작평장(文藝創作評獎) 우수작품상을 비롯하여, 제5회 중국당대소수민족문학창작(中國當代少數民族文學創作) 신인우수상, 그리고 1981년 칭하이성에서 창립된 티벳문학의 대표적인 문학지 '장치아얼(章恰爾)'에서 주는 '장치아얼 문학상'을 받아 티벳을 대표하는 청년작가로 이름을 떨쳤다. 페마 감독의 문학가로서의 감수성과 자질은 그의 영화에도 그대로 반영되어, 시적 감성을 자극하는 빛나는 영상미학을 만드는 동인이 되었다. 페마 감독은 문학과 영화의 상관관계를 묻는 질문에, "문학과 영화는 기본적으로 유사하며, 문학은 나에게 영화를 찍는데 필요한 기초를 제공해주었다"고 말한다.

문학이 자신의 영화에 미친 영향을 묻자, "문학과 영화는 기본적으로 유사하며, 문학은 나에게 영화를 찍는 데 필요한 기초를 제공해주었다. 예를 들면, 시나리오를 들 수 있겠다. 아직까지 나는 소설이 영화보다 더 편하다. 집 안에서도 혼자 완성할 수 있다. 이번 부산국제영화제 기간에도 소설 한 편을 썼다. 오늘 아침에도 오전 6시에 일어나

2) 西海都市報, 「萬瑪才旦放談」, 2014. 7. 7.

글을 썼다"고 답변하였다.(1차 인터뷰 중에서, 2104년 10월 7일)

2002년 베이징영화학원에 진학한 이후 그는 본격적으로 영화창작 활동을 시작한다. 작가로서 명망을 얻던 청년작가가 왜 갑자기 영화를 찍느냐는 질문에 대해, "어린 시절부터 영화를 아주 좋아했고, 영화를 찍고 싶었다. 특히, 한족들이 티벳영화를 찍는 것을 보고 확고한 결심을 하게 되었다. 예전에는 한족들이 티벳혁명에 대한 영화를 찍었기 때문에 정작 티벳인들은 불만스러운 점이 있었다. 티벳의 풍습과 전통문화가 진실이 아니었으며, 왜곡되어 있었다. 영화 속 언어 또한 한족언어였다. 그래서 나는 진정한 티벳인의 영화, 티벳어 영화를 만들고 싶었고, 티벳배우들을 기용하여 영화를 연출하게 된 것이다. 그리고 이러한 점이 다른 사람들이 만든 티벳영화와의 차이점이기도 하다"라고 말한다. 페마 감독은 "진실한 티벳(眞實的藏區)"을 표현하기 위해 영화창작을 시작한 것이다.(1차 인터뷰 중에서, 2104년 10월 7일)

페마 감독에게 가장 영향을 많이 끼친 존경하는 감독으로는 스웨덴의 잉마르 베르히만(Ingmar Bergman)을 꼽고 있다. 잉마르 베르히만(1918~2007년)은 스웨덴의 영화, 연극, 오페라 감독이다. 그의 영화는 자신의 고향 스웨덴을 배경으로 신의 침묵과 부재, 광기 등 형이상학적이고 실존적 물음을 주제로 다루고 있다. 대표작으로는 〈제7의 봉인〉(1957년), 〈산딸기〉(1966년), 〈페르소나〉(1967년) 등이며, 1960년대 유럽 모더니즘과 작가주의를 대표하는 감독이다.

"내가 가장 존경하는 감독은 잉마르 베르히만이다. 그는 나의 영화공부에 지대한 영향을 주었다. 특히, 종교문제를 다루는 방식에 깊은 영향을 받았다. 나는 그의 모든 영화를 찾아서 보았다. 또 다른 영향을 받은 감독은 이란의 압바스 키아로스타미(Abbas Kiarostami) 감독이다. 그는 나에게 영화를 만들 때 어떤 소재를 선택해야 하는지에 대해

〈사진1〉 페마 감독

영향을 주었다. 그는 어떠한 정치적 발언도 없지만, 깊은 문화적 체험을 전해준다. 이러한 방식이 나에게 큰 영향을 준 것 같다"고 말한다. 이를 통해, 페마 감독의 작품에 나타나는 느리고 유장한 카메라 움직임과 롱테이크의 사용, 그리고 정치적 문제를 드러내지 않고 말하는 방식의 스타일은 이들 감독에게 받은 영향으로 보인다.

페마 감독은 2002년 본격적으로 영화 연출을 시작하였다. 2002년 그의 첫 단편영화 〈성스러운 돌(靜靜的嘛呢石)〉의 시나리오와 연출을 맡았다. 원래 이 영화는 그가 베이징영화학원 진수생 1년차일 때, 수무(蘇牧) 교수가 방학 중 과제물로 자신의 고향에서 영화를 찍어 오라고 했고, 소니DV로 단편을 찍은 것이 계기가 되었다. 나중에 이 영화는 2005년 그의 첫 장편영화인 〈성스러운 돌〉의 원형이 된다. 이 영화에 출연한 배우와 인물관계 구성은 장편영화에 그대로 차용되었으며, 티벳어를 사용하고 티벳문화를 전면에 배치하는 방식, 그리고 다큐멘터리적 객관적 카메라 스타일은 이후 장편영화의 특징으로 자리잡는다. 이 영화로 그해 베이징대학생영화제 단편경쟁부문 우수상을 받았고, 베이징영화학원 제1회 금자상(金字獎) 우수영화상, 제1회 베이징DV논단 극영화부문 대상을 수상했다. 특히, 이 영화가 한국 서울에서 열린 제2회 '아시아국제단편영화제' 심사위원 대상을 수상하면서, 그의 첫 번째 한국 방문이 이루어졌다.

2004년에는 35mm 컬러필름을 사용한 단편영화 〈초원(草原, The

Grassland)〉을 연출하였다. 이 영화는 방생한 양을 잃어버린 어머니와 아들이 야크를 타고 메이롱초원으로 떠나는 여정을 다룬 21분짜리 단편영화이다. 이 영화는 티벳 초원을 배경으로 티벳인들의 인생관과 사람관계, 그리고 자연에 대한 태도 등을 담담한 다큐멘터리적 시선으로 드러낸다. 이 영화로 제3회 베이징대학생영화제 국제영상전에서 중국 학생분야 최우수작품상을 수상했으며, 2004년 '디스커버리(Discovery) TV채널 신인감독프로젝트'에 선정되었다. 2005년에는 고대 티벳 지역에서 하늘에 날씨를 비는 주술 종교인 방백사를 다룬 다큐멘터리 〈최후의 방박사(最後的防雹師)〉를 연출했다. 페마 감독은 영화감독으로서는 비교적 늦은 나이인 서른세 살에 단편영화로 연출을 시작했지만, 재능을 인정받아 곧바로 중국영화계의 주목을 받는 신예감독이 되었다. 소수민족인 티벳인으로서 자신의 고향 티벳을 배경으로 티벳문화를 표현하는 그의 예술성에 대해 중국문화계 전체가 주목하기 시작한 것이다.

〈사진2〉
영화 〈초원〉 포스터

〈사진3〉
영화 〈성스러운 돌〉 포스터

〈사진4〉 영화 〈나팔바지 휘날리던 1983년〉 포스터

2005년에는 그의 첫 번째 장편영화 〈성스러운 돌〉이 제작되었다. 이 영화는 티벳 감독과 티벳영화 스태프들이 스스로 티벳의 문화를

티벳어로 제작한 최초의 장편영화라 평가받고 있다.

"〈성스러운 돌〉은 중국영화사 100년 중에서 티벳 감독이 연출한 최초의 본토영화이며, 최초의 티벳문화를 반영한 영화이다"[3], 티벳 소년 라마승의 눈을 통해 사회주의 현대화 바람이 부는 90년대 초 티벳 농촌의 아름다운 전통문화와 공동체문화를 표현하였다. 이 영화로 중국 국내에서는 2006년 제9회 상하이국제영화제 '아시아신인상', 제25회 중국금계장 '신인감독상', 제8회 장춘영화제 '심사위원 특별상', 제13회 베이징대학생영화제 '최우수신인감독상' 등을 수상했으며, 해외에서도 제24회 캐나다 벤쿠버국제영화제 용호특별상 부문에 초청되었고, 제30회 홍콩국제영화제 국제영화평론가협회상과 천주교문화특별상을 수상했고, 특히 제10회 부산국제영화제에서 뉴커런츠 부문에 특별상을 수상함으로써, 국내외적으로 감독으로서의 명성을 쌓기 시작했다.

2007년에는 두 번째 장편영화 〈쿤둔(즈메이경덩)을 찾아서(尋找智美更登, Soul Searching)〉의 시나리오와 연출을 맡았고, 다큐멘터리 〈가타대법회(嘎陀大法會)〉, 60분짜리 중국 명시(名詩)를 남긴 고승(高僧)들을 찾아가는 시리즈물 다큐멘터리 〈상야사(桑耶寺)〉를 연출했다. 그의 두 번째 장편영화인 〈쿤둔을 찾아서〉는 티벳의 전설 속의 왕자인 쿤둔(즈메이경덩 왕자) 공연을 위해 일어난 일화를 다룬 110분짜리 장편영화이다. 쿤둔(즈메이경덩 왕자, Drime Kunden)은 티벳민족의 전설 속의 왕자이며, 티벳민족의 대표적인 민족연극의 주요 소재이다. 영화 〈성스러운 돌〉에서도 새해를 맞이하여 이 공연을 준비하는 장면이 등장한다.

쿤둔은 선량하고 강직한 포다이국(柏岱國)의 왕자이다. 왕자는 국왕의 생명을 구하기 위해 노력하다가 모함을 받고 멀리 유배를 떠나게 된

---

3) 蘭州震報, 「像寫小說一樣拍電影」, 2007. 12. 25.

다. 왕자는 왕비와 3명의 딸을 데리고 유랑길에 오르게 되고, 돌아오는 도중 자신의 처자식과 두 눈을 바치게 된다. 이에, 감명을 받은 하늘의 신들은 잃어버린 모든 것을 회복시켜준다. 국왕 또한 감복하여 정중히 국왕 자리를 물려주고, 이후 포다이국은 평화와 번영을 구가하게 된다는 내용이다.

페마 감독은 인터뷰에서 이 영화를 연출하게 된 배경에 대해, "첫 번째 영화 〈성스러운 돌〉을 찍을 때, 티벳배우들과 작업하면서 어떤 감정이 일어났다. 티벳 전통문화와 불교정신 세계를 표현하고 싶은 욕구가 일었다. 〈쿤둔〉에서는 곳곳에서 사라져가는 티벳 전통문화와 불교세계를 보여주기 위해서 제작하게 되었다"고 밝히고 있다.

이 영화는 쿤둔 왕자 역할을 맡기 위해 적합한 연기자를 찾던 감독 일행이 티벳 사원과 마을 곳곳을 다니다가 드디어 왕자의 아내로 적합한 여성을 찾았으나, 이 여성은 예전의 남자친구를 찾아달라고 부탁한다. 이에 일행은 남자친구를 찾아 길을 나서고, 이 영화는 그 내용을 담았다. 이 영화는 암도 지방의 해발 3천 미터 이상의 고원지대에서 촬영되었다. 영화 속에는 〈사진4〉와 같이 페마 감독의 영화에 곧잘 등장하는 쿤둔 왕자 공연 장면이 재현되고 있으며, 감독의 영화스타일이 된 고정된 카메라와 풀쇼트(full shot)를 사용한 롱테이크 기법이 영화 전반에 걸쳐 나타난다. 이 영화는 페마 감독의 베이징영화학원 시절 교수였던 중국 4세대 감독 정동톈(鄭洞天)과 시에페이(謝飛) 교수가 고문으로 참여하였으며, 영화 속 배우들은 모두 티벳 출신들이고, 티벳 마을을 배경으로 티벳어로 제작된 영화이다. 특히 티벳 출신이자 감독의 어릴 적 고향 친구 상예 감초(Sangye Gyamtso)가 대표로 있는 히말라야영화사에서 제작했으며, 현재까지 페마 감독과 같이 영화 작업을 하고 있다.

〈쿤둔을 찾아서〉가 상영되던 시기는 2008년 3월 14일 티벳 시위와 일치되던 시기였다. 2008년 베이징올림픽을 앞두고 티벳 지역에서 1959년 이래 최대의 독립을 요구하는 시위가 일어났다. 베이징올림픽 개최로 중국이 전 세계의 주목을 받고 있을 때, 인도 임시정부와 티벳 지역에서 1950년 3월 10일 인도 망명정부 수립을 기념하는 대규모 시위가 일어났다. 3월 14일부터 18일까지 티벳자치구 라싸시를 중심으로 쓰촨성과 칭하이성 일대에서 라마승을 중심으로 대다수 지식인과 민중들이 이 시위에 참여하였다.

2008년 3월 10일 티벳 망명청년조직인 '티벳청년회의(TYC: Tibet Youth Congress)'가 주축이 되어 인도 다람살라에서 티벳까지 걸어가겠다는 대장정시위가 일어났다. 라싸에서도 이에 동조하는 300여 명의 승려들이 시위에 참여했고, 3월 14일을 기점으로 티벳 전역에서 대규모 유혈충돌이 일어났다. 3월 18일에는 베이징에서 중앙민족학원 티벳 학생 50여 명이 연좌시위를 벌이기도 했다. 중국 정부는 민간인 18명과 경찰 2명이 사망했다고 발표했으나, 인도 임시정부에서는 140여 명이 사망하고 1,000여 명이 부상했으며, 승려 600여 명이 군수송기로 강제이송되었다고 발표했다. 중국 정부는 "티벳 문제는 전적으로 중국의 내정이며 조국 통일문제"라 주장했다.[4] 한 티벳영화인의 증언에 의하면, "이 시기를 전후해서 국제영화제의 그의 이름을 중국식 발음인 완마 차이단(Wanma Caidan)에서 페마 체덴으로 바꾸었다"고 한다.[5]

2009년에는 그의 세 번째 장편영화 〈나팔바지 휘날리던 1983년(喇叭褲飄蕩在1983, Flares wafting In 1983)〉을 연출했다. 이 영화는 왕스위에(王十月)의 동명 소설을 영화화한 것이다. 1983년 여름 칭산현에 사는

4) 김재기, 「티벳 문제에 대한 국제사회의 개입과 중국의 대응: 2008년 3월 유혈분쟁과 북경올림픽을 중심으로」, 『한국동북아논총』, 제55집, 2010. 86-88쪽.
5) 전주국제영화제 편저, 『발리우드 너머의 영화들』, 2013년. 150쪽.

나와 친형 왕중치우(王中秋)는 운좋게 기술고등학교에 진학하여 시내에 가서 살게 되고, 동네 신화서점에서 일하는 허리쥐앤을 좋아한다. 동네 총각 주웨이궈 또한 허리쥔을 좋아하며, 신화서점 앞에서 나팔바지를 입고 디스코 춤을 추며 접근한다. 이 영화는 1983년 개혁개방 초기 나팔바지와 디스코춤이 유행하는 시골 마을과 청년들의 순박한 사랑 이야기를 담담하게 그려내고 있는 복고풍의 작품이다. 이 영화에는 중국 전통 경전인 〈시경(詩經)〉에 나오는 시를 현대 가요로 노래한 덩리쥔의 〈재수일방(在水一方)〉이 배경으로 등장하기도 한다. 이 영화는 중국국영중앙방송 영화채널(CC-TV6)에서 배급을 맡은 일종의 텔레비전용 영화로, 페마 감독은 연출만을 맡았으며, 그의 작품으로는 유일하게 중국어로 된 영화이다. 페마 감독에 따르면, "중앙방송 영화채널에서 이미 완성된 시나리오를 보내 연출을 부탁해서 만든 영화"이다. 평소 시나리오와 연출을 도맡아온 감독의 제작 성향과 티벳어 영화를 고집해온 역정에 비춰본다면, 이 영화는 페마 감독의 작가주의 영화목록에 넣기에는 어려운 측면이 있다.

2011년에는 그의 네 번째 장편영화인 〈늙은 개(老狗, Old Dog)〉를 연출했다. 이 작품에서 페마 감독은 물질주의 가치관과 한족 문화 유입이 티벳 농촌에 침투하여 황폐화되고 있는 티벳 공동체의 모습을 은유적으로 비판하고 있다. 이 시기의 티벳지역은 2008년 3·14 독립시위 이후 티벳인 라마승과 지식인들에 대한 체포가 늘어났고, 중국 정부의 정신교육 강화와 통제가 심화되고 있었다. 이 영화는 이러한 티벳지역의 시대적 분위기가 강하게 들어 있다.

이후 3년간의 공백기를 가진 페마 감독은 2014년 자신의 다섯 번째 장편영화인 〈오색신전(五彩神箭, The Sacred Arrow)〉을 연출하였다. 티벳 전통민속행사인 활쏘기 시합을 둘러싼 티벳 마을 청년 간의 갈등과 대립, 그리고 사랑 이야기를 다룬 이 영화는 제19회 부산국제영화제 '아시아영화의 창' 부문에 초청되어 상영되었다.

〈사진5〉 〈1983년〉 영화 장면

2015년에는 자신의 최신작인 역시 티벳영화 〈타를로(塔洛, Tharlo)〉를 연출했다. 외딴 티벳 고원에 사는 타를로는 양을 치며 홀로 살고 있다. 마을 사람들은 그를 '땋은 머리'라 부르지만, 정작 본명을 아는 사람은 아무도 없다. 어느 날 신분증 사진을 찍기 위해 시내에 간 그는 미용실에서 일하는 양추오를 알게 되고, 그녀와 하룻밤을 보낸다. 양추오는 타를로에게 마을을 떠나자고 제안하고, 타를로는 양을 팔아 마련한 돈을 들고 그녀를 찾아간다. 땋은 머리를 밀어버린 타를로는 밤새 그녀와 술을 마시며 놀지만, 다음 날 양추오는 온데간데없다. 경찰서장은 삭발한 타를로에게 신분증 사진과 다르다며 다시 사진을 찍어 오라 한다. 티벳인으로 티벳어를 사용하는 '티벳영화'를 만들어온 감독은, 이번에도 흑백의 화면과 롱테이크 속에 도시화와 현대화 과정에서 혼란을 겪고 있는 티벳인들의 삶과 정체성 문제를 사실적 영상으로 담아내고 있다. 이 영화는 2015년 제20회 부산국제영화제에서 초청 상영되었다.

이와 같이, 페마 감독은 2편의 단편영화, 3편의 다큐멘터리, 6편의 장편영화를 만들어왔다. 그중 〈나팔바지 휘말리던 1983년〉을 제외한 모든 영화가 티벳 마을을 배경으로 티벳배우들이 출연하여, 티벳 문화를 다루고 있는, 티벳어 영화라는 점에서, 중국영화 지형 내에서 '티벳영화'라는 매우 독특한 로컬영화의 영역을 개척해온 독립영화감독이라 할 수 있다. 또한, 티벳인 스스로 자신들을 표현했다는 점에서 페마 감독은 사회주의정부 수립 이후 진정한 의미에서 첫 번째 '티벳영화' 감독이라 할 수 있으며, 중국/티벳 간의 정치적 주권문제라는 문화정치학적 외부상황과 중첩되면서 국제적으로 이례적인 주목을 받는 감독으로 자리잡고 있다.

한편, 페마 감독의 〈늙은 개〉 촬영감독이었던 손타르 지알이 페마 감독의 영향 속에 2011년 자신의 첫 장편영화 〈태양의 길목〉을 연출하였다. 페마 감독의 작품처럼 티벳을 배경으로 찍은 티벳어 영화이다. 페마 감독의 영화에 참여하고, 그를 따르는 티벳 출신 청년영화인들이 많다. 앞으로도 그에게 영향을 받은 보다 다양한 '티벳영화'가 출현할 것으로 기대된다.

4) 대표 작품 분석

① 〈성스러운 돌(静静的嘛呢石, The Holy Silent Stone)〉(2005) : 첫 번째 '티벳영화'의 탄생

이 영화는 페마 체덴 감독의 첫 번째 장편영화이며, 시나리오와 감독을 맡았다. 배우와 영화 스태프 전원이 티벳인들로 구성되었고, 자

〈사진6〉 영화 〈성스러운 돌〉 포스터

신의 고향인 암도 지역의 티벳 마을을 배경으로 티벳인들의 삶과 정신을 담은 티벳어 영화라는 점에서 사실상 첫 번째 '티벳영화'라는 영화사적 의의가 있다. 이 영화는 중국 국내에서 상하이국제영화제, 중국 금계장 등에서 신인감독상을 수상했으며, 10만여명이 관람했다. 해외에서도 벤쿠버국제영화제, 홍콩국제영화제, 부산국제영화제 등에서 수상을 하여 세계에 이름을 알리는 계기가 되었다.

영화의 제목인 '마니석(嘛呢石)'은 티벳인들의 자신들의 염원을 담아 불경이나 불상을 새긴 돌을 말하는데, 감독은 마니석을 "일종의 상징이며, 수백 년, 수천 년이 지나도 고요하게 침묵하고 존재하는 티벳 문화를 상징한다"고 말한다. 영화는 중국 티벳 마을의 사원 소년 라마에 대한 이야기를 다루고 있다. 주인공 소년은 티벳 사원의 라마승인데, 새해맞이로 분주하다. 사원의 어린 소활불(小活佛, Tulku)과 말상대이다. 활불 제도는 티벳 불교의 독특한 사생관이다. 영혼이 죽음을 넘어 현세로 이어진다는 티벳 전통불교에서 나온 것으로, 영혼이 육체로 전승되는 '전생상속제도'이다. 훌륭한 라마는 입적한 이후 다시 환생하여 영혼이 이어지는데, 이러한 영혼을 이어받은 사람을 '살아 있는 부처' 활불이라 한다. 전생과 내생의 관계에 대해, "그대의 전생이 어떠한지 알고 싶으면 그대의 현재 모습을 관찰해보라. 그대의 내생이 어

떠한지 알고 싶으면 그대의 현재 마음을 살펴보라"고 말한다.[6]

흙바닥에서 돌장난도 하면서 시간을 보내지만, 제일 좋아하는 것은 〈사진7〉과 같이 사원 텔레비전의 VCD(가정용 DVD 전단계 비디오)를 통해 쿤둔(智美更登, Drime Kundun) 왕자 이야기를 시청하는 것이다. 새해를 맞아 3명의 어린 라마승들은 풍습대로 아쿠 페마(Ahku Pema) 노래를 부르며 하얀 목도리를 상대방의 목에 걸어주며 새해를 축복해준다. 주인공 소년 라마승은 아버지와 함께 고향집으로 설을 쇠기 위해 돌아가고, 길에서 돌로 불경을 새기는 석수쟁이 노인과 만나 인사한다.

어린 라마승의 집은 할아버지, 엄마, 아빠, 형, 여동생이 살고 있다. 집에 돌아와 야크와 양의 먹이를 주며, 할아버지에게서 우리는 전생에 짐승일지 모른다는 이야기를 나누며 티벳의 인생관을 배워나가지만, 한편으로는 〈사진10〉과 같이 TV에 나오는 〈서유기〉를 보며 즐거워한다. 마을 공터에서는 새해를 맞이하여 전통풍습대로 마을 청년들이 중심이 되어 〈사진11〉과 같이 쿤둔 왕자 공연을 준비하고 있다.

새해가 되자 할아버지와 소년은 주문을 외운 후 산양을 방생하고, 마을 사람들은 새해맞이 마을공연을 보기 위해 〈사진12〉와 같이 회관 공터로 모인다. 반면 라마승은 형에게 돈을 얻어 홍콩영화를 방영하는 불법극장에 가서 총싸움이 난무하는 홍콩영화를 보고, 남은 돈으로 중국 음료수 와하하를 사고, 손오공 마스크를 사서 쓰고 다니며, VCD 〈서유기〉를 보며 논다.

---

6) 『티벳 사자의 서』, 시공사, 2000. 62쪽.

〈사진7〉 텔레비전

〈사진8〉 티벳 고원의 풍광

〈사진9〉 새해 식사풍습

새해를 고향에서 보낸 라마승은 다시 아버지와 사원으로 돌아간다. 이전에 지나왔던 길의 석수쟁이 노인은 그 사이 세상을 떠나고, 노인이 만든 마니석을 전달받으며 극락왕생을 빈다. 사원에서 라마승은 〈서유기〉 VCD를 보며 즐거워하고, 소활불에게도 손오공 가면을 빌려주고 같이 논다. 새해를 맞아 마을 사람들이 티벳사원을 찾아 활불에게 축원을 받으러 오고, 활불은 텔레비전으로 〈서유기〉를 보며 즐거워한다. 아버지는 고향으로 다시 돌아가고, 어린 라마승은 사원으로 돌아와서 손오공 마스크를 가슴 안에 몰래 품고 티벳 불경을 외운다.

〈성스러운 돌〉은 단순하고 간략한 이야기 구조를 갖고 있다. 영화는 기본적으로 사원 → 길 → 고향 → 길 → 사원으로 돌아오는 순환

〈사진 10〉 전통과 현대의 충돌 혹은 조화

〈사진11, 12〉 공연장면: 액자식 구도

식 구조를 가지고 있다. 일반 상업영화의 이야기 구조에 나타나는 클라이맥스가 없는 단조로운 구성이지만, 불교의 윤회를 환유시키는 순환적 구도를 갖추고 있는 특징이 있다. 또한, 티벳 전통문화와 풍습이 내러티브의 플롯으로 작용하고 있다는 점도 독특하다. 쿤둔왕자 공연, 새해에 아쿠 페마 노래를 부르는 풍습, 하얀 목도리로 상대를 축원하는 풍습, 제기차기, 양을 방생하는 풍습 등이 내러티브 속의 플롯으로 역할을 한다. 이 밖에 극 중에서 쿤둔 왕자 공연 장면이나 텔레비전 속의 서유기를 삽입한 액자식 이야기 구조도 특징적인 설정이다.

페마 감독은 이 첫 장편영화에서 자신의 가장 특징적인 영상미학을 선보인다. 고정카메라와 롱테이크(long take)와 풀쇼트(full shot) 사이즈를 활용한 미장센(mise-en-scene)이 그것이다. 영화 속 실내 장면과 실외 장면은 대부분 고정카메라와 롱쇼트와 풀쇼트 사이즈의 장면으로 구성되어 있다. 실내 장면 〈사진 7, 9, 10〉과 실외 장면 〈사진 11, 12〉처럼 이러한 형식을 즐겨 사용하고 있다.

페마 감독의 정지된 카메라와 롱테이크의 결합은 관객들에게 지루함을 주기도 하지만, 다큐멘터리적 영상미를 창출하여 영화 극 중 상황에 객관적이면서도 관찰자적 시선으로 동참하게 만든다. 특히 티벳 전통문화나 티벳인의 삶의 진면목을 관조하고 사색할 수 있는 '공간적 여백'과 '시간적 여유'를 제공하는 효과도 준다.

페마 감독은 〈성스러운 돌〉에서 다큐멘터리적 영화미학 속에 티벳 사람들의 일상적 대화, 자연과의 조화, 죽음과 윤회에 대한 불교관 등을 사실적으로 재현함으로써 티벳문화의 원형을 그대로 보여준다. 특히 아이들의 제기차기, 쿤둔 왕자 공연, 새해맞이 축원, 양을 방생하는 풍습 등 자연과 벗삼아 살아가고 욕망보다는 순수한 평상심을 추구하는 티벳인의 높은 정신적 문화수준을 보여주고 있다. 영화 속에 나오는 티벳 암도 지방의 새해 명절 중 대표적인 것은 1월 8일 방생절(放生節)과 1월 14일 가면극을 공연하는 흡목흡(恰木欽) 행사가 있다.

한편으로는 현대 문명이 티벳 공동체에 들어오면서 겪게 되는 문화적 충돌과 갈등에 대해서도 은유적으로 비판해내고 있다. 영화 속에서 라마승과 활불은 중국 텔레비전 드라마 〈서유기〉를 즐겨 보고 있으며, 형은 "중국어와 수학도 배운다. 나중에 대도시로 갈 것이다"라는 시대적 변화에 대한 개인적 소망을 드러낸다. 새해맞이 마을 전통공연이 진행되는 동안 라마승은 총싸움이 난무하는 홍콩영화를 몰래 보려 하고, 〈서유기〉 주인공인 손오공의 가면을 사서 가슴에 감추고 티벳불경을 암송하기도 한다. 이처럼 페마 감독은 〈서유기〉와 홍콩영화를 통해

90년대 초반 전통적인 티벳 공동체가 새로운 충돌을 받아들이는 현실을 사실적으로 보여준다.

페마 감독은 인터뷰에서 〈서유기〉 장면이 계속 나오는 것에 대해, "〈서유기〉는 80년대에 만들어진 텔레비전 드라마이다. 티벳어로 번역되어 티벳에서도 방영되었다. 〈서유기〉는 중국 한족의 문화이지만, 불교적 세계관을 가지고 있어 티벳인들 또한 좋아하는 이야기이다. 손오공과 삼장법사와의 관계를 영화 속 노화상과 소년 화상과의 관계로 치환하고 싶었다. 중국 문물 유입을 비판하기 위해서라기보다는 90년대 티벳 문화풍경을 있는 그대로 재현했다"고 의미를 밝힌다.(2014년 11월 21일 2차 인터뷰 중에서)

〈성스러운 돌〉에서 페마 감독은 직접적으로 티벳의 정치적, 사회적 문제를 직접적으로 말하지 않는다. 감독은 그저 "티벳인들의 '본토영화(本土電影)', 혹은 '민족영화(民族電影)'를 찍고 싶었다"고 말하고 있다. 순수하고 아름다운 영혼을 가진 티벳사람들과 공동체를 보여주고, 이들이 현대화의 물결에 대해 겪는 일상을 담담히 보여준다. 이러한 재현은 역설적으로 더 정치적일 수 있다. 중국/티벳의 정치적 문제와 중첩된 이미지 속에 이렇게 순수한 영혼을 가진 티벳인들을 만약 누군가가 총칼로 억압하거나 짓누른다면, 그 자체가 잔인한 야만 아니겠는가라는 무언의 연상 메시지가 그것이다.

② 〈늙은 개(老狗, Old Dog)〉(2011년) – "티벳인의 강렬한 존엄감"

이 영화는 페마 감독의 네 번째 장편영화이다. 티벳 고원지대에서 양을 치는데 중요한 역할을 담당하는 티벳산악개(normad mastiff)를 소재로 만든 93분짜리 장편영화로, 페마 감독이 시나리오와 연

〈사진13〉 영화 〈늙은 개〉 포스터

출을 맡았다. 제작은 감독의 고향 친구인 상예 감초(SangYe GyamTso)와 히말라야영화사(喜瑪拉雅影視文化傳播有限公社)가 맡았고, 중국 독립영화계 핵심 인물인 베이징영화학원의 장셴민 교수가 제작감독(pruduction superviser)으로 참여하였다. 시나리오, 연출, 스태프, 배우는 티벳인이며, 영화 속 배경과 언어 또한 티벳 마을과 티벳어라는 점에서 전형적인 페마 감독표 '티벳영화'라 할 수 있다.

영화는 대도시 한족들이 양을 치는 티벳 산악개를 애완견으로 비싸게 구입하는 풍조가 유행하자, 이를 팔려는 아들과 지키려는 아버지의 갈등과 화해를 다루고 있다. 티벳인들에게 티벳 산악개는 친구이자 가족과 같은 존재이며, 전통문화를 상징하는 존재이기도 하다.

남자(곤푸)는 13년간 길러온 자신의 집에 있는 개를 판다. 최근 도시 한족들이 고원지대 양치기용 티벳 산악개를 애완용으로 사들이면서 값이 많이 올랐기 때문이다. 곤푸의 아버지는 아들이 판 개를 되찾기 위해 경찰인 아들 친구 도르제를 만난 후 개장수와 실랑이 끝에 다시 데려온다.

곤푸는 양치는 일이 직업이지만, 무능하고 매사에 삐딱하다. 결혼한 지 3년이 되었지만 자식이 없다. 아버지는 병원에 가서 진찰하라고 권하고, 곤푸는 진찰 결과 불임의 원인이 자신에게 있음을 안다. 이들 가족은 집 안에서도 TV만 같이 보고 건조한 관계로 지낸다. 그러던 어느 날, 집에 개도둑이 든다. 자신의 개는 마취된 상태로 겨우 구출되고, 이 사건을 계기로 아버지는 남들 모르게 개를 산에 두고 내려온다. 아들은 개장수 한족 라오왕의 소행으로 생각하고 폭행을 행사하여, 15일간 경찰서에 구류를 당한다. 아버지는 아들 곤푸를 면회 가고, 아들에게 담배를 건네며 한족 개장수를 때린 곤푸의 분노와 마음을 이해한다.

시장에서 만난 마을 청년은 아버지에게 개를 팔라고 권하고, 팔지 않으면 언젠가는 도둑 맞을 것이라 협박도 하지만, 아버지는 완고하게 거부한다. 아버지가 초원에서 양을 치고 있을 때, 다시 개장수가 찾아와 철조망 사이로 개를 팔라고 돈거래를 시도한다. 마지막에 아버지는 자신의 개를 철조망에 매달아 죽인다. 개를 죽이고 산으로 올라가는 아버지의 뒷모습을 핸드헬드(hand-held)로 따라가며, 아버지의 가쁜 숨소리와 삐걱거리는 고원의 풀소리만 고요 속에 들려온다.

〈늙은 개〉는 간단한 서사구조를 갖춘 정적인 영화이다. 영화의 내러티브는 티벳개를 팔려는 아들과 이를 지키려는 아버지라는 두 축으로 간단히 구성된다. 내러티브의 공간 또한 길거리-경찰서-집-초원의 4개 공간이 반복적으로 등장하여 배경을 이룬다. 이러한 간단한 내러티브가 강렬한 주제의식으로 표출되는 데는 영상미학과 관련이 있다.

페마 감독은 〈늙은 개〉의 내러티브에 강렬한 효과를 주기 위해 자신만의 독특한 영상스타일을 반복적으로 사용하고 있다. 첫째, '고정된 카메라' + '풀쇼트(full shot)' + '롱테이크(long take)' + '액자식 구도'가 중심적인 스타일로 자리잡고 있다. 페마 감독은 이러한 기법을 선호하는 이유에 대해, "감성과 정서는 일정한 시간을 필요로 한다. 감정을 전달하기 위해 롱테이크를 사용했다. 촬영지에 도착하면 롱테이크를 세세하게 설계한다. 어느 쪽에서 어느 방면의 각도로 나갈 것인지,

〈사진14〉 마지막 장면

〈사진15, 16〉 인/아웃

어떻게 움직일 것인지"라고 밝히고 있다.(2014년 11월 21일 2차 인터뷰 중에서) 페마 감독의 영화는 객관적인 다큐멘터리 기법을 바탕으로 표현하기 때문에 좀처럼 몰입하기가 쉽지 않다. 반면, 관객들은 느리고 깊은 영화 속 장면을 통해 티벳 마을 공간이 주는 '공간여백'과 느리게 탐색할 수 있는 '시간적 여유'를 갖게 된다.

둘째, 정지된 카메라에 등장 배우들이 프레임(frame) 안으로 인(in)/아웃(out)하는 스타일을 차용하고 있다. 원래 이 스타일은 이탈리아 모더니즘 감독인 미켈란젤로 안토니오니(M. Antonioni)가 즐겨 사용하는 방식인데, 안토니오니는 황량한 바위섬이나 황폐한 옛날 건축물을 배경으로 등장인물을 인/아웃 시키면서 현대인의 고독을 정서적으로

(좌측 상단부터 시계 방향으로)
〈사진17, 18, 19, 20〉 액자식 구도: 집 안 장면, 경찰서 면회 장면, TV 보는 가족 장면

표출해낸다. 〈늙은 개〉에서 감독은 〈사진15, 16〉과 같이 한창 건설 열기가 일고 있는 마을 앞에서 아들을 인/아웃 배치시키거나, 고원 초원 지대에 앉아 있는 아버지의 모습을 인/아웃으로 잡는 방식을 보여준다. 이러한 스타일은 등장인물을 주변 건물과 배치시키면서 정서적으로 황량하고 쓸쓸한 느낌을 관객들에게 전해준다.

셋째, 〈사진17, 18〉과 같이 액자식 구도는 페마 감독이 즐겨 사용하는 방식이다. 〈늙은 개〉에서는 주로 억압되거나 답답한 현실을 표현하기 위해 사용하고 있다. 〈사진19〉에서와 같이, 아버지는 아들 친구인 경찰관 도르제를 식당에서 만나며 "왜 한족들이 애완용으로 티벳개를 좋아하느냐" 분노를 표출할 때, 카메라는 식당 유리 창문 너머로 보여주는데, 이러한 장면은 이들 티벳인들의 대화가 어딘가 갇혀 있거나 억압되어 있다는 느낌을 준다. 또한 〈사진 20〉처럼 아버지와 아들과 며느리가 모여 있을 때 말없이 TV만 바라보는 장면을 액자식 구도로 표현하면서 이들 세 사람의 편하지 않은 무미건조한 관계를 드러낸다.

넷째, 아버지와 아들의 배경 장면을 대조시킨다. 극 중에서 아버지가 나오는 장면에서는 초원이나 전통적인 티벳 풍경을 보여주고, 아들이 등장하는 장면에서는 마을의 건설 현장이나 현대적인 공간을 보여준다. 이러한 스타일은 극심한 현대화 과정을 겪고 있는 티벳 가족의 세대간 단절과 갈등을 대조적으로 보여주는 효과를 준다.

주제의식으로 본다면 〈늙은 개〉는 페마 감독의 '티벳영화' 중에서 가장 강렬하고 직접적으로 티벳문제를 다룬 작품이다. 영화 전체 분위기는 어두운 사회적 사실주의 경향을 띠고 있으며, 강렬한 현실비판 정신과 저항정신을 전면에 부각한다. 첫째, 티벳문화와 존엄감을 지키기 위해 죽음을 불사하는 강렬한 저항정신을 보여준다. 영화의 제목이기도 한 '늙은 개'는 소멸되고 밀려나는 티벳 전통문화와 정신을 상징하고 있으며, 이를 애완견으로 소유하려는 한족들의 유행을 통해 한족화(漢族化)와 물질주의 가치관을 통렬하게 질타한다. 아버지는 "도시의 한족들이 티벳 유목개를 좋아해서, 개값이 많이 올랐고, 최근 개 도둑이 많다"는 말에, "도시에서 왜 그런 유목개가 왜 필요하냐, 4,000위안을 줘도 개는 절대 안 판다. 개는 양치는 사람의 친구이다"라고 강하게 거부한다. 아들이 한족 개장수 라오왕을 때려 감옥에 가는 장면도 '서부대개발(西部大開發)' 열풍에 대한 티벳인들의 부적응과 저항으로 읽힌다. 스스로 개를 죽이는 마지막 장면은 사회주의 시장경제 열풍이 안고 온 물질주의 가치관과 한족화에 대한 은유적 비판과 저항으로 독해된다.

둘째, 페마 감독은 전통과 현대가 충돌하는 티벳 공동체의 혼란상을 보여준다. 영화 곳곳에 등장하는 건설 현장 장면은 티벳 농촌이 급속히 개발되고 있는 현실을 보여주는 것이다. 마을 청년들은 티벳 전통복장을 입고 있지만 오토바이를 타고 TV를 즐겨 보고 당구를 친다. 아들의 불임 에피소드 또한 티벳의 가족관계와 전통문화의 전승이 끊기는 현실을 은유하는 것으로 읽힌다.

셋째, 페마 감독은 아버지와 아들의 갈등과 소통을 통해 티벳 가족관과 윤리의식을 드러낸다. 아버지에 반항하던 아들은 한족 개장수를 때린 후 감옥에 가고, 면회장소에서 아버지는 자상한 시선을 보낸다. 돌아가는 아버지의 뒷모습을 아들의 시점쇼트(point of view)로 보여주고, 아버지는 마을 길가에서 만난 어린아이를 쳐다보며 아들의 어린 시절을 연상한다. 티벳전통을 상징하는 아버지와 현대 물질주의 가치관을 상징하는 아들의 갈등을 상호 간의 시점쇼트로 교차하여 보여주면서 화해와 소통을 일체화시킨다.

〈늙은 개〉의 가장 충격적인 장면은 〈사진14〉와 같이 자신의 개를 철조망에 매달아 목 졸라 죽이는 마지막 장면이다. 페마 감독은 무려 6분간의 롱테이크를 사용하여, "도둑맞거나 팔려나가기보다는 티벳 고원에서 차라리 죽겠다"는 아버지의 비장한 정신과 실천을 보여준다. 페마 감독은 이 장면에 대해 대해, "티벳인 자신들의 존엄감을 자신들의 방식으로 지켜나가는 것이 아주 중요하다. 그래서 천천히 이야기 구조를 유지하면서 마지막 부분으로 가서 드러내고 싶었다"고 밝히고 있다.

페마 감독은 인터뷰에서 6분간의 마지막 장면에 공을 들인 것에 대해서도 자세히 설명해주었다, "마지막 6분은 촬영감독과 녹음 스태프가 배우의 인물 뒤를 따라가며 롱테이크로 찍었다. 늙은 개를 죽이는 장면은 전체적으로 아버지의 압박감과 답답함이 있어야 했다. 그래서 뒷장면으로 갈수록 점점 하늘이 더 나오는 식의 롱테이크를 사용했다. 처음 장면에서 답답하고 억압된 아버지의 감정이 카메라가 점차 지면에서 하늘로 올라가면서 해방되는 듯한 느낌을 주고 싶었기 때문이다"라고 밝히고 있다.(2014년 11월 21일 2차 인터뷰 중에서)

서부대개발과 현대화라는 미명하에 물질 주의 가치관이 침투하고, 한족들의 이주와 유입으로 티벳 농촌마을의 공동체정신과 문화정체성이 뿌리째 흔들리는 현실에 대해 강렬히 저항하고 비판하는 장면이다. 돈의 노예나 안락한 현실보다는 목숨을 걸더라도 티벳인으로서의 존엄감을 지켜나가겠다는 정신, 그것이 이 영화가 우리에게 전해주는 티벳의 정신이기도 하다. 〈늙은 개〉는 페마 감독의 작품 중에서 가장 강렬하고 비판적인 시선으로 티벳정신을 보여주는 영화이다.

③ 〈오색신전(五彩神箭, The Sacred Arrow)〉(2014년) – "대중적 장르영화로의 탐색"

〈오색신전〉은 페마 감독이 3년간의 공백을 거친 후 나온 그의 다섯 번째 장편영화이다. 이 영화는 2014년 제19회 부산국제영화제에서 '아시아영화의 창' 부문에 초청 상영되었다. 그때 영화제목을 '오색신검(五色神劍)'으로 번안했는데, 영화의 내용으로 보나, 원래 중국어 제목으로 볼 때, 이 영화는 신성한 칼에 대한 것이 아니라, 신성한 화살에 대한 영화이므로 마땅히 영화 제목을 '오색신전(五色神箭)'으로 하는 것이 나을 것으로 보인다. 이 글에서는 '오색신전'으로 하고자 한다.

페마 감독이 시나리오와 연출을 맡았고, 티벳 마을을 배경으로 티벳인 배우와 스태프들이 참여한 티벳어 영화라는 점에서 전형적인 '티벳영화'이다. 영화의 제작은 2011년 〈늙은 개〉 이후 페마 감독과 같이 제작 활동을 해오고 있는 고향 친구 상예 감초와 히말라야영화제작사가 맡았다. 영화의 배경은 감독 아버지의 고향이며, 전통 활쏘기 풍습이 남아 있는 티벳 암도 지방의 지안드라(Jiandra)현이다. 2007년 중국 정부는 지안드라현에 대해 '중국민족 활쏘기의 고향(中國民族射箭運動之鄉)'이라는 칭호를 내렸고, 영화 속 배경이 되는 '신전(神箭)' 대회는 성급에서, 국가급을 거쳐, 현재 국제급으로 승격되었다. 이 영화의 제작비는 960만 위안인데, 모두 현 정부에서 제작자본을 지원했다. 지안드라현은 이 영화 제작을 위해 2013년 3월 30일 시닝(西寧)에서 공산당 간부와 영화전문가 회의를 거쳐 시나리오를 거듭 수정해나갔다. 이러한 영화제작비 지원과 제작과정에서 알 수 있듯이, 이 영화는 지방정부가 자신의 고장을 선전하기 위해 만든 영화이자 친정부 성향의 주제의식을 가질 수밖에 없는 태생적 한계를 가진 작품이다.

〈사진21〉 영화 〈오색신전〉 포스터

기존 〈성스러운 돌〉, 〈늙은 개〉에서는 배우와 스태프 대부분이 티벳 출신이었으나, 〈오색신전〉에서는 촬영감독 뤄어판(Luo Pan)과 음악 담당 등 일부 영화 스태프와 드라돈 아버지 역을 맡은 리마오지아 등 일부 한족 연기자들이 참여하는 등의 약간의 변화상을 보인다.

〈오색신전〉은 티벳 농촌마을인 랄롱(Lhalong) 마을과 다모(Damo)

마을이 해마다 개최하는 마을 대항 전통 활쏘기대회인 '신전(神箭)' 대회를 배경으로 벌어진다. 랄롱 마을 대표는 대대로 활쏘기 집안 출신의 드라돈(Dradon)으로 그는 호승심이 강하고 자존심이 센 청년이다. 다모 마을 대표는 니마(Nyima)이며 전통적인 방식의 활쏘기를 사용하는 청년이다. 니마는 드라돈의 여동생 테스키드(Deskyid)와 서로 사랑하는 사이이다. 대회에서 니마가 드라돈을 이기자 화가 난 드라돈은 자신의 여동생을 만나지 마라고 경고하고, 자신의 활을 던져버리고 온다. 드라돈의 아버지는 드라돈을 호출하고 활을 줘버리고 온 것을 책망한다. 이때 지역 텔레비전 뉴스에서는 이날 열린 '신전' 대회를 소개하고 보도한다. 원래 '신전' 대회는 티벳 민간 전설에서 유래한다. 전설에 의하면, 지안드자(Jiandza) 마을의 청년 랄롱 페도르(Lhalong Pedor)는 불교를 탄압하는 폭군 랑다르마(Langdarma) 왕을 활로 쏘아 죽인 후 그의 활과 화살을 로 드로지 드락(Lo Dorjee Drag) 동굴에 숨겨둔다. 후대 사람들이 그와 그가 사용하던 활과 화살을 기리기 위해 두 마을에서 매년 '신전' 대회를 열고 있는 것이다.

드라돈과 남동생은 마을 공터에서 열린 야외 영화상영을 보러 간다. 그곳에서 보는 영화는 페마 감독의 첫 영화인 〈성스러운 돌〉에서 주인공 라마승이 '아쿠 페마' 노래를 부르는 장면이다. 드라돈의 남동생은 친구들에게 저 주인공 라마승이 이웃 다모 마을 출신이라 말한다. 야외 영화상영지에서 랄롱 마을과 다모 마을의 소년들은 한 달 뒤 전설의 로 드로제 드라그 동굴 앞에서 자신들만의 활쏘기 시합을 하자고 약속한다. 같은 시각, 드라돈은 자신의 여동생이 니마와 같이 있다는 이야기를 듣고 격분하여 찾아가, 두 사람을 향해 활을 쏘고 욕설을 내뱉는다. 드라돈이 "개 같은 놈"이라고 욕하자, 니마는 티벳 최고의 욕설인 "야크 같은 놈"이라고 대꾸하고, 화가난 드라돈은 맥주병으로 니마의 머리를 때리고 피가 쏟아진다.

이튿날, 드라돈 아버지는 양 한 마리를 끌고 랄롱 마을 촌장과 함께 이웃 다모 마을 니마네 집에 찾아가 사죄한다. 니마의 아버지는 하얀 목도리로 두 사람을 축원하며 손님으로 받아들이고, 젊은이들의 다툼을 이해하면서 드라돈 아버지의 사과를 흔쾌히 받아들인다. 그리고 니마와 데스키드가 서로 좋아한다면 결혼을 승낙하기로 약조한다. '신전' 대회를 앞두고 랄롱 마을 사람들은 함께 모여 나무를 베고, 같이 모여 하늘에 제사를 지내고 기원한다. 드라돈의 아버지는 소년들이 활을 만들어달라고 말하자, "잔드자(Jandza)의 화살, 드로창(Drotsang)의 활"에 대해 설명하고 활 기술을 전수해준다. 전설의 동굴 앞에서 열린 랄롱 마을과 다모 마을 소년들의 시합에서는 랄롱 마을 소년들이 이겨 드라돈이 패배한 것을 되갚는다.

드라돈은 다시 니마를 만나 여동생과의 결혼을 걸고 내기 활쏘기 시합을 제안한다. 달리는 오토바이에서 풍선을 맞추는 시합인데, 승부에 집착한 드라돈이 오토바이를 급정거하여 니마와 같이 넘어져 다리를 다친다. 그런 와중에도 니마는 풍선에 활을 명중시킨다. 랄롱 마을에서는 전통 가면극 공연이 벌어지고, 전설의 랄롱 페도르 역을 맡은 드라돈이 다리를 절면서 들어온다. 드라돈의 아버지는 드라돈의 춤을 보면서, "랄롱 페도르 전설의 스텝을 이해해야만 활쏘기의 진짜 고수가 될 수 있다. 아직 멀었다"라고 말한다. 이때 니마가 공연장으로 들어오고 마을 사람들 앞에서 데스키드에게 반지를 주며 용기 있게 청혼한다. 드라돈은 그들에게 활을 쏘아 위협하지만, 니마는 활을 쏘지 않고 나간다.

그날 밤 텔레비전 뉴스에서는 '신전' 대회를 발전시키기 위해 제1회 국제민속활쏘기대회를 개최한다는 보도를 한다. 이에 랄롱 마을 촌장은 다모 마을과 '신전' 시합에서 승리한 사람 한 사람을 국제대회에 내보내기로 결정한다. 드디어 '신전' 대회가 열리는데 드라돈과 랄롱 마을 청년들은 뜻밖에 전통활이 아닌 서양식 양궁을 준비하여 승리하고, 다모 마을 청년들은 거칠게 항의한다. 이에 드라돈의 아버지는 아들에게 랄롱 페도르가 폭군 랑다르마 왕을 활로 죽인 전설을 설명하고, 후세 사람들이 이를 기리기 위해 동굴 벽화와 가면극 춤으로 전승해왔다고 말해준다. 드라돈은 아버지의 가르침을 따라 전설의 동굴에 가서 벽화를 보게 되고, 그 속에서 랄롱 페도르의 전설, 바로 티벳의 정신에 대해 깨우치게 된다. 국제민속활쏘기대회 예비시합이 열리고, 드라돈과 니마는 다시 만난다. 드라돈은 원래대로 전통활을 가지고 출전했으며, 전통정신에 맞게 공정하게 시합을 치르고, 두 사람은 무승부가 되어 결국 좋은 친구가 된다. 마을로 돌아온 두 사람을 주민들은 환영하고, 두 마을은 하나가 되어 둥글게 원을 그리며 춤을 추며 영화는 끝난다.

〈오색신전〉은 이전 작품들에 비해 여러 가지 새로운 변신과 탐색이 시도되고 있다. 먼저 작가주의 경향을 보인 전작들에 비해 대중적 장르영화에 가까운 새로운 시도를 하고 있다. 이전의 작품들은 간단한 사건들을 롱테이크로 포착하던 사색적이고 성찰적이던 다큐멘터리식 전개였지만, 이 영화에서는 발단—전개—위기—절정—결말이라는 전형적인 대중적 드라마를 갖춘 장르영화로의 변화를 시도하고 있다. 내러티브에서 특이한 점은 〈사진22, 23〉과 같이 텔레비전의 뉴스 보도나 방송 리포터가 극 중 전설이나 대회를 설명하며 내러티브상의 플롯이 된다는 점이다. '신전' 대회의 전설을 설명하거나, 국제민속활쏘기대회가 열리는 소식을 보도함으로써, 두 주인공이 다시 만나게 되는 플롯을 제공한다.

영상스타일에도 새로운 시도가 나타난다. 먼저, 전작에서 페마 감독표 스타일로 자리 잡았던 '고정 카메라 + 풀 쇼트 + 롱 테이크'를 통한 다큐멘터리식 영화촬영은 이 영화에서는 더 이상 사용하지 않고, 대신, 〈사진26, 27〉과 같이, 하이앵글(high angle), 패닝(panning), 트래킹(tracking)을 사용한 카메라 움직임이 주를 이루며, 빠른 장면전환, 자연스러운 연속편집, 많아진 편집커팅(cutting) 등 쉽고 대중적인 영상미학을 선보이고 있다. 기존의 영화가 관조적이고 성찰적인 롱테이크를 즐겨 사용한 작가주의 풍격의 예술영화였다면, 이번 영화에서는 내러티브의 극 중 전개가 빠르고 흥미진진한 이야기 전개를 구축하고, 상업영화에서 볼 수 있는 러브라인과 멜로드라마 요소, 그리고 시각적 흥미를 유발하는 전통풍습이 등장하는 스포츠영화 요소들이 대폭 들어간 장르형 영화를 지향하고 있다. 페마 감독의 작가주의적 성찰은 약화되었지만, 극의 재미와 시각적 흥미를 자극하는 대중적 요소는 대폭 강화된 것이다.

주제의식 면에서도 〈오색신전〉은 기존과는 다른 이중적이면서도 양면성을 띤다. 먼저, 영화 속 전설의 영웅인 랄롱 페도르와 그가 활로 쏘아 죽인 토번국의 마지막 왕이자 불교를 억압한 폭군 랑다르마 왕의 이야기는 티벳 영웅과 이를 탄압하는 중국 혹은 부도덕한 세상에 대한 정치적 은유로도 읽힌다. 티벳 역사를 보면, 랑다르마 왕은 838년, 형을 죽이고 왕이 되었다. 불교를 배척하고 악독한 성품을 가진 왕이었다. 이에 랄롱 페도로라는 승려가 하얀 말 한 필과 검은 무용옷을 준비하여 '신전(神箭)'을 몰래 가져와, 검은 탈을 쓰고 능숙하게 춤을 추면서 신전을 쏘아 왕을 죽였다. 이것이 티벳 전통무용극 라마교 '참'의 기원이 되었다고 한다.

그러나 '신전' 대회가 보여주는 단결, 우애, 평화 정신은 티벳 전통

〈사진 22, 23, 24〉 TV를 활용한 내러티브

미덕이지만, 중국 내 소수민족영화라는 관점에서 본다면 중국 정부가 강조하고 있는 중화민족단결, 사회주의 공동체정신 같은 정부이데올로기에도 적합한 측면을 보인다. 거칠게 표현하자면, 티벳 주선율 영화 같은 모범영화의 느낌을 준다. 일반적으로 대중영화의 이데올로기는 발단—전개—위기—절정—결말 중에서 위기와 절정이 해결되는 부분에서 분출되는데, 〈오색신전〉에서는 그 부분에서 화해, 평화, 우애로 결말 짓는다는 점에서 티벳 전통문화에 부합하는 동시에, 중국 정부의 중화민족단결 이데올로기에도 부합하는 양가적 요소를 엿볼 수 있다.

그러나 또 다른 측면에서 본다면, 페마 감독이 강조하는 '평화, 단결, 우애, 정의'의 가치관은 티벳의 정신가치나 중국 정부의 이데올로기라기보다는 오히려 인류보편적 가치관에 부합하는 주제의식이라 할 수 있다. 티벳 영웅에 대한 이야기라기보다는 드라돈이라는 한 티벳 청년의 성장과 깨우침에 방점이 찍히는 성장 이야기이기도 하다. 그런 점에서 〈오색신전〉은 탈정치적 티벳영화라 할 수 있으며, 인간과 사회에 대한 보편적 가치관의 주제를 다룬 영화로 해석하는 것이 타당하지 않을까 생각한다.

〈오색신전〉에서 또 하나의 특징은 〈사진25, 26, 27, 28〉과 같이 페마 감독의 전매특허인 티벳의 자연풍광과 풍습을 자주 등장시킨다는 점이다. 랄롱 페도르의 전설이 담긴 동굴 벽화라든지, 영웅의 이야기를 담은 가면극 장면, 랄롱 마을 주민들이 신전 대회를 준비하며 공동으로 나무를 베고 제사를 지내는 장면에서 감독은 전통풍습을 차용하여 평화롭고 아름다운 티벳 공동체와 선량한 티벳사람들을 보여준다.

티벳 축제에서 흔히 볼 수 있는 가면극과 춤은 사악한 기운을 막아내는 액막이 행위인 동시에, 자아의 단계적 극복을 의미하는 불교적 목표가 은유된 표현이라고 한다. 재미있는 것은 〈사진28〉 랄롱 페도르 전설의 가면극 춤이 벌어지는 마을 회관 장소는 〈성스러운 돌〉에서 즈메이경덩 왕자 공연을 하던 곳이기도 하다.

또한, 영화는 아버지와 아들의 관계를 중심에 놓고, 티벳 전통문화는 어떻게 전승되고 이어지는가를 보여준다. 영화에는 '신전' 대회에서 패배한 후, 분노하고 방황하고 승복하지 못하는 아들과 이를 자상하게 훈계하는 아버지와의 관계가 극의 중심에 있다. 아버지는 아들에게 티벳 전통활과 전설의 동굴에 대해 설명하면서 아들에게 티벳의 정신과 혼을 전승시키고 깨우쳐준다.

〈오색신전〉은 페마 감독의 전작과는 달리 밝고 건강한 기운이 넘친다. 영화의 스타일도 할리우드 내러티브 구조를 닮았으며, 다큐멘터리 기법을 바탕으로 연출하던 기존의 작가주의적 미학 대신 멜로드라마와 가족윤리가 강조된 장르영화로의 변화를 보이고 있다. 이러한 측

〈사진25〉 전설의 동굴 〈사진26〉 가면극

〈사진27, 28〉 '신전' 대회 준비 전통풍습

면에서 〈오색신전〉은 페마 감독의 새로운 성향과 변화를 선보인 작품이라 할 수 있다. 페마 감독은 한 인터뷰에서 "〈오색신전〉은 이란 감독 압바스 키아로스타미의 영향을 직접적으로 받은 작품이다. 이전 영화와는 다르다. 보다 많은 사람들이 볼 수 있도록 장르영화를 선택했다"고 밝히고 있다.[7)]

티벳문화 정체성에 기반한 티벳문화에 대한 강조는 여전히 강화되고 있지만, 주제의식에서 드러나는 단결, 평화, 우애, 공동체정신은 티벳정신이면서 중국 주선율 영화의 주제의식과도 상통하는 양면적 성

---

7) 西海都市報, 「萬瑪才旦放談」, 2014. 7. 7.

격을 보여준다. 이에 대해, 일부 영화평론가는 "페마 감독의 이번 영화는 전부 지방정부에서 제작비를 지원했다. 그런 탓인지, 이번 영화는 이 지역 관광과 선전을 위한 영화로 보이거나, 텔레비전 영화채널에서나 방영할 수 있는 80분간의 주선율 영화이다"라고 폄하하기도 한다.[8)]

5) 영상미학의 변화, "작가주의에서 대중영화로의 탐색"

지금까지 페마 감독의 대표작 3편을 분석해보았다. 페마 감독의 작품들은 제작방식이라는 측면에서는 독립영화이며, 예술성이라는 측면에서는 작가주의 영화를 지향하고 있다. 또한, 문화정체성이라는 측면에서는 명백히 (중국 내) 티벳영화를 지향하고 있다. 이러한 틀 속에서 감독의 작품세계를 영상미학, 주제의식, 사회맥락적 의미로 대별하여 살펴보면 다음과 같다.

페마 감독은 중국 내 독립영화감독으로 일관된 자신만의 작가주의적 영상미학을 고수해왔다. 페마 감독의 독특한 영상미학의 핵심은 간단한 내러티브 구조 속에 다큐멘터리적 사실주의 영상을 결합한 것에 있다. 〈성스러운 돌〉은 새해를 맞은 소년 라마승의 일상에 대한 이야기이며, 〈늙은 개〉는 티벳 유목개를 둘러싼 갈등과 분노에 대한 이야기이다. 페마 감독은 간단한 이야기 구조 속에 티벳문화의 본령을 사색적으로 표현할 줄 아는 독특한 영상미학을 선보인다. 특히, 〈성스러운 돌〉과 〈늙은 개〉에서는 '고정된 카메라 + 풀쇼트(full shot) + 롱테이크(long take)'를 중심으로 '액자식 구도'를 넣거나 '공연 장면'을 배치

8) 藤迅娛樂, 「80分的主旋律命題作文」, 西帕克, 2014. 6. 23.

하는 미장센을 주로 사용한다. 이러한 느리면서도 사실적인 영상미는 상업영화에서처럼 관객들의 맹목적인 몰입을 유도하기보다는 제3자적 시선에서 영화의 공간과 사건을 사색하고 성찰할 수 있는 '시간적 여유'와 '공간적 여백'을 제공하는 효과를 준다. 페마 감독의 영화를 본 후 긴 여운이 남는 것은 이러한 영상스타일에서 기인한다.

그러나 2014년 연출한 〈오색신전〉에서는 새로운 영상미학을 선보이고 있다. 그의 트레이드마크였던 간단한 에피소드형 내러티브 구조는 복잡다단한 발단—전개—위기—절정—결말을 갖는 고전적 할리우드 내러티브 양식으로 변화하고 있으며, 고정된 카메라는 하이앵글과 패닝이 혼합된 다양한 카메라 움직임과 빠른 이동으로 대체되었고, 편집에서도 빠른 장면전환과 다량의 커팅을 활용하는 대중적 장르영화의 영상미학으로 변신을 시도하고 있다.

페마 감독의 이러한 변신은 다각도로 해석할 수 있다. 먼저, 촬영감독의 교체에 따른 변화일 수도 있다. 2005년 〈성스러운 돌〉의 촬영감독은 티벳 출신 두지에(Dujie) 감독이었고, 2011년 〈늙은 개〉의 촬영감독은 티벳 출신 손타르 지알(Sonthar Gyal) 감독이었는데, 2014년 〈오색신전〉의 촬영감독은 뤄어판(Luo Pan) 감독으로 바뀌고 있다. 감독 스스로도 새로운 변화를 시도했을 수 있다. 특히, 2000년대 이후 급속하게 시장시스템으로 재편된 중국 영화시장을 고려한다면, 어쩌면 감독 스스로가 작가주의적 영화에서 대중적 장르영화로의 새로운 모색을 시도했다고도 추정할 수 있다. 실제 최근 페마 감독은 촬영감독과 음악감독을 비롯한 스태프와 일부 연기자들을 한족으로 다수 기용하고 있는 점도 이채롭다. 최근작 〈오색신전〉에서 기존의 작가주의 풍격과는 달리 대중적 장르영화에 가까운 형식을 선보이며, 사색적이고 비판적이던 영상미학은 몰입과 감동을 중심에 두는 장르적 쾌감으로 바뀌고 있다. 이러한 점에 비추어 페마 감독이 작가주의적 독립영화 제작 경향에서 대중적 장르영화로의 전환을 탐색하고 있는 것이 아닌지 조심스럽게 추정해본다.

6) 무어화(無語話), "말하지 않고 티벳스러움(Tibetan-ness)을 드러내기"

페마 감독의 작품에 드러난 주제의식을 한마디로 요약하면 티벳의 문화정체성을 표현하는 '진실한 티벳영화'라는 데 있다. 그의 장편영화 다섯 작품 중에서 중국 국영중앙방송 영화채널(CC-TV6)에서 출품한 2009년 〈나팔바지 휘날리던 1983년〉을 제외한 나머지 작품 전부가 티벳어 영화이다.

그는 2014년 10월 1차 인터뷰에서, 왜 티벳영화를 찍느냐는 질문을 하자, "무엇보다 내가 가장 찍고 싶어 하기 때문이며, 내가 제일 익숙하고 잘 아는 내용이기 때문이다. 특히, 내 영화에서 가장 중요한 요소는 티벳언어이다. 티벳어는 언어이지만 티벳민족을 구성하는 근간이 된다"고 티벳어 영화의 의미를 강조하고 있다. 그의 작품에서 사용하는 티벳어는 그의 고향인 암도 지방의 티벳어이다. 현재 티벳 전역의 학교, 공장, 기업에서 표준어로 중국어를 사용하는 시대에 그가 티벳어를 강조하는 것은 민족 자존감과 민족 정체성의 발로로 보인다.

그가 직접 시나리오를 쓰고 연출한 영화에는 '중국스러움(Chinese-ness)'이 전혀 보이지 않는다. 자신의 고향인 티벳 마을을 배경으로 티벳 전통문화와 가족관계를 다루고 있으며, 티벳인 영화배우, 영화제작자, 영화 스태프들과 티벳어 영화를 제작했다는 공통점이 있다. 그의 '티벳스러움(Tibetan-ness)'은 대부분 영화에서 티벳 전통풍습을 곳곳에 배치하여 내러티브의 플롯으로 활용하거나, 티벳 정신을 드러내는 장치로 활용하고 있는 점에서 두드러진다. 〈성스러운 돌〉에서 '활불(活佛)'의 존재나, '쿤둔 왕자'의 설화를 등장시키거나, 〈오색신전〉에서 '랄롱 페도로'의 활쏘기 전설과 전통 장희(藏戲) 가면극을 내러티브 속 에피소드로 배치한다.

'활불'의 사례를 보면, 활불은 티벳불교에서 라마가 전생(轉生)한 화신(化身)이며 미륵불이 출현하기 전까지 대대손손 다시 태어나서 도탄에 빠진 민중의 지도자 역할을 하는 불교 윤회사상과 티벳의 고대 무속신앙이 결합된 독특한 제도로서, 티벳의 신정(神政)체제와 티벳 정치를 상징하는 제도이다. 1950년 중국이 티벳을 무력침공할 때 활불들의 존재는 공산주의 유물사관과 민족단결에 저해된다는 이유로 이단으로 규정했고, 지속적으로 단속하여 한때, "마을마다 사원이 있고, 마을마다 활불이 있다"고 알려진 티벳의 활불은 20세기 초 1만여 명에서 현재 수백 명으로 줄어들었다.

티벳인들에게 활불은 민족의 영혼을 상징하는 심장과 같은 존재이며, 페마 감독이 〈성스러운 돌〉에서 활불을 등장시킨 것은 티벳의 민족의식을 반영한 것으로 볼 수 있다. 또한 티벳 불교에서 불세출의 전설적인 영웅에 대한 숭배와 출현을 기원하는 풍습이 있는데, 〈성스러운 돌〉과 〈오색신전〉에서 '쿤둔 왕자', '랄롱 페도르'를 등장시켜 이를 재현해내고 있다. 이와 같이, 페마 감독은 이러한 '티벳스러움'을 영화 속 모티브로 삼아 다양한 볼거리를 제공하는 동시에, 이를 통해 티벳인들의 염원과 삶에 들어 있는 '우애, 평화, 단결, 정의'의 아름다운 정신세계와 가치관을 보여준다.

중국 5세대 황지엔신 감독은 "이러한 티벳 소재의 영화는 우리들이 도저히 찍을 수 없는 영화이다. 티벳인들의 생활과 문화를 우리들의 감성으로 이해하기 때문이다"라고 했고, 베이징영화학원 시에페이 교수는 "페마 감독의 시나리오는 그가 티벳인이 아니면 쓸 수 없는 글이다"라고 극찬하고 있다.[9)]

둘째, 티벳인의 가족관계, 특히 아버지와 아들과의 관계가 내러티브의 중심축으로 작동하는 특징을 가지고 있다. 〈성스러운 돌〉에서는 소년 라마승과 고향의 아버지, 〈늙은 개〉에서는 티벳 유목개를 팔려는 반항적인 아들과 이를 지키려는 아버지, 〈오색신전〉에는 '신전' 대회의 가치보다는 승부에 집착하는 아들과 이를 지켜보는 아버지의 관계가 주축을 이룬다. 페마 감독은 인터뷰에서, "영화 속 가족관계는 불교적 가치관과 정신세계이다. 아버지와 할아버지, 나와 아버지뿐만 아니라, 형제와 모녀지간에도 그러한 자상하면서도 사랑을 나누는 전통문화와 정신이 들어 있다"고 말한다.(2014년 11월 21일 2차 인터뷰 중에서)

이러한 자상한 아버지의 가르침과 이에 순응하고 스스로 깨우쳐 성장해나가는 아들과의 관계는 티벳인들의 전통적인 가족윤리를 보여주는 한편, 티벳인의 전통문화와 가치관이 어떻게 세대를 거쳐 전승되고 이어지는가를 보여준다.

셋째, 현대 문물의 범람 속에 충돌하고 소멸되는 안타까운 티벳의 현실을 비판적으로 드러낸다. 페마 감독은 서부대개발과 현대화로 대변되는 중국식 사회주의 시장경제의 열풍 속에서 티벳인과 공동체가 어떠한 험난한 여정을 겪고 있으며, 또 어떻게 극복해나가는지를 보여준다. 페마 감독의 작품 속에는 티벳인들의 삶에 근본적인 변화가 일고 있는 현실을 사실적으로 보여준다. 〈성스러운 돌〉에서는 활불이 텔레비전과 VCD를 보는 것을 즐기고, 티벳 소년들은 새해맞이 '쿤둔 왕

9) 青海臺, 「藏族電影與世界的對話」, 2013. 9. 23.

자' 전통공연보다는 총과 폭력이 난무하는 홍콩액션영화를 더 보고 싶어 한다. 〈늙은 개〉에서는 고층건물이 들어서는 티벳 마을에서 티벳 유목개를 팔아서라도 돈을 벌려는 물질주의 가치관이 난무하고, 초원에서 유목을 하고 전통을 지키려는 노인들은 소외되고 밀려나 있다. 〈오색신전〉에서는 활쏘기대회의 가치관보다는 승부에 집착한 나머지 양궁을 사용하는 청년들의 모습을 보여준다.

실제로 중국식 사회주의 시장경제와 서부대개발 열풍, 그리고 한족의 대량 이주는 티벳 커뮤니티의 변화와 해체에 직접적인 영향을 미치고 있다. 종교를 미신으로 규정하는 사회주의 국민교육은 전통 불교 중심의 티벳 신정체제(神政體制體) 와해를 불러왔으며, 사회주의 현대화가 부른 물질주의 가치관은 우애, 단결, 자존감의 정신문화를 구가하던 티벳인들의 삶에 새로운 위협이 되고 있다. 특히 〈늙은 개〉에서 표현하듯이, 중국 한족들의 티벳 지역으로의 대량 이주와 상업 정착은 티벳 공동체 해체를 초래하고 위협하는 원인이기도 하다. 지금까지 대략 800만 명 이상의 한족이 티벳 지역으로 이주한 것으로 추정되고 있다. 라싸의 경우, 13,000여 개의 상점과 호텔 중 티벳인이 운영하는 곳은 수백 개에 불과한 현실이다.

현재 티벳은 사회주의체제 대 불교체제, 현대화 개발 대 전통풍습 고수, 한족 중원문화 대 티벳 전통문화 존속, 물질주의 가치관 대 인간중심의 가치관이라는 대립과 갈등이 현실화되고 있다. 페마 감독은 바로 이러한 시대와 지점에서 순수하고 자존감 높은 티벳 공동체와 아름다운 전통문화를 영화 속에 담아냄으로써, 작금의 세태와 현실을 되돌아보고 성찰하게 만든다. 페마 감독이 영화 속에서 드러내는 티벳인들의 고귀한 공동체문화와 가치관은 티벳 지역뿐 아니라, 중국을 넘어 인류보편적 가치관으로서 우리 시대의 관객들에게 문제의식을 전달한다는 점에서 시사하는 바가 크다.

마지막으로, 페마 감독은 티벳이 직면한 정치적 주권문제, 한족화 문제, 현대식 개발 문제, 물질주의 가치관의 범람 등에 대해 직접적으로 언급하거나 비판하지 않고, '드러내지 않고 말하기' 방식, 즉 '무어화(無語話)'로 관객들에게 메시지를 보낸다. 페마 감독은 좀처럼 말하지 않는다. 그의 영화는 기본적으로 중국/티벳 사이의 문제를 건드리지 않는 탈(脫)정치적 영화이며, 사회성보다는 예술성을 강조하는 풍격을 보여준다. 그저 티벳 전통풍습과 에피소드를 통해 그 속에 깃든 티벳 정신문화를 담담히 사실적으로 보여줄 뿐이다. 가장 강렬한 현실비판적 영화인 〈늙은 개〉에서조차 마지막 6분의 롱테이크 장면을 통해 대사 한 마디 없이 늙은 개를 목 졸라 죽이고 산을 올라가는 아버지의 장면으로 마무리할 뿐이다.

페마 감독은 '말하지 않고 드러내기'는 직접적으로 정치적, 경제적, 사회문제를 보여주지는 않지만, 대신 티벳인들의 진솔하고 아름다운 삶과 인생관을 보여주면서, 말없는 외침을 던진다, "이 티벳과 티벳인들을 보라!" 역설적으로 그의 말하지 않는 외침이 우리 시대 티벳 문제에 대한 더욱 강렬한 도덕적 정치적 성찰을 불러일으키게 한다.

7) 사회맥락적 의미, "이중신분과 양면성 속의 '티벳영화'를 노래하다"

페마 감독의 '티벳영화'를 논할 때 중국뿐 아니라 전 세계 대중들에게 사회맥락적으로 소비되고 독해되는 독특한 문화정치학적 지점을 언급하지 않을 수 없다. 왜냐하면 페마 감독이 가진 중국/티벳이라는 이중신분(double identity)과 현재 직면하고 있는 정치적 주권문제가 그의 영화와 중첩되어 연상되어 나타나기 때문이다. 페마 감독의 영화가 탈정치적 영화이며, '말하지 않고 드러내기' 식의 주제의식을 보여주지만, 대중들은 그 이상의 문화정치학적 의미를 찾으려는 강박적 독해 경향이 있는 것이다. 정작 페마 감독 당사자는 이중신분에 대해 거부감을 보이는데도 특히, 전 세계 지식인 관객층은 인도 임시정부나 티벳 독립와 같은 현재의 정치적 상황과 연관한 관점에서 과도한 정치적 영화읽기를 시도하려는 경향이 있는 듯하다. 실제 페마 감독은 한 인터뷰에서 자신의 신분에 대해 질문하자 약간 거부감을 보인다. "나의 신분을 강조할 필요가 없다. 작품이 제일 중요하다. 나의 신분을 범주화하는 것은 마치 선천적으로 존재하는 것을 차별하는 것과 마찬가지이다."[10)]

영화는 당대의 시대적 가치관, 영화시장과 산업적 수요, 대중의 욕망이라는 정치적, 경제적, 문화적 요소들이 교접하고 반영된 사회적 산물이다. 그런 점에서, 페마 감독의 작품은 중국/티벳 사이의 정치적 현실과 중첩되어 바라볼 수밖에 없다. 진솔하고 객관적인 시선으로 자신의 고향 티벳 공동체를 재현하려는 그의 최소한의 개인적 예술행위조차 불행하게도 가장 정치적으로 독해되고 소비될 수밖에 없는 그런 시대를 살아가고 있기 때문이다. 티벳 청년감독의 순수한 예술정신을 문화정치학적으로 해석해야 하는 우리 시대 현실이 참으로 가혹하다. 문화정치학적 지점에서 살펴보면, 과연 그의 '티벳영화'가 티벳인들의 정치적 욕구와 정체성을 스스로 발화하는 진정한 '티벳영화'인지, 아니면 중국의 소수민족 다문화주의 정책에 편승하는 친중국 정부 성향의 주선율적 영화인지, 아니면 중국과 티벳 사이를 오가며 평

10) 羊城晚報, 「眞正靈魂的回歸難」, 2014. 6. 22.

화와 우애를 명목으로 교량 역할을 자임하는 영화인지 문제적이다.

페마 감독은 탈정치적 시선 속에 그저 '말하지 않고 드러내기'를 할 뿐인데, 우리 시대가 처한 중국/티벳의 현실은 그의 작품을 정치적 시선으로 몰고 가거나, '상상된 티벳 신화(imagined myth)'로만 오독(誤讀)하려는 경향이 있다. 그런 점에서, 그의 '말하지 않고 드러내기' 식 영화는 '티벳영화'를 상상된 이상향으로 티벳을 소비하려는 관객이나 과도한 정치적 해석으로 몰고 가려는 관객들의 예단을 제거하고 '바로 지금 여기'를 살아가는 '진실한 티벳(眞實的藏區)'을 보여준다는 점에서 분명한 의의가 있다. 또 한편으로는, 페마 감독이 비록 탈정치적 영화를 만들었다 하더라도, '중국스러움(Chinese-ness)'이 배제되어 있고 '티벳스러움(Tibetan-ness)'을 전면에 내세우고 있는 그 자체가 일종의 정치적 발언으로 읽히기도 한다.

결론적으로, 그의 작품에는 중국/티벳 사이를 오가는 양면적 성격이 엿보인다. 문화정체성이라는 점에서는 분명한 '티벳영화'를 지향하지만, 문화정치학적 맥락에서 본다면 티벳 독립과 같은 강렬한 민족의식보다는 〈오색신전〉과 같이 중국 정부의 소수민족 단결 이데올로기에도 부합하는 주제의식을 드러내기 때문이다.

중화민족주의의 핵심은 중국이 한족과 55개 소수민족이 뭉친 중화민족으로 구성된 다원일체(多元一體) 단일국가라는 것이다. 주지하다시피 이를 위해 광범위한 역사공정이 시도되고 있으며, '북방공정'을 통해 '몽골영토는 중국영토'로, '동북공정'을 통해서는 '고구려를 중국민족으로', 그리고 '서남공정'을 통해서는 티벳이 13세기 원나라 때부터 중국 일부였다고 주장하거나, 한족과 티벳족의 언어와 문화가 동일하다는 한 장동원론(漢藏同源論)을 내세우기도 한다.

〈늙은 개〉에서는 티벳인들이 환호할 만한 강렬한 티벳 민족의식을 보여주었지만, 〈오색신전〉에서는 '우애, 평화, 단결, 정의'라는 티벳의 높은 정신문화 수준을 보여주는 동시에, 중국 정부의 중화민족단결 이데올로기에 부합하는 시선도 보여주기 때문이다.

이러한 페마 감독의 양면성은 그의 개인적 삶의 이력과 관련이 있을 수 있다. 먼저 그의 고향은 티벳의 정치와 행정 중심지인 라싸가 있는 티벳자치구가 아니라 칭하이성 암도 지방이다. 따라서 강렬한 정치의식이 있는 라싸 지역이 아닌 칭하이성 내륙 암도 지방에서 소수민족들과 다문화 환경 속에 자란 그의 성장환경도 한 요인일 수 있다. 또한 중국의 수도 베이징에서 영화 엘리트 주류코스와 문화세례를 받고 현재 베이징에 거주하는 티벳인이라는 생존 환경 또한 한 원인일 수 있다. 혹은, 평화와 우애를 숭상하는 그의 선량한 개인적인 인품과도 연관이 있을 수 있다. 그의 작품 속에는 일관되게 우애와 평화로 가득찬 순수한 인간관계를 전면에 부각하는데, 이러한 온화하고 평화를 사랑하는 개인적 성향이 정치적 투쟁이나 분규보다는 화합, 우애, 평화의 가치를 앞세우는 경향으로 나타날 수 있다고 본다.

중국과 티벳 문화의 핵심적 쟁점 중 하나인 티벳 전통불교와 사회주의사상 사이의 문제에 대해 그가 어떤 태도를 취하는지 궁금했다. 인터뷰에 만난 그는 평소 불교신자로서 팔에 염주를 끼고 있었지만, 사회주의 사상과 티벳불교 사이의 관계를 묻는 질문에 그는 "다른 제3의 입장을 가지고 있다"고 답변하였다.(2014년 11월 21일 2차 인터뷰 중에서)

다른 한편으로는, 그의 양면성은 중국의 검열제도(심사제도)와 관련이 있어 보인다. 현재 중국은 시나리오 단계와 상영 단계에 걸쳐 두 단계의 사전사후 심사제도가 있다. 현재 중국의 영화 관련 기본법규는 2001년 제정된 〈영화관리조례(電影管理條例)〉를 근간으로 집행되고 있는데, 제25조에는 검열의 10가지 원칙을 제시하면서, 제4항 "중화민족 단결을 저해하는 영화"와 제5항의 국가종교정책에서 "사교(邪教)나 미신을 퍼뜨리는 행위"를 엄격히 금하고 있다.

"영화에서 아래 사항은 금지된다. 첫째, 헌법 등 기본원칙 준수 위반. 둘째, 국가통일과 주권 및 영토 보전 위반. 셋째, 국가기밀과 안전 위반. 넷째, 민족단결 저해. 다섯째, 국가종교정책 위반. 여섯째, 사회질서 유지 위반. 일곱째, 음란폭력조항 위반. 여덟째, 비방과 권리 침해. 아홉째, 공중도덕과 민족문화 보호 침해. 열 번째, 법규 준수 위반."[11]

특히, 현재의 중국/티벳 사이의 불안정한 정치상황을 고려하지 않을 수 없었을 것이다. 실제 페마 감독은 인터뷰에서, "티벳이 직면하고 있는 문제를 다루기 때문에, 심사제도를 고려하지 않을 수 없다. 많은 부분에서 표현이 불가능하다. 먼저, 시나리오를 자기 식으로 분명하게 작성한 후, 심사제도를 고려하면서 다듬는다. 그 과정 속에서 나 자신의 예술세계와 표현방식을 만들어낸다"고 언급하고 있다. 심사제도와 관련하여, "〈늙은 개〉는 심사제도를 고려하여 감독본과 상영본 두 가지 판본을 준비했다. 당시 한국의 서울디지털영화제에서 상영될 때에는 감독판을 상영했다"고 밝히고 있다. 이에 대해, 감독은 〈늙은 개〉는 심사제도를 고려하여 감독본과 상영본 두 가지 판본을 준비했다고 한다. 당시 한국의 서울디지털영화제에서 상영될 때에는 감독판을 상영했다.(2014년 10월 7일 1차 인터뷰 중에서)

요컨대 페마 감독은 중국 검열제도가 갖는 한계상황 속에서 체제 내

---

11) 國家新聞出版廣播電影電視總局, 홈페이지: www.chinasarft.gov.cn

에서 영화를 만들고 있으며, 이러한 제작환경이 '말하지 않고 드러내기' 방식을 선택하도록 이끈 한 요인이 된 것으로 보인다.

중국/티벳이 독립문제로 첨예하게 대치하고 있는 현실에서 티벳자치구에서 환영받는 영화이면서, 중화민족단결을 강조하는 중국 정부에서도 환영받는 그런 영화가 존립할 수 있겠는가. 양쪽에서 모두 좋아할 만한 영화라는 것은 결국 역설적으로 양쪽에서 오해를 받을 소지가 있으며, 그것이 이중신분을 가진 페마 체덴 감독의 고뇌이며, 이러한 예술적 고뇌가 그의 작품 속에 고스란히 재현되고 있는 것이다. 그렇기 때문에 〈늙은 개〉에서처럼 중원 한족의 이주와 물질주의 가치관을 비판한 정치개입적 영화를 제작하기도 하고, 때로는 〈오색신전〉과 같이 중국 정부의 민족단결 이데올로기가 겹쳐지는 주선율 경향을 보이기도 하는 시계추 같은 진자운동을 보이고 있는 것이다.

8) 티벳영화의 미래, 중국영화의 특이한 빛

지금까지 페마 감독의 영화 경력과 작품 세계를 살펴보았다. 페마 감독은 중국의 티벳 출신이라는 이중신분 속에 '티벳영화'를 제작해온 독립영화 감독이다. 페마 감독의 '티벳영화'는 티벳인 스스로 티벳인의 문화와 삶을 발화(發話)한 최초라는 점에서 영화사적 의의가 있다.

그의 작품은 항상 중국/티벳 간의 정치적 문제와 중첩되면서, 문화정치학적으로 주목을 받아왔다. 그의 작품은 '말하지 않고 드러내기' 식의 탈정치적 영화화법으로 '티벳스러움(Tibetan-ness)'을 전면에 내세우고 '중국스러움(Chinese-ness)'을 배제한 영화라는 점에서 정치적 발화가 들어 있는 '티벳영화'이지만, 동시에 평화, 화합, 우애, 단결의 공동체를 강조하는 중화민족단결 이데올로기에 부합하는 주제의식을 가진 양면성(two aspects)을 가진 영화로 분석된다. 그는 이중신분과 양면성 속에 고뇌하는 경계선상의 티벳인이며, 그의 작품 세계에도 이러한 성향이 그대로 투영되어, 〈늙은 개〉가 보여주는 저항적 민족의식부터, 〈오색신전〉에서 보여주는 양면적 양상을 보이는 것이다.

그와의 3회에 걸친 인터뷰를 통해 알게 된 분명한 사실은 그가 뼛속까지 '티벳영화'를 만들고 싶어 하는 철저한 티벳인라는 것이다. 정치상황에 대해서 거의 언급하지 않지만, 누구보다 티벳인으로서 티벳언어를 사용하는 '티벳영화'를 만들고 싶어했다. 또한, 페마 감독은 정치적 목적이 아니라 보편적 인간으로서의 문화적 자존감, 자신들의 방식대로 살아가고자 하는 삶의 자유와 존엄감의 영화를 만들고 싶어 했다.

페마 감독은 〈오색신전〉 영화와 관련한 인터뷰에서 "나는 최대한 관중들을 구분하지 않는다. 나의 영화는 티벳인이 보든, 다른 민족들이 보든, 혹은 다른 국가나 지역의 사람들이 봐도 이해하기 쉽고 감동을 주는 보편성을 지향한다"고 언급하고 있다.[12)]

역설적으로 그의 가장 문화적인 예술정신이 가장 정치적으로 보이기도 한다. 그의 작품 속에 나타나는 티벳인들의 순수하고 높은 수준의 정신세계와 삶, "티벳을 보라! 만약에 이런 티벳을 억압하거나 탄압하는 자들이 있다면 얼마나 야만적인 세력일 것인가!" 그것이 '무어화(無語話)'식 페마 체덴 감독의 외침이다. 따라서, 그의 이중신분이 가진 곤혹스러움과 검열제도라는 중국의 제작환경을 감안할 때, 페마 감독을 중국 체제 내의 순응자, 혹은 회색인으로 단정하려는 시도는 편협하면서도 지나친 시선으로 보인다.

---

12) 新華網, 「專訪藏族導演萬瑪才旦」, 2014. 10. 8.

페마 감독은 '티벳영화'를 통해 티벳뿐 아니라, 동시대를 살아가는 우리들의 삶과 공동체를 되돌아보게 하는 성찰의 영화를 만들고 있다. 페마 감독이 더욱 소중한 이유는 자신의 이중신분과 엄격한 검열제도와 같은 척박한 제작환경 속에서도 용기와 열정으로 자신의 정체성을 견지해나가는 치열한 예술정신 때문이다. 우리가 그를 찾고, 공감하고, 연대해야 하는 까닭은 그의 영화에 들어 있는 평화, 우애, 단결, 정의의 목소리가 티벳이라는 특수성을 넘어, 우리 시대가 직면하고 있는 보편적 인간과 사회문제를 다루고 있으며, 우리 또한 모두 티벳인이기 때문이다.

최근 페마 감독은 새로운 변화를 시도하고 있다. 2014년 〈오색신전〉을 계기로 대중적인 장르영화로 조금씩 다가가고 있다. 그 역시 5세대 선배 감독들이 그러했듯이, 독립영화와 작가주의로 명망을 얻은 후, 대중적 장르영화로 전환하는 식의 경로를 따라가는 것인지, 혹은 시장시스템 만능주의로 고착된 중국 영화산업계에서 생존하기 위한 처절한 몸부림인지 현재로서는 명확히 알기 어렵다. 페마 감독은 영화시장의 중요성에 대해, "영화시장은 중요하다. 영화 또한 상품이기 때문이다. 나는 영화 제작자본의 회수 문제를 항상 염두에 둔다. 그리고 만약 기회가 온다면 상업영화나 장르영화, 혹은 (티벳영화 외에) 중국적인 소재에 의존해서 영화를 찍는 것을 고민해볼 것이다. 나의 영화를 굳이 일개 지역이나 지방에 한정하고 싶지는 않다. 다만 나만의 예술세계와 표현방식을 지켜나가며 찍을 것이다"라고 말하고 있다.

현재 페마 감독은 차기작으로 〈Killer〉라는 티벳영화를 준비하고 있다. 감독은 이번 영화 또한 티벳을 배경으로 하는 '티벳영화'라고 밝히고 있다. 이 영화는 2014년 제19회 부산국제영화제 아시아프로젝트마켓(APM)에서 지원영화로 선정되어 2,000만 원의 제작비를 지원받은 바 있다. 티벳 청년감독 페마 체텐의 작품은 중국영화가 가진 특이한 빛이다. 그의 '티벳영화'가 지역적 특수성을 넘어 보편적 인류가치를 보여주는 새로운 대중적 영화로 성공해나갈지 향후 행로가 기대된다.

III

청년감독의 '뉴 차이나 필름(New China Film)'과 중국영화의 세대교체

지금까지 중국 '포스트 6세대' 청년감독에 대해 살펴보았다. 이들은 5세대, 6세대 선배 감독들에 비해 다양한 개성, 철학, 사고를 가지고 있었다. 창작주체인 감독들의 개인적 경험, 기억, 심미관, 교육 등도 집단적이기보다는 다양화된 개체화된 모습을 보이고 있으며, 각자의 시각에 따라 영화환경인 정부의 제도(지원정책, 심사제도, 행정규제)와 영화시장(시장시스템, 관객)에 대한 입장도 각양각색이었다. 이러한 배경에 입각하여, 이 글에서는 대표적인 청년감독 인터뷰와 작품 분석을 통해, 이들의 지향점을 '시장지향형 청년감독', '예술지향형 청년감독', '예술과 시장의 경계선상의 청년감독' 세 가지로 분류하였고, 그것이 이 책의 구성과 내용이 되었다.

"인간적인 면모를 가진 청년감독들"

지난 2년간 중국 현지에서 진행한 청년감독들과의 인터뷰와 토론은 그 자체가 즐겁고 행복한 학술적 여정이었다. 애초에 계획한 15명의 청년감독 전부를 만날 수 있었던 것은 아니었지만, 이들과의 직접적인 만남과 생생한 육성을 통해 그들의 인간적인 분투와 고뇌를 같이 나누는 시간 자체가 더없는 행복이었다. 또한 우리나라의 청년감독들의 열망과 고뇌와도 닿아 있어 시대적 동병상련이랄까, 동시대를 살아가는 아시아 이웃 영화인들과의 깊은 공감과 우정을 느낄 수 있었다.

중국 청년감독들의 인터뷰에서는 무엇보다 그들의 인간적인 면모가 가슴에 와닿았다. 특이하게도, 자신들의 영화철학과 인터뷰의 태도가 닮아 있어 놀라기도 했다. 대중영화를 지향하는 루양 감독은 대도시 베이징 출신답게 친근하고 자유분방한 성격으로, 영화편집실에서 자신의 영화 〈수춘도〉를 편집하며 인터뷰를 진행하였는데 몇 개의 씬을 보여주면서 느낌과 의견을 묻기도 했다.

예술영화를 지향하는 리뤄쥔 감독은 세 차례 이상 만난 자리에서 늘 자신의 영화철학과 영화미학에 대해 진실하고 자신감 넘치는 태도로 설명해주었다. 나이는 서른인데, 마치 오십 대 대가(大家)와 대화하는 듯한 성숙한 느낌을 받았다. 리뤄쥔 감독의 절친한 친구인 양진 감독은 마음이 착하고 따뜻한 청년으로, 자신의 영화 이야기보다는 자신의 소소한 일상과 행복에 대해 많이 이야기하고 싶어 했다. 중고차를 샀으며 그 차를 타고 갓 결혼한 아내와 중국 전역을 유람하고 노숙도 하며 낭만을 즐기는 모습에서 지금은 사라진 19세기 고전시대 예술가의 인생을 보았다. 리뤄쥔 감독과 양진 감독은 공교롭게도 간수성과 산시성 농촌 출신으로 이들 시골 출신이 가진 선량함과 따스함이 예술영화의 감수성을 이루고 있다고 느꼈다.

예술영화와 대중영화의 경계 사이의 청년감독들은 대체로 진지하고 신중하며 고뇌가 많아 보였다. 한지에 감독은 낮은 톤과 느린 말투를 가진 생각이 많은 청년감독이었다. 예술영화보다는 상업영화를 지향한다고 했지만, 실제 자신의 예술성에 상업성을 가미하는 것으로 이해되었다. 현재 추진 중인 새 영화의 제작이 늦어져 무척 고뇌하는 눈치였다. 장멍 감독은 유명 작가인 아버지와 배우 어머니를 둔 도시스타일의 청년감독일 것으로 예상했지만, 뜻밖에도 투박한 외모를 가진 영화광이었다. 처음부터 끝까지 영화 이야기만 하였고, 상업영화를 지향하지만 자신의 독특한 개성으로 종종 어려운 영화가 된다며 스스로에게 불만을 표하는 완벽주의자의 면모를 가지고 있었다.

가장 많이 만났지만 인터뷰가 가장 힘들었던 감독이 티벳 감독 페마 체덴이었다. 유명한 작가 출신으로 교양 수준이 상당하였고, 동시대 청년감독들에게 존경받는 감독이지만, 원체 내성적이고 말을 하는 것을 좋아하지 않는 성격이었다. 더구나 티벳 독립과 같은 예민한 질문도 있었던 탓에 더욱 힘들어했으리라. 세 번째 만나서야 조금씩 마음을 열었지만, 그것도 절제된 단어와 느릿한 저음의 몇 마디 답변에 그쳤다. 습관화된 그의 이러한 말투가 영화미학에도 그대로 반영된 것이리라 추측했다. 그래서 나는 이 책에서 그의 영화주제를 드러내는 방식을 '말하지 않고 드러내기(무어화, 無語話)'라고 정의한 바 있다.

"포스트 6세대 청년감독의 문화적 연대와 생존 문제"

청년감독들은 자신의 고향이나 성장배경, 개인적 체험과 기억에 따라 다양한 영화철학을 가지고 있었지만, 인터뷰에서 드러난 공통된 화젯거리는 '자신들 세대의 정체성', '영화시장', '정부의 심사제도'였다.

청년감독들은 공통적으로 자신들의 세대를 5세대, 6세대와는 확연히 다른 세대로 규정하고 있었다. 비록 양진 감독은 "생물학적 나이보다는 같은 시대에 창작활동을 하느냐가 청년감독의 기준이다. 장률, 텅화타오 감독 등도 그런 점에서 청년감독이다"라고 말했지만, 이들 청년감독들은 바링허우('80後) 세대를 중심으로 하는 자신들의 연령대에 맞는 문화적 가치관과 감수성을 공유하고 있었다.

이들은 먼저 정부의 심사제도에 대해 대체로 비판적이었지만, 크게 괘념치 않는 입장이었다. 현하의 중국 심사제도가 소재의 선택과 표현의 자유에 일정한 제한을 주는 것을 사실로 받아들이고 있지만, 6세대 선배 감독들이 거부하고 저항하는 수준까지는 아니었다. 바링허우 세대 특유의 중국 미래에 대한 낙관과 자신감이 창작활동에도 반영되고 있다는 느낌이었다.

오히려 영화시장의 시장시스템에 대한 염려와 대책이 이들에게는 더욱 화급해 보였다. 20~40세 사이의 청년관객이 중국 영화시장을 주도하고 있는 시대를 맞아, 이들의 고민은 관객과의 공존에 더 역점을 두고 있었다. 예술영화를 지향하는 리뤼쥔 감독이나 하오지에 감독도 영화관객이 없는 영화는 존재할 수 없다며 자신들의 예술영화 전망에 대해 고뇌가 깊어 보였고, 상업성과 예술성의 결합을 중시하는 한지에 감독이나 장명 감독은 아예 생존의 문제로 바라보고 있었다. 특히, 장명 감독은 "지금 중국 영화시장은 매우 좋다. 하지만 베를린영화제에서 황금곰상을 수상한 디아오이난 감독처럼 7년에 한 작품을 찍는다면 생활해나갈 수 없다. 어쩔 수 없이 자본에 휩쓸려 상업영화를 찍게 되었지만, 그 속에 감동 있는 이야기가 들어가는 남다른 상업영화를 만드는 것이 나의 꿈"이라고 말하고 있다.

이와 같이, '포스트 6세대' 청년감독들은 공통적으로 6세대 선배들과는 확연히 다른 자신들만의 세대 정체성을 명확히 인식하고 있었으며, 세계 2위 영화시장으로 급성장한 중국 영화시장을 좋은 기회로 받아들이면서도, 정부의 심사제도와 시장시스템이라는 이중적인 질곡 앞에 생존의 문제를 고뇌하고 있었다. 이들은, 자신들이 처한 글로벌 개방, 정부의 심사제도, 영화시장의 시장시스템이라는 영화환경을 숙명으로 받아들이며, 각자 취향과 철학에 맞게 최적화된 생존방식을 추구하며 다양한 방면의 영화를 창작하고 있는 공통점을 확인할 수 있었다.

인터뷰를 진행하면서 재미있었던 점은 서로간의 인간관계였다. 예술영화든 상업영화든 이들 청년감독들이 존경하는 동시대 영화인들로 대체로 '지아장커', '페마 체덴', '한지에' 등을 꼽았다. 이들의 인식 속에는 이미 5세대 감독이나 전형적인 6세대 감독들의 영향력은 크지 않다는 것을 알 수 있었다. 그리고 이들 청년감독들 사이에는 묘한 연대의식이 존재하고 있었다. 특히 예술영화를 만드는 청년감독들 사이에는 끈끈한 동지애가 있었는데, 리뤼쥔 감독의 작품에 양진 감독이 촬영을 맡거나, 서로간에 시나리오 자문을 구하는 교류 태도 등이 대표적이었다. 또한 이들은 친한 친구 관계는 아닐지라도 서로의 존재를 잘 알고 있었고, 하오지에 감독과 페마 체덴 감독, 한지에 감독처럼 서로 존경하고 지지하는 공감대와 연대의식을 가지고 있다는 것을 확인할 수 있었다.

"대국굴기 시대의 문화풍경을 열어갈 세대교체의 주역"

'포스트 6세대' 감독은 중국사회 변화를 상징하는 세대이기도 하다. '바링허우' 30대를 중심으로 20대와 40대를 아우르는 '포스트 6세대'는 1980년대 이후 추진된 개혁개방 정책의 산물이기도 하다. 이들은 중국 사회의 경제성장을 바탕으로, 이전 세대와는 다른 풍족한 물질생활 속에 성장하였다. 또한, '1부부 1자녀 정책(計畫生育)' 속에 부모세대로부터의 전폭적인 교육지원과 수준 높은 교육을 받은 세대이기도 하다. 동시에 글로벌 개방의 직접적인 영향을 받으면서 동시대 국제적 수준의 문화를 누린 대국굴기(大國崛起) 시대를 상징하는 세대

이기도 하다.

영화환경에서도 이들은 새로운 시대를 맞고 있다. 글로벌 시장개방과 시장시스템의 정착 속에 중국영화는 2012년 세계 2위의 영화시장으로 급부상하였고, 빠르면 2019년에 세계 1위의 북미시장을 넘어설 것으로 예측되고 있다. 무엇보다 자신들과 같은 문화가치와 감성을 공유하는 청년세대가 현재 중국 영화관객층의 90%를 이루고 있는 점 또한 이들 청년감독들의 든든한 배경이기도 하다. 또한, 디지털카메라와 영화기술의 발달과 보급으로 누구나가 쉽게 영화창작을 할 수 있는 환경이 조성되었으며, 전국에 하나뿐이던 영화전공 대학이 이제는 수십 개 대학으로 확산되어, 대도시든 중소도시든 지역에 관계없이 누구나가 영화를 배우고 창작할 수 있는 다양성 시대로 접어들었다. 게다가 2016년 〈영화산업촉진법〉이 제정되어 영화의 심사제도는 앞으로도 점차 유연해질 것으로 전망되고 있다. 이와 같이 '포스트 6세대'는 경제적 문화적 혜택 속에 글로벌 경쟁력을 갖춘 자신감 넘치는 문화정신을 갖고 있으며, 영화시장의 확장과 대중화된 영화전공교육이라는 새로운 영화환경과 결합되면서 이들의 등장과 활약은 자연스럽고 용이해졌다.

이러한 시대적 배경 속에, '포스트 6세대'는 선배 세대인 6세대의 풍격을 넘어 세대교체를 지향하는 자연스러운 현상으로 발전하고 있다. 첫째, 이들 청년감독들은 이전 선배 세대보다 훨씬 더 글로벌한 개방환경과 경제적 풍요 속에 성장하여 자신감 넘치는 자유로운 개성을 중시한다. 사실주의 일변도의 6세대 감독들에 비해 자유롭고 다양한 작품 경향을 보이고 있는 것이다. 둘째, 정부의 심사제도를 비판하면서도 6세대 선배 감독들보다 훨씬 더 유연하고 수용하려는 낙관적 태도를 견지하고 있다. 지하영화나 국제영화제보다는 국내 영화시장을 겨냥하려는 시장친화적 경향을 선호하고 있다. 셋째, 시장시스템 속에서 자신들의 예술정신을 구현하려는 대중영화로의 욕망이 주류를 이루고 있다. 특히, 이들은 중국 관객층의 90%에 달하는 청년세대의 욕망과 지지에 걸맞는 영화창작을 선호하고 있다. 넷째, 국제적 시선을 갖추고 글로벌 개방화 시대에 적합한 자신감과 국제화의 지향점을 보이고 있다.

이런 점에서, '포스트 6세대'는 개혁개방 정책 이후 경제적 풍요 속에 성장한 첫 세대 영화인들이며, '예술과 상업의 경계를 넘나드는 자유로운 개성', '청년관객층의 든든한 지원', '자신감 넘치는 경쟁력'을 바탕으로 글로벌 개방과 시장시스템 시대에 최적화된 '뉴 차이나 필름(New China Film)' 시대를 열어갈 주역이라 정의할 수 있다.

'포스트 6세대'의 부상은 이미 예견된 현상이며, 중국영화계의 세대교체는 이미 시작되었다. 적어도 2020년대 초반에는 이들 청년감독들이 중국영화계의 새로운 주류로 활약하고 있을 것으로 예상된다. 하지만, 이들 세대에게도 새로운 도전이 가로막고 있다. 중국 영화시장은 빠르게 성장하여 머지않은 장래에 세계 영화시장 1위로 부상할 것이고 투자와 창작의 기회는 지금보다 훨씬 증가하겠지만, 거기에는 영화시장 완전개방과 글로벌 경쟁력 문제, 상업영화와 예술영화의 비대칭적 발전 문제 등 새로운 과제도 주어질 것으로 전망된다. 현재의 '포스트 6세대'의 모습에서 미래 중국영화의 희망과 기회를 엿볼 수 있다. 중국이 세계 최대의 영화시장에 오르고 영화의 활력이 넘치며, 그 시대 중국관객들에게 깊은 감동을 주는 수준 높은 대중영화가 제작되고, 예술영화가 대중영화와 병행 발전하여 다양성이 존중되는 영화강국으로 도약할 수 있을지는 오로지 이들의 활약과 선택에 달려 있다. 현재로선 이들 청년감독들이 지향하고 있는 예술영화에서 대중영화까지의 다양한 '뉴 차이나 필름'이 중국영화의 세대교체를 촉진하고 미래 중국영화의 새로운 빛으로 등장할 가능성이 아주 높아 보인다.

참고문헌

국문자료

• 단행본

강내영, 『중국의 한류콘텐츠 수용에 대한 연구』, 중화TV출판사, 2008.

강동엽 편저, 『동아시아 문화의 통섭과 역동성』, 박이정, 2010.

강만석 지음, 『중국방송콘텐츠시장과 규제정책연구』, 한국방송영상산업진흥원, 2007.

강성률, 『동양철학사』, 평단출판사, 2009.

경원대학교 아시아문제연구소, 『동아시아 지식사회와 문화 커뮤니케이션』, 역락, 2010.

김동하, 『차이나 소프트파워』, 서울: 무한출판사, 2011.

김동호 외, 『한국영화정책사』, 나남출판사, 2006.

김지석, 『홍콩영화의 이해』, 한울, 1995.

다니엘 지로디 외, 『미술관/박물관이란 무엇인가』, 화산문화, 1996

달라이 라마, 『티벳의 자유를 위하여』, 미지의 코드, 2008.

동북아역사재단, 『동아시아공동체 논의의 현황과 전망』, 동북아역사재단, 2009.

라이언, 켈너, 『Camera Politica』, 시각과 언어사, 1996.

라파엘 무안, 『영화장르』, 동문선, 2009.

로버트 랩슬리, 『현대영화이론』, 시각과 언어사, 1996.

로버트 스탬, 『영화이론』, K-Books출판사, 2012.

루홍스, 슈샤오밍, 『차이나 씨네마』, 동인출판사, 2008.

마이클 센델, 『돈으로 살 수 없는 것들』, 와이즈베리, 2012.

마츠모토 시로, 『티벳 불교철학』, 불교시대사, 2008년.

먼홍화, 『중국의 매력국가 만들기: 소프타파워전략』, 성균관대학출판부, 2014.

문현선, 『무협』, 살림, 2013.
박영환, 『문화한류: 문화한류로 본 중국과 일본』, 동국대학교출판부, 2009.
박정수, 『중국 영화산업 현황과 한중 공동제작』. 영화진흥위원회. 2011.
박희성 외 지음, 『영화분야 한류 현황과 활성화 방안 연구』, 영화진흥위원회, 2006.
백원담 지음, 『동아시아의 문화선택, 한류』, 펜타그램, 2005.
백령, 『멀티미디어시대의 박물관 교육』, 예경, 2005.
베리 랭포드, 『영화장르: 할리우드와 그 너머』, 한나래, 2009.
베케 존스톤, 『티벳에서의 7년』, 맑은소리, 1997년.
샤르트르, 『존재와 무I, II』, 삼성출판사, 1994.
서울역사박물관, 『21세기 박물관의 역할과 발전방향』, 서울역사박물관, 2005.
소영현, 『부랑청년 전성시대』, 푸른역사, 2008.
쑨꺼, 『아시아라는 사유 공간』, 창비, 2003.
스테판 크라머, 『중국영화사』, 이산, 2000
심혁주, 『티벳의 활불제도』, 서강대학교출판부, 2011.
여동완, 『티벳 속으로』, 이레출판사, 2000년.
영화진흥위원회, 『2006년 한국영화 결산』, 영화진흥위원회, 2007.
__________, 『WTO 가입 이후 중국영화산업의 변화와 전망』, 영화진흥위원회, 2005.
__________, 『2012년, 2013년, 2014년 영화연감』, 영화진흥위원회.
안상혁, 『중국 6세대 영화, 삶의본질을 말하다』, 성균관대학교출판부, 2009.
알뛰쎄르, 『마르크스를 위하여』, 백의, 1992.
육소양, 『세계화 속의 중국영화』, 서울, 신성, 2006
워런 벅랜드, 『영화 인지기호학』, 커뮤니케이션북스, 2008.
원테쥔, 『백년의 급진』, 돌베개, 2013.
이욱연, 『포스터사회주의 시대의 중국문화』, 서강대학교출판부, 2009.
임대근, 『중국영화이야기』, 살림출판사, 2006.

임춘성 엮음, 『21세기 중국의 문화지도』, 현실문화, 2008.
장동천, 『영화와 현대 중국』, 고려대학교출판부, 2008.
장 보드리야르, 『소비의 사회: 그 신화의 구조』, 문예출판사, 2000.
__________, 『시뮬라시옹』, 민음사, 2003.
장수현, 『중국은 왜 한류를 수용하나』, 학고방, 2005.
장수현 외, 『중국의 한류, 어떻게 이해할 것인가?』, 학고방, 2006.
전성흥, 『중국모델론: 개혁과 발전의 비교역사적 탐구』, 부키출판사, 2008.
텐징 소남(Tenzing Sonam), 「고요한 폭풍: 페마 체덴과 티벳영화의 출현」, 『발리우드 너머의 영화들』, 전주국제영화제 편저, 2013.
조경란, 『현대 중국사상과 동아시아』, 태학사, 2008.
조영남, 『21세기 중국이 가는 길』, 나남출판사, 2009.
_____, 『용과 함께 춤을 추자』, 민음사, 2012.
_____, 『중국의 꿈』, 민음사, 2013.
조한혜정 등, 『한류와 아시아의 대중문화』, 연세대학교출판부, 2003.
존 스토리, 『대중문화와 문화연구』, 경문사, 2002.
존 포크 외, 『박물관 교육의 기본』, 미진사, 2007.
지그문트 바우만, 『액체 근대』, 강, 2009.
쫑카파, 『깨달음에 이르는 길』, 지영사, 2005.
초우 레이, 『원시적 열정』, 이산, 2005.
천산, 『중국무협사』, 동문선, 2000.
최환, 『중국영화의 이해와 감상: 체제 전환시기를 중심으로』, 영남대학출판사, 2005.
추이즈위안, 『자유사회주의와 중국의 미래: 프티부르주아 사회주의 선언』, 돌베개, 2014.
토마스 샤츠, 『할리우드 장르의 구조』, 한나래, 1996.
파드마삼바바, 『티벳 사자의 서』, 시공사, 2000.
푸코(M. Faucault), 『감시와 처벌: 감옥의 탄생』, 강원대출판부, 1996.

한국문화콘텐츠진흥원, 『중국 문화산업 비즈니스 가이드』, 2008.
한국방송광고공사, 『동아시아 방송한류 저변확대 방안 연구: 중국, 일본, 대만』, 방송광고공사, 2006.
한국 중국현대문학연구회, 『영화로 읽는 중국』, 동녘, 2006.
______________________, 『중국영화의 이해』, 동녘, 2008.
혜능, 『육조단경』, 일빛출판사, 2010.

• 학술논문

강내영, 「전환기 중국영화 연구」, 『중국학연구회』, 제41집, 2007.
______, 「중국의 한국영화 수용에 대한 연구」, 『영화연구』, 2010.
______, 「중국의 항한류 연구」, 『중국학연구』, 2008.
______, 「간존(間存)영화인가, 세대교체인가? : 중국 대륙의 '시장형 청년영화' 경향에 대한 비판적 독해」, 『현대영화연구』, 2012.
______, 「전환기 중국영화산업의 새로운 동향과 특징」, 『영화연구』, 2011. 6.
______, 「중국영화의 생산, 유통, 소비인프라 연구: 정부, 시장, 대중의 3중주」, 『현대중국연구』, 제13집 2호, 2012.
______, 「중국문화산업 발전역정과 특징: '정부주도형 시장화 발전모델'」, 『중국문학연구』, 제48집, 2012.
______, 「중국영화의 생산에서 소비까지: 시장, 정부, 대중의 3중주」, 『현대 중국의 지식생산 구조』, 도서출판 길, 2012.
______, 「'M(Market) 선상의 아리아' : 중국 '포스트 6세대' 청년감독의 어떤 경향 :닝하오(寧浩)감독론」, 『중국문학연구』, 2014.
______, 「중국 청년감독의 어떤 초상 : 시장화 시대의 반(反)시장적 예술영화」, 『중국문화연구』, 제25집, 중국문화연구학회, 2014.
______, 「페마 체덴(Pema Tseden), 혹은 완마차이단(萬瑪才旦)」, 『중국문화연구』, 제27집, 중국문화연구학회, 2015.

강내영, 장수현, 「중국식 블록버스터 상업영화의 변천과 이데올로기 연구」, 『중국과 중국학』, 제18호, 2012.
강소원, 「부산국제영화제의 아시아 관련 프로그램의 변화와 그 성격과 의미에 대한 연구: '개/폐막식', '아시아영화의 창', '뉴커런츠'를 중심으로」, 2009.
공봉진, 「중국 소수민족주의와 중화민족주의」, 『국제정치연구』, 제12집 1호, 2009.
권순관, 「역사박물관에서의 디지털매체적용에 관한 고찰」, 『정보디자인연구』, 2009.
김경석, 「무협 텍스트의 근대적 변용」, 『비교문화연구』, 2011. 3.
김미현, 「한류담론과 한국영화산업의 동아시아진출」, 『영화연구』, 제37집, 2008.
______, 「전 지구화의 대중문화, 한류 담론과 한국 영화산업의 동아시아 진출」, 『영화연구』, 37호, 2006.
______, 「문화적 혼종성의 수용과 공동제작 영화의 인정 정책에 대한 연구」, 『현대영화연구』, 9권, 2010.
김백현, 「티벳 토착종교 뵌뽀교 연구」, 『중국학연구』, 제28집, 2004.
김선아, 「내셔날/트랜스내셔날 영화의 세 가지 지형에 대하여」, 『현대영화연구』, 2009.
김성수, 「티벳 전통사회에서의 사원과 '티벳불교 문화권'의 형성」, 『몽골학』, 제21호, 2004.
김소영 외, 「자연사박물관 중앙홀의 전시경향과 전시주제연구」, 『J. Paleon. soc. korea 24』, 2008.
김소영, 「박물관 교육프로그램의 서비스 품질 측정과 기대 효과에 관한 연구」, 『문화경제연구 제12권』, 2009.
김영구, 「개혁개방 이후 중국공산당의 영화에 대한 통제방식의 변화」, 『방송통신대논문집』, 2004.
김영진, 「티벳 활불 사상의 연구」, 『중국학연구』, 제28집, 2004.
김윤태, 「중국 티벳 민족주의 발전의 본질: 민족이익과 민족자존회복」, 『중국학연구』, 제28호, 2004.
김재기, 「티벳 문제에 대한 국제사회의 개입과 중국의 대응: 2008년 3월 유혈분쟁과 북경올림픽을 중심으로」, 『한국동북아논총』, 제55집, 2010.
김재준, 김성언, 「1990년대 이후 중국 민족주의가 중국영화산업에 미친 영향」, 『국제·지역연구』18권 1호, 2009.
김정현, 「중국의 항일전쟁 기념관의 애국주의와 평화문제」, 『역사학연구』, 2009.
김종국, 「서구 유럽영화제의 사회정치적 맥락」, 『언론학연구』, 18권, 2014.
김태만, 「798예술촌, 도시의 흔적과 기억의 공간」, 『현대중국연구』 제13집, 2012.
문창현, 「박물관 관광 서비스품질의 관람객 만족도에 관한 연구」, 『지역사회연구 제17권』, 2009.
민병원, 「동아시아 네트워크: 산업과 정책의 패러다임을 넘어서」, 『국제지역연구』, 17권, 2008.
박병원, 「세계화 시대, 중국영화비평 속의 '중국'독해」, 『중국연구』, 제37권, 2006.
박만준 외, 「종교 국가 사회관계에서 바라본 중국의 티벳문제: 민족주의 귀속문제와 현 사회적 쟁점들의 역사적 함의를 중심으로」, 『현대중국연구』, 제15집 2호, 2014.
박경석, 「동아시아의 전쟁기념관과 역사 갈등: '중국인민항일전쟁기념관'을 중심으로」, 『중국근현대사연구 제41집』, 2009.
박정수, 2011, 「거대 문화자본의 형성과 국가: 중국 영화산업의 구조적 양극화」, 『중소연구』 35권 1호.
박종호, 「아시아 영화교육에 대한 연구: 아시아영화아카데미 사례를 중심으로」, 『영화연구』, 28호, 2006.
박희성, 2010, 「백화제방(百花齊放)의 시기에 접어든 중국 영화에 대한 고찰: 중국식 상업영화의 등장과 홍콩의 영향력을 중심으로」, 『씨네포럼』 11호.
백정희, 「티벳의 전통극과 라마 참에 대한 고찰」, 『대한무용학회』, 제43호, 2003.
서진영, 「동아시아 신질서와 중국위협론의 실체」, 『현대중국정치론』, 나남출판사, 1999.

손일화, 「박물관 방문동기에 대한 척도 개발」, 『관광연구저널 22호』, 2008.
송낙원, 「영화제 이론과 평가 방법론에 대한 연구: 서울시 지원 영화제를 중심으로」, 『영화연구』, 54호, 2013.
신동주, 「어린이박물관의 유아체험교육프로그램 개발을 위한 기초연구」, 『유아교육논총』, 2010.
양은경, 「동아시아 문화정체성의 형성과 텔레비전의 소비: 배용준의 일본팬 커뮤니티 가족 담론을 중심으로」, 『한국방송학보』, 20-3권, 2004.
양혜진, 「미디어를 통한 어린이박물관의 공감각적 체험효과 고찰」, 2009.
엄소연, 「박물관 저시와 사회적 맥락의 함의관계」, 『한국공예논총』, 2007.
유경철, 「장이머우의 무협영화, 무협 장르에 대한 통차로가 위험한 시도」, 『중국현대문학』, 제42호, 2007.
유선영, 「아시아 문화연구의 현황과 과제」, 『한국문화연구학회 1차 워크숍 자료』, 2011.
육상효, 「한국영화와 TV드라마에 나타난 베트남 여성상 고찰」, 『동남아시아연구』, 20권, 2010.
윤성은, 「현대 중국 영화의 내셔날리즘」, 『현대영화연구』, 2008.
이상옥, 「중국 당대 이데올로기의 문화 정향」, 『범한철학』, 제43집, 2006.
이상준, 「트랜스내셔날 영화사 연구를 위한 제안」, 『현대영화연구』, 2009.
이후석, 「문화관광상품으로서 박물관 서비스품질에 대한 중요도 만족도 분석」, 『관광연구저널』, 2008.
이욱연, 「지구화 시대 중국의 문화 담론과 문화 발전 전략」, 『중국현대문학』 37호, 2006.
______, 「중국의 문화대국 전략: 그 내용과 한국에 대한 영향을 중심으로」, 『동아연구』 56집, 2009.
이응철, 「국가, 사회, 시장의 공모: 현대 중국 영상산업의 사례」, 『비교문화연구』 12집 1호.
______, 「중국 저예산 영상물 제작현장에 대한 인류학적 연구: 전지구적 시장, 국

가, 현대성의 상호작용」, 『서울대 대학원 인류학과 박사학위 논문』.
_____, 「현대 중국의 주선율 영화와 독립 다큐멘타리」, 『비교문화연구』, 제14집 호, 서울대학교 비교문화연구소, 2008.
_____, 「세계화 시대의 중국 대중문화와 내셔날리즘」, 『한국문화인류학』, 한국문화인류학회, 2009.
이지연, 「국제영화제와 현대 중국 영화의 어떤 경향」, 『영화』, 4권, 2012.
이희옥, 「새로운 중국모델의 대두와 지배이데올로기의 재구성: 과학적 발전관을 중심으로」, 『중소연구』, 116호, 2008.
임대근, 「최근 중국 영화산업의 쟁점들」, 『중국학연구』 35집, 2006.
_____, 「포스트뉴웨이브 시대 중국 영화와 국가 이데올로기」, 『중국문학연구』 37집, 2008.
_____, 「사회주의 중국의 국가권력과 영화의 상관성」, 『중국연구』 39호.
_____, 「초기 한중 영화교류의 한 면모: 해방 이전에 한국에 유입된 중국영화를 중심으로」, 『영상예술연구』, 10호, 2007.
임춘성, 「중국 대중문화의 한국적 수용에 관한 초국가적 연구」, 『중국학보』, 57집, 2008.
장수현, 「중국 한류의 현재와 미래」, 『친디아저널』, 제7권, 포스코경제연구소, 2007.
장윤미, 「중국 모델에 관한 담론 연구」, 『현대중국연구』 제13권 1호, 2011.
정현경, 「영화로 재현된 디아스포라 연구」, 『어문연구』, 67집, 2011.
조재송, 「티벳과 몽고의 문화친연성 연구」, 『중국학연구』, 제28집, 2004.
지만수, 「중국 개혁의 재시동」, 『성균 차이나브리프』, 성균중국연구소, 2013.
최연철, 「티벳 불교의 역경사적 전개와 학적 의의」, 『한국 불교와 티벳불교의 만남 워크숍 주제발표』, 2011.
하세봉, 「대만 박물관과 전시의 정치학: 3대 박물관을 중심으로」, 『중국근현대사연구 제45집』, 2010.
한홍석, 「중국 문화산업의 제도적 특징과 발전」, 『현대중국연구』, 현대중국학회

제6집, 2006.
호결, 「세계화 과정에서 중국민족영화산업 발전전략 연구」, 서울대 석사논문, 2004.
홍병혜, 「티벳 명절문화의 유형과 특징」, 『중국학연구』, 제32집, 2005.
홍용락, 「한국 TV 드라마의 중국 내 유통에 관한 연구」, 서강대 박사학위논문, 2006.
황동열, 「박물관, 미술관의 미술정보표준화 체계 연구」, 『한국공예논총』, 2009.

중문자료

• 중문단행본

姜乃碤, 『市場開放以後韓中電影的變化和特徵比較硏究』, 北京師範大學 博士學位論文, 2007.
陳少峰 朱嘉 著, 『中國文化產業十年(1999-2009)』, 金城出版社, 2010.
張曉明, 胡惠林 主編, 『2010, 2011年中國文化產業發展報告』, 社會科學文獻出版社, 2011.
張京成 主編, 『2011年中國創意產業發展報告(上, 下)』, 中國經濟出版社, 2011.
王君 主編, 『中共中央關于深化文化體制改革推動社會主義文化大發展大繁榮若干重大問題的決定』, 中共中央黨校出版社, 2011.
王列生 主編, 『中國文化政策硏究報告』, 社會科學出版社, 2011.
宋磊 主編, 『中國文化產業50問』, 光明日報出版社, 2011.
胡惠林 主編, 『中國文化產業評論』, 第14券, 上海人民出版社, 2011.
葉朗 主編, 『北大文化產業評論2010年』, 金城出版社, 2010.
中國電影家協會(產業硏究中心), 『2012, 2013中國電影產業硏究報告』, 中國電影出版社, 2013.
__________(理論評論工作委員會), 『中國電影藝術報告』, 中國電影出版社,

2013.

周星,『中國電影藝術史』, 北京, 北京大學出版社, 2005.

李道新,『中國電影文化史』, 北京, 北京大學出版社, 2005.

______,『中国电影批評史』, 北京大学出版社, 2009.

胡克,『中國電影理論史評』, 北京, 中國電影出版社, 2006.

國家廣電總局發展改革研究中心,『2006年中國廣播影視發展報告』, 北京, 社會科學文獻出版社, 2006

國家廣電總局,『改革開放與中國電影30年: 紀念改革開放30周年中國電影論壇文集』, 中國電影出版社, 2009.

__________,『2010年 中國廣播電影電視發展報告』, 新華出版社, 2011.

__________,『中國電影年鑒』. 2006, 2007, 2008, 2009.

__________,『中國電視收視視年鑒』, 2007, 2008.

国家广电总局发展改革研究中心,『2009年中国广播影视影发展报告』, 社会科学文献出版社, 2009.

中国社会科学院文化研究中心,『2010年: 中國文化产业发展报告』, 北京, 社會科學文獻出版社, 2010.

中国电影艺术中心,『WTO与中国电影』, 中国电影出版社, 2002.

劉潘,『電影産業經濟學』, 文化藝術出版社, 2011.

林日葵,『中國文化産業政策法規與典型案例分析』, 江工商大學出版社. 2011.

中國電影家協會理論評論工作委員會,『2012, 2013中國電影藝術報告』, 中國電影出版社, 2013.

中國電影家協會産業研究中心,『2012, 2013中國電影産業研究報告』, 中國電影出版社, 2013.

劉若愚,『中國之俠』, 上海三聯, 1991.

陳墨,『中國武俠電影史』, 風雲時代出版社, 2006.

鮑鯨鯨,『失戀33天』, 中信出版社, 2010.

程青松 主編,『青年電影手册』, 新星出版社, 2011.

丁亞平,『大電影時代』, 文化藝術出版社, 2011.
方丹,『徐靜蕾知慧人生』, 湖北人民出版社, 2011.
李可,『杜拉拉昇級記』, 陜西師範大學出版社, 2008.
林日葵,『中國文化產業政策法規與典型案例分析』, 浙江工商大學出版社, 2011.
寧浩 林旭東 對談錄,『寧浩, 混大成人』, 廣西師範大學出版社, 2012.
虞吉,『中國電影史要綱』. 西南師範大學出版社, 2008.
李名,『中國獨立電影導演放談』, 電子工業出版社, 2012.
『2013中國獨立影像年度展(The 10th China Independent Film Festival』, 자료집, 2013.
崔衛平,『中國獨立電影』, OXFORD出版社, 2008.
程青松,『我的攝影機不撒謊: 先鋒電影人檔案』, 山東畵報出版社, 2010.
碧珊,『中國新生代80後影像作者記實錄』, 中國電影出版社, 2006.
陆绍阳,『1977年以来中国当代电影史』, 北京大学出版社, 2004.
钟大丰, 舒晓明,『中国电影史』, 中国广播电视出版社, 1995.
胡克,『中国电影理论史评』, 中国电影出版社, 2005.
丁亞平,『影像時代中國電影簡史』, 中國廣播電影出版社, 2010.
中國電影家協會,『中國金鷄百花電影節20年: 1992-2011』, 中國電影出版社, 2011.
張會軍, 黃欣 主編,『崛起的力量-韓國電影研究』, 中國電影出版社, 2008.
中国电影家协会,『中国电影新百年 : 合作与发展』, 第十四屆中国金鸡百花电影节学术研讨会论文集, 中国电影出版社, 2006.
陈犀禾 · 石川 主编,『多元语境中的新生代电影』, 影视新视野学术丛书, 2003.
中国电影艺术中心,『WTO与中国电影』, 中国电影出版社, 2002.
陆绍阳,『1977年以来中国当代电影史』, 北京大学出版社, 2004.
钟大丰 · 舒晓明,『中国电影史』, 中国广播电视出版社, 1995.
戴锦华,『电影批评』, 北京大学出版社, 2004.
胡克,『中国电影理论史评』, 中国电影出版社, 2005.

• 중문논문

姜乃碤,「市場開放以後韓中電影的變化和特徵比較研究」, 北京師範大學 博士學位論文, 2007.

姜乃碤,「市场开放以后, 韩国电影政策变迁)」,『上海新作』, 2008, 12.

賈磊磊,「如何進一步作大作强國産電影」,『當代電影』, 第194, 2012.

王文斌,「「黃金大劫案」:後"瘋狂"時代的類型敍事與革命奇觀」,『創作與評論』. 4期, 2012.

劉陽,「「畫皮II」票房成功意義: 信心貴比黃金」,『人民日報』, 2012. 7. 20.

尹鴻,「2012年中國電影産業備忘錄」,『電影藝術』, 總349期, 2013.

張世豪,「快樂就是最好的賀歲」,『成都商報』, 2012.12. 25.

中國電影家協會(産業研究中心),『2012中國電影産業研究報告』, 中國電影出版社, 2013.

________________,『2012電影創意研究』, 中國電影出版社, 2013.

中國電影家協會(理論評論工作委員會),『中國電影藝術報告』, 中國電影出版社, 2013.

陳旭光,「「搜索」研討會紀要」,『電影藝術』, 9期, 2012.

劉帆,「网絡流媒體模式觀影研究」,『中國電影新100年:合作與發展』, 北京, 中國電影出版社, 2006.

張燕,「電影版權和盜版反應」,『中國電影新100年:合作與發展』, 北京, 中國電影出版社, 2006.

浩東,「中國電影市場調研報告」,『中國民營影視現狀發展』, 北京, 中國電影出版社, 2005.

胡錦濤,「2006年新年賀詞:携手建設持久和平, 公同繁榮的和諧世界」, 2006. 1. 4.

溫家寶,「第13屆全國人民代表大會第4次會政府工作報告中强調加强社會主義文化建設」, 2006. 3. 7.

胡錦濤,「2006年新年賀詞:携手建設持久和平, 公同繁榮的和諧世界」, 2006. 1. 4.

溫家寶,「第13屆全國人民代表大會第4次會政府工作報告中强調加强社會主義文化建設」, 2006. 3. 7.

尹鴻 外, 「2011年中國電影産業備忘」, 『電影藝術』, 第337期, 中國電影家協會. 2011.

_______, 「2012年中國電影産業備忘」,『電影藝術』, 第343期, 北京, 中國電影家協會, 2012.

_______, 「2011年中國電影産業備忘」, 『電影藝術』, 第337期, 中國電影家協會, 2012.

尹鴻, 「2013年中國電影産業備忘」, 『電影藝術』, 355期, 2014. 2.

候克明, 「女性主義背景的英雄主義敍事」, 『電影藝術』, 總342期, 2012.

李長春, 「繼承傳統改革創新爭取大繁榮」,『電影藝術』, 第307期, 北京, 中國電影家協會, 2006.

李春, 「對主流電影的再思考」, 『當代電影』, 總190期, 2012.

周鐵東, 「好萊塢與中國電影的全球戰略」, 『電影藝術』, 總346期, 2012.

張會軍 外, 『中國電影産業發展報告 2010-2011』, 中國電影出版社, 2011.

葉非, 「近5年全球主要電影産業國發展情況」, 『電影藝術』, 總337期, 2011.

尹鴻, 「2011年中國電影産業備忘錄」, 『電影藝術』, 總343期, 2012.

王一川, 「主流電影與中式主流大片」, 『電影藝術』, 總330期, 2010.

李云雷, 「建國大業: 新模式及其問題」, 『電影藝術』, 總330期, 2010.

中國電影家協會産業硏究中心, 『2012中國電影産業硏究報告』, 中國電影出版社, 2012.

中國電影家協會, 『2012中國電影藝術報告』, 中國電影出版社, 2011, 2012.

李云雷, 「建國大業: 新模式及其問題」, 『電影藝術』, 第330期, 2010.

張瑤, 「孔子: 英雄敍事與理念敍事的二元竝立」, 『電影藝術』, 第332期, 2010.

余滽, 「孔子: 成功的國家主義改造與失敗的導演主義自況」, 『電影藝術』, 第332期, 2010.

張慧瑜, 「唐山大地震的文化意義」, 『電影藝術』, 第335期, 2010.

陳鴻秀, 「論「主旋律」影片的類型整合及敍事「進化」」, 『喜劇文學』, 第10期, 2008.

黎風, 李立, 「「主流電影」與「流行電影」觀察」, 『電影藝術』, 第343期, 2012.
王紅進, 「主旋律概念泛化分析」, 『影視評論』, 2008.
當代電影, 「中國武俠電影大師－紀念胡金銓誕辰80周年電影論壇」, 『當代電影』, 第185期, 2011.
Stanley Rosen, 「全球化時代的華語電影」, 『當代電影』, 總130期, 2006,
陳旭光, 「女性自覺視角, 小資情調, 物質主義與青年電影的'主流化'病後」, 『當代電影』, 第1期, 2012.
賈磊磊, 「中國武俠動作電影的文化價值觀」, 『電影藝術』, 第340期, 2011.
______, 「如何進一步作大作强國產電影」, 『當代電影』, 第194, 2012.
______, 「衆評: 唐山大地震」, 『電影藝術』, 第334期, 2010.
______, 「關于中國'六代'電影導演歷史演進的主體報告」, 『當代電影』, 第134期, 2006.
王君 主編, 『中共中央關于深化文化體制改革推動社會主義文化大發展大繁榮若干重大問題的決定』, 中共中央黨校出版社, 2011.
張頤武, 尹鴻, 「2011年的中國電影」, 『當代電影』, 第3期, 2012.
周學麟, 「表現青年: 青年電影研究和新中國青年電影發展」, 『當代電影』, 總193, 第4期, 2012.
鮮佳, 「"小妞電影": 定義, 類型」, 『當代電影』, 總194, 第5期, 2012.
吳冠平, 「青年電影的表情和華語」, 『電影藝術』, 第336期, 中國電影家協會, 2011. 1.
王一川, 「想像的公民社會跨文化對話: 藝術公賞力視野中的「南京!南京!」」, 『電影藝術』, 第327期, 中國電影家協會, 2009. 4.
張惠瑜, 「後冷戰時代的抗戰書寫與角川角度」, 『電影藝術』, 第327期, 中國電影家協會, 2009. 4.
郝建, 「面對大屠殺: 罪責思考與藝術呈現-評「南京!南京!」的散亂敍事與價值懸空」, 『電影藝術』, 第327期, 中國電影家協會, 2009. 4.
陸紹陽, 「卷軸式鋪陣與歷史敍事: 「南京!南京!」敍事特證分析」, 『電影藝術』, 第327期, 中國電影家協會, 2009. 4.

李道新 等,「「南京!南京!」短評」,『電影藝術』, 第327期, 中國電影家協會, 2009. 4.
陸川 戴錦華 等,「華語大篇時代的新青年電影」,『電影藝術』, 第324期, 中國電影家協會, 2009. 1.
陸川 等,「部分著名導演答本刊問」,『電影藝術』, 第305期, 中國電影家協會, 2005. 6.
陸川 胡克 王一川 張衛 郝建,「新作評議: 「南京!南京!」」,『當代電影』, 中國電影藝術研究中心, 第160期, 2009. 7.
陸川 倪震 鄭洞天,「中小成本電影的市場出路」,『當代電影』, 中國電影藝術研究中心, 第154期, 2009. 1.
賈礌礌,「關于中國"第六代」電影導演歷史演進的主體報告」,『當代電影』, 中國電影藝術研究中心, 第134期, 2006. 5.
鄭洞天,「代與無代: 對中國導演傳統的一種描術」,『當代電影』, 中國電影藝術研究中心, 第130期, 2006. 1.
______,「代與無代: 對中國導演傳統的一種描術」,『當代電影』, 中國電影藝術研究中心, 第130期, 2006.
______,「青年導演的第四條路」,『電影藝術』, 第329期, 中國電影家協會, 2009. 6.
陸川 倪震,「〈可可西里〉影片分析」,『當代電影』, 中國電影藝術研究中心, 第123期, 2004. 6.
郝建,「情節削減與境遇凸出」,『當代電影』, 第123期, 2004. 6.
何亮,「"80'後」電影: 一個尚未開始的故事」,『電影藝術』, 第338期, 2011. 3.
崎路,「寧浩: 朴素的荒誕生動的狂歡」,『影視圈』, 6期, 2012.
李運雷,「從〈瘋狂的賽車〉說起」,『電影藝術』, 2期, 2009.
王陳,「寧浩訪談」,『大衆電影』, 2012. 9.
杜文明,「淺析寧浩瘋狂的系列電影中所蘊含的草根文化」,『戲劇之家』, 2013. 5.
程青松 主編,『青年電影手册』, 新星出版社, 2011.
王陳,「寧浩訪談」,『大衆電影』, 2012, 9.
萬瑪才旦,「嘛呢石, 靜靜的敲」, 中國民族攝影藝術出版社, 2014. 2.
新華網,「專訪藏族導演萬瑪才旦」, 2014. 10. 8.

羊城晩報,「眞正靈魂的回歸難」, 2014. 6. 22.

西海都市報,「萬瑪才旦放談」, 2014. 7. 7.

藤迅娛樂,「80分的主旋律命題作文」, 西岶克, 2014. 6. 23.

青海臺,「藏族電影與世界的對話」, 2013. 9. 23.

蘭州晨報,「像寫小說一樣拍電影」, 2007. 12. 25.

高山,「主流電影的新座標-「唐山大地震」座談會綜述」,『當代電影』, 第9期, 2010.

陳旭光,「「金陵十三釵」的贊與非」,『電影藝術』, 總343期, 2012.

丁亞平,「文化强國與入世以來中國電影的發展及趣向」,『當代電影』, 總189期, 2011.

邢建毅,「中國電影博物館側記」, 2008.

電影藝術,「部分著名導演本刊問」,『電影藝術』, 第296期, 北京, 中國電影家協會, 2005

李長春,「繼承傳統改革創新爭取大繁榮」,『電影藝術』, 第307期, 北京, 中國電影家協會, 2006

張仝中,「重讀新時期以來關于中國電影民族化的論爭」,『電影藝術』, 第311期. 北京, 中國電影家協會, 2006

王太華,「記念中國電影100周年國際論壇」,『當代電影』, 總130期, 北京, 國家廣播電影電視總局, 2006

趙實,「落實科學發展觀在新起点上開倉中國電影的新紀元」,『中國電影報』, 1期, 北京, 中國文化部, 2006

張燕 · 譚政,「市場開放以後中國與韓國電影産業化比較」,『現代傳播』,2008, 5期.

張燕,「大學生與中韓電影産業的關係」,『上海新作』, 4期, 2008.

____, 任晟姝,「中韓大學生電影觀衆的觀影調査」,『北京電影學院學報』, 2008.

____,「韓國電影的危機呈現」,『當代電影』, 6期, 2008.

____,「回歸, 顚覆: 韓國倫理電影之文化呈現」,『當代韓國』, 秋季號, 2008.

陳明華,「韓國電影的産業化之路與本土身分的建構」,『電影文學』, 13期, 2008.

宋世峰, 張紅秋,「韓國電影産業“大片化”制作方針分析」,『當代電影』, 6期, 2008.

______, 「韓國電影發展簡史(1919-1999)」, 『當代韓國』, 春季號, 2007.
趙慕援, 「韓國的電影市場; 中國電影票房的艱難廷進」, 『當代電影』, 2期, 2007.
萬娟, 「影響韓國電影發展的政府因素」, 『電影評論』, 2008.
黃建翰, 「韓國電影産業發展對臺灣電影的啓示」, 『外國電影』, 2008.
杜春絶, 「中韓戰爭電影的對比」, 『電影文學』, 2007.
崔維利, 「中韓電影題材選擇: 對歷史和現實的態度比較」, 2008.
姜寶龍, 「李滄東: 作家導演的詩性電影」, 2008.
宋紅玲, 「韓國倫理電影初探」, 『電影評價』, 2008.
高洪艷, 「韓國電影中的儒學彰顯」, 『電影文學』, 2007, 1.
林移剛, 「當代韓國影視業崛起的原因分析」,『電影文學』, 2008.
張瑞, 「解讀韓國女性電影中的女性形象」, 『電影文學』, 2008.
陽慧, 「韓國電影中的兄弟隱喩」, 『文化與傳媒』, 2008.
內欣, 「基督教文化視覺的韓國電影」, 『東方叢刊』, 2008.
郭明明, 「韓國戰爭片的人文情懷」, 『電影文學』, 2007.
範小青, 「韓國電影與社會文化」, 『電影藝術』, 2期, 2009.
宋紅巖, 「從「8月照相館」看韓國電影的東方美學意蘊」, 『電影評介』, 2009. 11.
倪祥保 , 「金基德電影研究」, 蘇州大學 碩士學位論文, 2008.
雷雲, 「韓國電影導演許秦豪藝術風格研究」, 山東大學校 碩士學位論文, 2007.
黃琳, 「金基德電影導演藝術研究」, 重慶大學校 碩士學位論文, 2007.
沈國芳, 「論韓國"後好萊塢"時代的軍事電影」, 南京師範大學 碩士學位論文, 2007.
王丹倩, 「韓國愛情電影研究」, 南昌大學 碩士學位論文, 2007.
周月亮, 「李滄東電影的悲劇性研究」, 中國傳媒大學 碩士學位論文, 2008.
蘇丹, 「論朴贊郁"復讐三部作"中的基督教義」, 華東師範大學 碩士學位論文, 2008.
顏純鈞, 「民族形象的自我書寫」, 福建師範大學 博士學位論文, 2005.

• 기타

중국영화박물관 DVD 자료: 「與"影"同行」

중국영화박물관 홈페이지: http://www.cnfm.org.cn/

부산국제영화제 홈페이지, http://www.biff.kr/

중국문화부 홈페이지: http://www.ccnt.gov.cn/

중국영화가협회 홈페이지, http://www.cflac.org.cn

중국학술논단 http://www.cnki.net/

한국영화진흥위원회 홈페이지, www.kofic.or.kr

中国电影集团公司 www.beijingfilm.net

國家新聞出版廣播電影電視總局, www.chinasarft.gov.cn

「부산 국제영화제에서 만난 감독들」, 〈씨네21〉, 2006. 10. 30.

「〈크레이지 스톤〉 부산국제영화제 폐막작 선정된 3가지 이유」, 〈조이뉴스24〉, 2006. 10.

「아시아의 상상력, 무협 3D로 구하겠다」, 〈씨네21〉, 2011. 10. 8.

• 인터뷰 도움 주신 분

루양 감독

리위쥔 감독

양진 감독

장멍 감독

장셴민 감독

펑타오 감독

페마 체덴 감독

하오지에 감독

한지에 감독

중국베이징대학 장이우 교수

중국 칭화대학 인훙 교수

중국베이징사범대학 예술학원 쩌우싱(周星) 교수

중국베이징사범대학 예술학원 장옌(張燕) 교수

중국상하이대학 영시학원 왕칭푸(王慶福) 교수

중국호남대학 영시학원 쩌우칭핑(周清平) 교수

중국하남대학 문학학원 취이쥔(崔軍) 교수

중국영화가협회 라오슈광 비서장

찾아보기

영화감독

영화제목

중국청년감독열전

미지의 청년감독을 찾아서

초판 1쇄 발행 2016년 4월 30일

지은이 강내영
펴낸이 강수걸
편집장 권경옥
편집 정선재 윤은미
디자인 권문경 구혜림
펴낸곳 산지니
등록 2005년 2월 7일 제14-49호
주소 부산광역시 연제구 법원남로15번길 26 위너스빌딩 203호
전화 051-504-7070 | 팩스 051-507-7543
홈페이지 www.sanzinibook.com
전자우편 sanzini@sanzinibook.com
블로그 http://sanzinibook.tistory.com

ISBN 978-89-6545-365-9 94680
ISBN 978-89-92235-87-7 (세트)

*책값은 뒤표지에 있습니다.

*2013년도 정부(교육부)의 재원으로 한국연구재단의 지원을 받아 연구되었음 (NRF-2013S1A5A8022296)

*이 도서의 국립중앙도서관 출판예정도서목록(CIP)은 서지정보유통지원시스템 홈페이지(http://seoji.nl.go.kr)와 국가자료공동목록시스템(http://www.nl.go.kr/kolisnet)에서 이용하실 수 있습니다.(CIP 제어번호: CIP 2016016695)